Dallas P. Elkheart

A LINHAGEM DE BRONZE DA FÉNIX

Só as asas fortes voam. No entanto, têm de ser preparadas para chegar ao cimo da montanha e, primeiro, a criança tem de pagar um preço alto pela preparação.

De

Dallas P. Elkheart

A Linhagem Bronze da Fénix

Copyright © 2019 de Dallas P. Elkheart (PGD) Europa e America

Reservados todos os direitos de acordo com a legislação em vigor

Para distribuição global, Impresso nos EUA e na Europa

Primeira Edição, 2019.

Nenhuma parte deste livro pode ser duplicada, reproduzida, armazenada num Sistema de recuperação, fotocopiada nem gravada, sem autorização prévia da detentora dos direitos de autor. Qualquer uma destas formas é rigorosamente proibida e illegal.

DallasPElkheart@gmail.com

Formatos Disponíveis:
ISBN: 978- 1-7331998-3-4 Edição de bolso (versão em Portuguese)
ISBN: 978-1-7331998-0-3 Edição de bolso (English)
ISBN: 978-1-7331998-1-0 eBook/ePub (English)

Criada e Publicada por: Dallas P. Elkheart & Associates, 2019.
Desenho da Capa de Dallas P. Elkheart
Traduzido por: Leonilda Santana, 2019

Dallas P. Elkheart

Este livro é dedicado a:

Três pessoas extraordinárias, muito importantes para mim que me apoiaram na escrita deste livro e/ou na minha vida. Pediram-me muitas vezes para partilhar as minhas histórias com o mundo, mas posso dizer com justiça que estas três pessoas fizeram a diferença na minha decisão de o fazer.

O meu marido, Irvin, o meu amor, a minha alma gémea e o meu melhor amigo. Este mundo tinha-me mostrado que podia ser frio e cruel, mas tu passaste todos estes anos a tentar desfazer o que os outros fizeram. Estás ao meu lado há mais de vinte e oito anos durante as minhas aventuras e esforços. Levaste-me a alma a novas alturas. Ensinaste-me a evoluir, crescer e a preparar-me para abrir as asas e voar.

Deste-me a coragem para amar outra vez, para me reinventar e reconhecer o meu valor. Amo-te com cada batida do meu coração que será teu para sempre, e mais além. Sem ti, a minha alma deixará de crescer.

Também gostaria de agradecer a uma amiga extraordinária que entrou na minha vida numa fase mais tardia. Deste-me a coragem para encontrar a minha voz de autora enquanto escrevia este livro. A Leonilda é carinhosamente conhecida como «Nini». Tens sido uma boa amiga, e partilhaste muitos conhecimentos comigo. O meu mundo é um lugar melhor por causa de ti: abraços e beijos, amiga.

Daniel O., também gostaria de aproveitar esta oportunidade para lhe agradecer pela sua amizade durante um tempo tão difícil com a transição de um país para o outro. O Daniel ficou firme ao nosso lado enquanto outros fugiam. Entrou nas nossas vidas com um propósito inicial, contudo, entrou no nosso coração com outro... a sua amizade para lá da venda é o que o distingue de outros no seu campo.

Tenho agora o prazer de partilhar com o mundo uma história e a viagem de uma pessoa que aprende com todo o coração, lutando pela vida, pelo amor e pela pura sobrevivência e regeneração de uma linhagem.

Dallas P. Elkheart

Conteúdo

A Linhagem Bronze da Fénix ii

Conteúdo v

PARTE I: Quatro Ramos, Mas Apenas Uma Folha 12

Episódio I: Um Limite sem Barreiras 13

Episódio II: Encontro à Meia-noite 17

Episódio III: Batendo à Porta do Céu 22

PARTE II: Shhh, Ninguém Saberá 26

Episódio IV: Conversas de Bebé 27

Episódio V: Mercadoria Marcada 34

Episódio VI: As Delícias De Uma Linguareira 39

PARTE III: O Dom Que Trazia Uma Maldição 47

Episódio VII: Segredos de Família 48

Episódio VIII: A Vingança da Capela 54

Episódio IX: A Senhora Vestida de Vermelho 60

Episódio X: Ssh, Raven Jovial 67

PARTE IV: A Mudança da Guarda 81

Episódio XI: Revelação e Profecias 82

Episódio XII: O Velho Diabo 92

Episódio XIII: Pesadelo Precognitivo 101

Episódio XIV: Alguém Que O Impeça 112

PARTE V: Luta ou Fuga 121

Episódio XV: Ela Não É Nenhum Bebé *122*

Episódio XVI: Alto e Bom Som *139*

Episódio XVII: Um Milhão de Pedaços *144*

Episódio XVIII: A Irmã Margaret *169*

PARTE VI: Preferia Ver-Te Morta 183

Episódio XIX: Olha, Mãe, Sem Mãos *184*

Episódio XX: De Mal a Pior *198*

Episódio XXI: O Portão do Inferno *203*

Episódio XXII: Debaixo do Nariz *217*

PARTE VII: Agora, Para Que Lado Vou ? 226

Episódio XXIII: Senhor, Ouvi As Minhas Súplicas *227*

Episódio XXIV: Sonho A Cores *232*

Episódio XXV: A Oração do Anjo Azul *240*

Episódio XXVI: Ouija? O Quê? Não Estou Sozinha *262*

PARTE VIII: Pisando Novo Terreno 280

Episódio XXVII: Dois Pequenos Demónios *281*

Episódio XXVIII: Amigos Até Ao Fim *290*

Episódio XXIX: Sombras Duplas *303*

Episódio XXX: O Legado de Christine~ *308*

PARTE IX: O Pardal Observa-me 325

Episódio XXXI: Memórias Assombrada *326*

Episódio XXXII: Lágrimas Congeladas No Tempo *340*

Episódio XXXIII: Ninguém Ouviu *354*

PARTE X: Cada Um, Ensina Um 365

    Episódio XXXIV: Aquela Luz 366

    Episódio XXXV: Tomando Uma Estrada Mais Alta 375

PARTE XI: Linhagem Imprecisa, Destino Seguro 384

    Episódio XXXVI: Sem Necessidade de Sala de Aula 385

    Episódio XXXVII: Quem Pensas Que És? 389

    Episódio XXXVIII: Desprendendo-se 399

    Episódio XXXIX: A Reanimação de uma Alma 405

Sobre A Autora 411

Dallas P. Elkheart

Prelúdio

Parabéns pela decisão de comprar este livro.

«A Linhagem Bronze da Fénix» é a história de Raven Reese, uma menina desconhecida, indesejada e renegada, nascida com capacidades únicas. Raven enfrenta muitos medos; contudo, ela própria e as suas decisões serão os seus obstáculos mais difíceis de transpor. A sua intuição e dons serão causa de decisões erradas e abrirão caminho para reações ainda piores a certas situações. Ela encontrar-se-á em situações que a forçarão a fazer escolhas, já que está a ficar sem tempo.

A sua esperança é poder ajudar os outros a aprender como distinguir o mérito pessoal do valor que nos atribuímos, a compartilhar a introspeção ao lidar com problemas existenciais específicos e, de uma forma otimista, domar julgamentos predeterminados tão rapidamente feitos sobre os outros antes de saber a sua verdadeira história.

Foram aprendidas lições que podem ser corroboradas com a leitura deste livro a partir da experiência pessoal, educação, visões e intuições do dia-a-dia. Já vi muitas coisas na arena da minha vida, como antiga professora, empresária, mãe e agora autora. Espero que o leitor nunca tenha de passar por situações semelhantes e que possa mesmo vir a aprender com os meus desafios. O leitor deve compreender que se pode lidar com as situações sem deixar cicatrizes terríveis na alma de outra pessoa, que podem nunca sarar.

A Linhagem Bronze da Fénix

Embora este livro possa parecer ficção, o objetivo é contar ao mundo a história de Raven Reese. É baseado em acontecimentos e factos reais. Os nomes e locais foram alterados para proteger a privacidade dos inocentes e daqueles que não foram assim tão inocentes.

O leitor deve ter em mente que haverá elementos de incerteza ao virar da esquina que trarão suspense, emoção, surpresa e expetativa. Vale a pena mencionar que este livro deve informar o leitor sobre possíveis resultados advindos dos binómios tentação versus resistência, bem versus mal, impulso versus lógica, contentamento versus inquietude, mas acima de tudo, da firme determinação de Raven Reese em sobreviver e voar neste mundo contra todas as probabilidades.

O leitor deve tentar lembrar-se que toda a ação gera uma reação oposta (e, por vezes, nem por isso positiva) de outra pessoa. Certifique-se que a sua reação a uma situação não causa a alguém prejuízo para toda a vida.

Então, agora que avisei o leitor, aconchegue-se, aperte o cinto, encontre um sítio sossegado para ler este livro e prepare-se para a viagem da sua vida... A aventura vai começar!

Dallas P Elkheart

«Num mundo onde só as asas fortes voam, uma menina recém-nascida e entregue às serpentes vai aprender que ninguém lhe vai preparar as asas, (só lhas vão cortar). Ela aprende a voar desde o fundo do mar, lutando desde uma posição inferior, procurando um sítio no cimo da montanha como sobrevivente. No fim, a sua linhagem será a única solução.»

PARTE I: Quatro Ramos, Mas Apenas Uma Folha

Dallas P Elkheart

Episódio I: Um Limite sem Barreiras

Num dia de calor abrasador em 1960, ouviu-se uma campainha à distância, chamando alto e bom som para o jantar em Cavalo, Mississippi. Bertrum Masson, um meeiro idoso, parou para respirar depois de um dia de trabalho no seu campo de sorgo. Com o sol a queimar-lhe as costas, tirou rapidamente um lenço gasto e roto do bolso direito traseiro do fato-macaco. Bertrum limpou o suor da testa e pescoço ao mesmo tempo que fitou o sol lá em cima.

Sabendo que era a campainha do jantar que punha fim ao dia, começou a andar, deixando os campos para trás. Caminhando em direção à casa, baixou a cabeça e parou. Começou a ter pensamentos profundos sobre a sua mulher, Darla Masson, que tinha morrido de pneumonia dois anos antes. A campainha voltou a soar, recapturando a atenção de Bertrum, que continuou a dirigir-se lentamente para a sua casa.

Bertrum e Darla tinham feito daquela pequena cabana de meeiro o lar da família razoavelmente numerosa. Dois dos quartos da casa eram para as crianças, um para as raparigas e outro para os rapazes. A família gostava de se sentar no quarto de Bertrum e Darla (quando ela ainda estava viva) junto da salamandra a ouvir rádio. De verão, a família adorava comer no alpendre da frente, mesmo depois da morte de Darla.

Abeirou-se do alpendre da frente onde estava a sua filha mais nova, Christine. Ela estava junto da campainha do jantar, ansiosa por abraçar o pai cansado enquanto ele se aproximava dos degraus da casa de meeiro onde há tantos anos vivia com a família.

Quando Bertrum chegou ao alpendre, Christine disse ao pai que tinha uma surpresa para ele. Este deu-lhe um pequeno sorriso, mas não disse nada, e subiu as escadas. Christine tinha preparado uma das refeições preferidas do pai: biscoitos amanteigados e quentes à moda do sul e xarope de sorgo tradicional juntamente com uma tira de toucinho. Este género de refeição era típico das populações rurais do sul.

Bertrum era agora o único progenitor de doze filhos, pelo que se esforçava por evitar a discórdia e manter a disciplina dentro da casa. A verdade é que os filhos de Bertrum viriam a ser mais tarde mecânicos, ferreiros, cantores, atores e esposas. Christine Masson era a mais nova da família. Era uma bela rapariga de treze anos com um metro de sessenta e cinco de altura. Tinha uma constituição esbelta, com a pele morena, grandes olhos castanhos-claros e cabelo escuro avermelhado. Usava-o preso num rabo-de-cavalo pelas costas abaixo.

Bertrum estava preocupado com a colheita daquele ano, pois ser meeiro implicava partilhar os lucros. Bertrum Masson sabia que ia ter muito pouco para partilhar, mas como outras famílias pobres, não tinha escolha.

Depois do jantar, Bertrum foi para o velho barracão, para se dedicar ao seu trabalho de ferreiro. Era lá que tinha o burro e o melaço de sorgo.

Tinha de fazer as ferraduras que o vizinho lhe encomendara para o dia seguinte.

Contava que a venda lhe pudesse render dinheiro suficiente para comprar um pouco de tecido para os vestidos das raparigas antes de a escola começar.

~ ~ ~ ~

Todos os filhos, mas especialmente Christine, gostavam de música e de dançar. Ela passava os serões a ouvir o pequeno rádio no quarto que partilhava com as seis irmãs mais velhas. Os irmãos mais velhos eram cantores e tinham formado uma banda, embora só os habitantes da cidade soubessem da sua existência. Christine era a sua maior fã. As saídas em família para ver os diferentes grupos levaram a que a irmã, Bonnie, conhecesse um jovem chamado Kevin Steel. Bonnie decidira casar com Kevin dez meses antes.

Kevin tinha uma voz de ouro, vinte e quatro anos e um metro e noventa e três de altura. Era bastante bem-parecido com uma constituição atlética, olhos verdes profundos que combinavam com o seu tom de pele moreno dourado e cabelo castanho-escuro.

Era guitarrista e vocalista do grupo chamado The Master Stallions; atuavam regularmente em pequenos bares, especialmente um chamado Club Aurora. Estava bastante habituado à vida noturna.

Muitas vezes dava concertos para compor o rendimento. As atuações da banda de Kevin no Club Aurora atraíam bastante público, principalmente feminino. A maior parte não resistia a gravitar à volta de Kevin; afinal, ele considerava-se mulherengo e também um homem do mundo. Isto, claro, levava-o a crer que não havia limites.

Mas Kevin não passava todo o seu tempo livre no clube e Bonnie ficou a saber que estava grávida de dois meses. Kevin não estava tão entusiasmado com o bebé como Bonnie. A família de Christine também não estava muito animada, pois sabiam que Kevin não era o parceiro ideal para Bonnie. A maior parte dos homens saía para ir à pesca ou à caça e trazia caça para casa para o jantar, mas Kevin não. Ele apanhava outras coisas e trazia-as para casa para Bonnie, tais como doenças sexualmente transmissíveis. Toda a comunidade sabia das infidelidades de Kevin com outras mulheres e da permanência fora de horas nos clubes.

~ ~ ~ ~

Episódio II: Encontro à Meia-noite

Kevin Steel tinha uns olhos lindos e uma voz de ouro, mas o problema começou quando aqueles olhos começaram a deter-se mais tempo do que o devido na irmã mais nova de Bonnie, Christine. Infelizmente, usava a sua voz de ouro para sussurrar palavras doces ao ouvido de uma menina vulnerável de treze anos. Bonnie e Kevin nunca tinham saído da casa onde Bonnie e Christine viviam com o resto da família. Kevin era apenas mais uma boca para Bertrum alimentar, já que Kevin trazia para a mesa apenas o salário de músico em parte-time, criando mais dificuldades a um orçamento já esticado. Não obstante, Bertrum dera um quarto a Bonnie e Kevin quando se casaram, permitindo-lhes um pouco mais de privacidade.

Com Bonnie, agora grávida de mais de dois meses, Kevin sentia a pressão, e era evidente que nunca iria aceitar a responsabilidade de ser pai. Bertrum e os irmãos deixaram claro que desprezavam Kevin, mas isso não o pressionava a portar-se melhor com Bonnie. Christine estava empolgada por ser tia pela primeiríssima vez, já que Bonnie fora a primeira a casar. Até então, o que mais causava adrenalina a Christine era atirar pedras para dentro do ribeiro junto do velho carvalho. Adorava o som das aves a cantar e da água a correr. Também gostava de ir para o velho barracão ver o pai trabalhar.

Por vezes, Christine ia para o ribeiro depois da escola. Atirava pedras para dentro da água corrente, formulando o desejo de um dia encontrar o seu príncipe encantado, tal como a irmã mais velha encontrara. Claro que Christine não fazia ideia de que, por vezes, têm de se engolir muitos sapos nojentos e lodosos e mesmo assim nunca encontrar o tal príncipe encantado.

Uma tarde, depois da escola, Christine foi para junto do ribeiro pensar num contratempo que ocorrera no corredor da escola naquele dia. Recorria muitas vezes ao ribeiro para pensar nas coisas. Christine gostava de um rapaz da escola, mas o sentimento não era recíproco. Antes pelo contrário, ele mostrava interesse por uma das suas colegas, que agora se tinha tornado sua rival. Ao voltar do ensaio da banda no clube, Kevin viu Christine sentada junto do ribeiro. Esta era a sua grande oportunidade, pensou, de falar com a adolescente sem pessoas à volta a ouvir. Kevin apanhou Christine desprevenida, uma vez que ela nunca o vira junto do ribeiro. Ele meteu conversa com ela, o que era ótimo para ela porque ainda estava perturbada com a situação na escola, e precisava de um amigo para falar sobre os seus problemas.

Ela sentia que a colega lhe tinha roubado o mel debaixo do nariz. Kevin, sendo a cobra que era, era capaz de dizer tudo o que achasse que uma menina queria ouvir desde que ganhasse alguma coisa com isso. Tornou-se então uma rotina para Christine voltar da escola a correr, fazer os trabalhos de casa que tivesse a fazer e dirigir-se para o ribeiro. Surpreendentemente, o seu velho e leal amigo, Kevin, conseguia sempre chegar no momento certo. Uma noite, Christine não conseguia dormir e esgueirou-se do quarto e foi para o seu sítio preferido junto da água. Sentou-se lá a chorar porque se envolvera numa briga na escola naquele dia, mas tinha medo de dizer ao pai. Bertrum iria ficar furioso. Também não se atrevia a contar às irmãs linguareiras, com medo que chegasse aos ouvidos do Pai. Kevin tinha um concerto naquela noite e veio para casa mais tarde do que era habitual. Antes de entrar em casa, decidiu sentar-se no alpendre de trás e beber uma aguardente antes de ir para a cama. Kevin ouviu um pranto vindo do sopé da colina e decidiu seguir o som. Ali, junto do carvalho, na margem do ribeiro, estava Christine a chorar. Kevin sentou-se ao pé dela e fez o melhor que pôde para a consolar.

Ela contou-lhe que revelara ao rapaz da escola que gostava dele e que sentia que ela era a melhor escolha para ele e não a sua rival. Kevin explicou a Christine que qualquer rapaz teria sorte por ter uma rapariga tão bonita apaixonada por ele. Foi só o que Christine precisou de ouvir. Na sua cabeça, Kevin devia ser o seu sapo e ela só precisava de o beijar para ele se transformar no seu príncipe encantado. Christine sentiu-se tão contente por ouvir um elogio que se preparou para lhe dar um beijo no rosto, mas Kevin antecipou o movimento e os lábios encontraram-se. Depois disso, os encontros tornaram-se mais frequentes, um levando ao seguinte. Christine esgueirava-se para o velho edifício junto do ribeiro onde ela e Kevin, o seu Príncipe Encantado se encontravam, depois de todos estarem na cama.

A Linhagem Bronze da Fénix

Poder-se-ia pensar que Kevin Steel tinha mais discernimento do que envolver-se com duas irmãs. Sim, Kevin era bem-parecido, mas não era muito inteligente. Escolheu comer um bolo enquanto já comia outro. Não lhe importavam simplesmente as vidas que estava a reconfigurar. Não tardou um mês depois de os encontros da meia-noite começarem e Christine perceber que também ela estava grávida; como iria dizer à família? Como poderia dizer à irmã, Bonnie? Será que Kevin ia dar conta que a amava a ela e não à sua irmã, e deixaria Bonnie para ficar com ela? Mil perguntas atravessavam a inexperiente mente da jovem.

A família depressa soube da gravidez, e toda a gente se enfureceu, especialmente Bonnie. Bonnie ficou destroçada com a gravidez de Christine, mas ainda mais indignada com Kevin. Como pôde ser porco ao ponto de dormir com a irmã mais nova? Assim que toda a gente da casa descobriu que Kevin se tinha aproveitado não de uma, mas de duas irmãs de uma casa, foi o fim da linha para Kevin: humilhara toda a família. Mas os trabalhos de Kevin tinham apenas começado.

~ ~ ~ ~

Bertrum e os rapazes reuniram-se uma noite quando toda a gente andava nos seus afazeres, e, claro, foi sobre Kevin que falaram. Aquele homem tinha-se tornado um cancro para a família. Como acontece com os cancros, sabe-se que se têm, mas depois, encontrar a cura não é fácil. Uma noite, quando todos dormiam, os irmãos e o pai engendraram um plano para retirar este ramo canceroso da sua árvore familiar. Três dos irmãos introduziram-se no quarto de Kevin e, enquanto Bonnie dormia, arrancaram Kevin da cama, metendo-lhe uma amordaça na boca e um saco por cima da cabeça.

Levaram rapidamente Kevin embora a meio da noite. Os homens queriam uma retaliação adequada ao que aquela cobra fizera às joias estimadas da família. Por isso, arrastaram Kevin pela porta de trás para o local secreto de encontro onde começara toda a confusão: o velho carvalho junto do ribeiro. Bertrum atirou uma corda forte com um laço já preparado por cima do ramo mais forte; estavam dispostos a pôr fim a tudo naquela noite. Kevin Steel tinha desgraçado não uma, mas duas das suas filhas, e não uma, mas duas das suas irmãs. Bertrum e os filhos estavam determinados a extirpar de uma vez por todas o cancro que tinha infetado a família. Quando Bertrum colocou o laço à volta do pescoço de Kevin, os irmãos estavam mais do que empenhados em segurar Kevin com firmeza. Kevin gritou pela sua vida inútil, acabando por conseguir acordar Christine, Bonnie e os outros filhos. Christine saltou da cama, chegando ao fundo da colina, onde decorria a cena, antes de Bonnie e das irmãs. Aquela noite foi a precursora do fim. Christine iria tomar a decisão de fazer o impensável.

Episódio III: Batendo à Porta do Céu

Os gritos abafados de Kevin ecoaram pela noite. Christine correu pela porta das traseiras com as irmãs como se um exército tivesse sido chamado do céu. Atirou-se aos pés do pai, implorando-lhe, a ele e aos irmãos, que poupassem a vida de Kevin. Vendeu a alma ao demónio naquela noite, dizendo ao pai e aos irmãos: «Se permitirem que Kevin viva, darei o bebé para adoção.»

A declaração de Christine perante a família e perante o mundo selaria o destino do nascituro. O seu sacrifício pelo amante foi bem recebido pela família e a decisão de permitir que Kevin vivesse seria ironicamente benéfica para a criança que iria nascer e havia de reescrever toda esta história. Alguns dirão que o nascimento de um bebé é uma viagem tanto para os pais como para a criança. É um tempo repleto de alegria e felicidade. Neste caso, será tudo menos isso.

Bertrum decidiu tirar Christine dos olhos do mundo. Encontrou um lugar a quatro horas e quinze minutos da casa, numa casa para mães solteiras chamada Saint Broadrick's Home em Barrenfoot, Arkansas. Era conhecida por muitos como a Broadrick House. O lar para mães solteiras era gerido por freiras. Fora criado para reestruturar as vidas de prostitutas e mães solteiras, concebido como uma espécie de reformatório num ambiente parecido com o de um lar. Este ambiente havia de se tornar no novo lar de Christine e do bebé que havia de nascer.

O plano era que Christine desse à luz, entregasse o bebé para adoção, voltasse a casa e voltasse à sua vida normal, como se nada tivesse acontecido. Desta maneira, a reputação da família seria salva.

Christine fez a viagem apenas na companhia do pai. A viagem que devia ter levado pouco mais de quatro horas, acabou parecendo uma viagem de três dias para Christine. Christine só queria voltar para casa, para o amor da sua vida. Quando chegou à sua nova residência temporária, Broadrick House, Bertrum e Christine saíram do carro. Em silêncio, o pai foi buscar a mala de Christine à bagageira do carro, deixou-a e partiu rapidamente. Ela ficou para trás com estranhos, uma menina de catorze anos jovem e confusa, de pé no passeio com uma mala na mão. A Broadrick House tinha um contrato com um hospital chamado Peace Onyx River Hospital, para o nascimento de todos os bebés que viessem a este mundo. Este seria o único lugar onde o bebé de Christine seria bem-vindo ao mundo.

Enquanto tudo isto acontecia, a papelada para o processo de adoção já tinha começado para a entrega do bebé que ainda não tinha nascido. Christine tinha a certeza de que Kevin seria agora só seu e sabia que Kevin ficaria para sempre em dívida com ela por lhe ter salvo a vida. Como tal, ele iria devotar-lhe toda a sua atenção e amor eterno e fiel. Afinal, ela tinha desistido do bebé por ele. Mas Kevin não parecia importar-se que Christine estivesse presa num lar para mãe solteiras, uma vez que também ele tinha um novo bebé prestes a nascer da sua mulher, Bonnie.

Christine desesperava pelo nascimento do bebé, ansiosa pela possibilidade de se ver livre daquele fardo e voltar para o seu amante roubado. O dia do nascimento do bebé chegou. Levaram-na para o hospital e prepararam-na para o parto, transportando-a numa cadeira de rodas diretamente para a sala de partos. Christine deu à luz uma menina de três quilos, setecentos e noventa e oito gramas. O bebé parecia-se com os dois progenitores e foi descrita pelo hospital como um lindo bebé, com um tom de pele cor de azeitona, uma cabeça coberta de cabelo preto e parecia ser muito saudável.

No hospital, as enfermeiras prepararam-se para fazer o que tipicamente se faz por uma mãe e um recém-nascido, que é colocar o bebé nos braços da mãe ou sobre o peito da mãe, mas, quando tentaram fazê-lo, Christine não o permitiu. Recusou-se a olhar para o bebé e não quis qualquer tipo de interação com a criança. Se o fizesse, poderia mudar de ideias. Talvez sentisse que ver aquele bebé fosse um lembrete de um limite que não devia ter sido violado. Recusou-se a interagir com o bebé. Como tinha prometido, ia agora seguir em frente com a sua vida porque, na sua mente, ela ouvia uma voz sussurrar-lhe baixinho: «Simplesmente não quero este bebé.»

Deu-lhe o nome de Bella Leia Masson. Quando as enfermeiras perceberam que Christine não mostrava qualquer interesse pelo bebé, depressa o levaram para o berçário, e não voltou a vê-lo.

Três dias mais tarde, Christine foi levada de volta a Broadrick House, e as freiras chamaram Bertrum para a ir buscar. Enquanto Christine esperava no passeio com a sua pequena mala, viu uma pedra no chão, baixou-se, pegou nela e começou a escrever o nome dela e de Kevin na terra com grandes letras.

Chorava baixinho ao escrever «KEVIN AMA CHRISTINE». Quando Bertrum chegou, Christine rapidamente apagou a frase no chão com o pé. Bertrum apanhou-a no mesmo passeio onde a tinha deixado. Toda a viagem de regresso a casa foi solene, ensombrada por um silêncio avassalador.

Bertrum tivera tempo mais do que suficiente para se acalmar com a situação durante o período em que Christine estivera fora, mas simplesmente não sabia o que dizer a Christine. Ela tinha traído a confiança dele. Christine também não sabia o que dizer ao pai. Na viagem de regresso a casa, Christine não podia deixar de pensar naquilo de que se arrependia e em todos os «e ses». E se...

PARTE II: Shhh, Ninguém Saberá

Episódio IV: Conversas de Bebé

Quando Christine regressou ao seu pequeno mundo e à casa de Barrenfort, Arkansas, as coisas tomaram um rumo completamente diferente para a bebé Bella Leia Masson. O hospital preparou a bebé para o seu novo lar com toda a documentação adequada. Bella estava a ser embrulhada como uma encomenda enviada para quase seiscentos e cinquenta quilómetros de distância. Foi levada para um orfanato chamado Enfant Laissé, que, em Francês significa «criança abandonada». Bella passou os dois anos seguintes da sua vida naquele orfanato.

Bella não era uma criança típica. Nasceu com qualquer coisa mais, embora não soubesse dos muitos talentos adicionais que tinha senão mais tarde. Essas coisas iriam ajudar a cuidar das pequenas asas de Bella e a fazer dela uma pessoa forte, juntando-se mais adiante para criar uma combinação rara de acontecimentos.

Entretanto, um casal de pouco mais de quarenta anos que vivia a mais de cento e cinquenta quilómetros enfrentava as suas próprias dificuldades. Horatio e Eliza Reese sentiam a necessidade de ter uma família. Contudo, Eliza descobrira que não podia ter filhos e o tempo de os ter já lá ia há muito. Horatio era rico e alto. Tinha passado muitos anos nas forças armadas como sargento. A determinada altura fora desmobilizado com louvor e, como veterano, gozou dos benefícios que tinha ganho.

Horatio começara uma nova carreira numa companhia proeminente, especializando-se no fornecimento de medicamentos, uma atividade bem paga. Tendo um rendimento tão elevado, decidiu comprar um grande rancho para a sua mulher, Eliza.

Encontraram uma excelente propriedade de quase cinquenta hectares com pomar e muita terra arável para ganhar bem a vida. Determinaram o local ideal para construir uma casa para Eliza. Horatio construiu uma moradia com todas as características e equipamentos modernos que achava que um lar devia ter. Naqueles tempos, a maior parte das casas da vizinhança pertenciam a meeiros e não tinham luxos interiores. Mas Horatio queria dar a Eliza o melhor de tudo. Todos conheciam Horatio naquela área, sendo conhecido pela alcunha de Big Fellow; bem podiam tê-lo chamado de Muita Massa.

Eliza, uma militar alta, cheia e voluptuosa fora uma WASP (Women Airforce Service Pilots: Pilotos Femininos da Força Aérea). Horatio não se importava que não tivessem filhos, mas Eliza, sim. Sempre sonhara ser mãe, pois fora-lhe negada a experiência de ser criada pela sua própria mãe.

A mãe de Eliza, Cassie, morreu de parto quando ela nasceu. Chapman, o pai de Eliza, criou os quatro filhos: Kay (a mais velha), Wilson (o segundo) e Ilene (a terceira criança). Eliza era o bebé da família. Sempre tivera problemas com as irmãs, pois estas achavam que, se não tivesse tido a quarta filha, Eliza, Cassie ainda estaria viva.

Eliza tinha muitas vezes falado com Horatio sobre adotar uma criança, mas Horatio esquivava-se e passava para outro assunto. Farta de ver Horatio evitar a conversa, um dia Eliza foi inflexível e exigiu que a família fosse alargada. Um comportamento muito invulgar em Eliza, considerando que era a mais calada da família e nunca pedia muito nem fazia exigências acerca de nada. Tinha uma necessidade que não era satisfeita. Relutantemente, Horatio assentiu e começaram o processo de adoção, que é, no mínimo, desgastante.

Após meses de burocracia, verificação de perfis, entrevistas com colegas, vizinhos, chefes e igreja, o Estado onde viviam autorizou a colocação de uma criança em casa dos Reese. Logo a seguir ao telefonema informando que o estado tinha uma criança para colocar, os Reese meteram-se no seu novo Chevrolet Impala creme de quatro portas e foram a Martin Bay, Mississípi, para trazer o último acrescento à família. Quando chegaram ao orfanato e depois de visitarem as instalações, viram uma menina irrequieta de cerca de cinco anos. Parecia a própria definição de energia e alegria e decidiram adotá-la.

Um dia, Eliza estava a lavar a loiça e Horatio estava sentado à mesa da cozinha a ler o jornal quando a menina entrou na cozinha e declarou:

— Quero tabaco de mascar. Já.

A voz satânica que se projetara da boca de uma menina aparentemente tão doce e enérgica deixou-os paralisados de choque e perplexidade. Souberam imediatamente que havia qualquer coisa errada e o facto de uma criança de cinco anos ter este tipo de comportamento era chocante.

Horatio disse à menina:

— Não há tabaco nenhum para ti.

E com isto pensou que o assunto estava encerrado. Eliza ficou de pé, siderada, com os olhos arregalados como se tivesse visto um fantasma. Tinha dificuldade em acreditar que tal coisa tinha saído da boca de uma criança de cinco anos.

Mas a menina não se ficou. Insistiu com uma voz trovejante tão alta que o céu poderia ter tremido depois de a ouvir. Declarou explicitamente:

— É bom que me arranjem tabaco de mascar já ou mato-os.

Foi naquele momento que Horatio e Eliza pensaram:

— Meu Deus, será que cometemos um erro ao trazer esta menina?

Zangado, Horatio disse firmemente:

— NÃO! — Pegou no braço da menina e olhou diretamente para Eliza, dizendo: — Chama já o Estado.

Quando a noite caiu, souberam que tinham de ficar com a menina mais uma noite. Foi uma noite longa, na qual dormiram em constante sobressalto com medo do que a criança poderia fazer como retaliação por não lhe darem tabaco de mascar.

No dia seguinte, o Estado apareceu para levar a criança.

Horatio e Eliza explicaram-lhes o que tinha acontecido e que não podiam admitir aquele tipo de comportamento na sua casa. A colocação da criança foi anulada. Passaram alguns dias e Eliza percebeu que continuava a ter um lugar vazio à mesa em casa e, sobretudo, no coração. Nas semanas seguintes, tomou a decisão de querer outra criança, mas Horatio estava relutante.

Afinal, poucas semanas antes uma criança de cinco anos tinha ameaçado as suas vidas por causa de tabaco de mascar. Eliza não queria discutir tais disparates; as crianças não podem ser todas como aquela, pensou consigo própria.

— Quero um filho, Horatio — exigiu Eliza.

Virando-se para ela, Horatio respondeu tempestuosamente:

— Não. E fim de conversa.

Ela levantou-se da mesa da cozinha e disse alto e bom som:

— Se não me deixas ter uma criança, vamos divorciar-nos e será rapidamente.

Horatio ficou espantado. Nunca tinha ouvido Eliza levantar-lhe a voz nem ameaçá-lo com o divórcio. Por Eliza, concordou finalmente em tentar adotar mais uma vez. No dia seguinte, Eliza contactou o Estado para marcar uma entrevista para encontrar outra criança. Marcaram a entrevista para duas semanas mais tarde. Horatio e Eliza fizeram novamente a viagem para o respetivo departamento do Estado em Martin Bay. Durante a longa viagem, Horatio e Eliza tiveram pensamentos furtivos sobre a última experiência e desilusão com a colocação anterior. Eliza expressou-se audivelmente:

— Senhor, espero que esta vez corra melhor e que esta não seja uma assassina tresloucada como a outra.

Quando chegaram, estacionaram o carro e caminharam lentamente para a porta do edifício com apreensão. Ao entrar no departamento, foram recebidos pela assistente social e depois conduzidos a uma grande sala com trinta camas alinhadas ao longo de duas paredes. Fazia lembrar um hospital a Eliza. Viram recém-nascidos nos seus berços e crianças um pouco mais velhas a brincar com outras crianças e com as cuidadoras.

Eliza olhou em volta e a assistente social perguntou-lhes:

— Veem uma criança em que possam estar interessados? — Horatio olhou em volta da sala, pois esperava fazer melhor escolha desta vez. Eliza procurou uma ligação com outra alma e foi então que notou uma criança pequena de dois anos. A menina não estava com as outras crianças, mas num canto no chão a brincar sozinha com os seus brinquedos.

Trazia uns botins velhos pretos que lhe cobriam o tornozelo, com três fivelas e cordões. A criança cruzou o olhar com o de Eliza e ela soube naquele momento. A sua alma elevou-se ao ver a menina. Apontou com o dedo, a boca abriu-se e gritou sem contenção:

— É aquela. Quero aquela.

Aquela menina era afinal Bella Leia Masson, a mesma menina que Christine dera à luz dois anos antes e que ninguém queria. Depois de todos os documentos para a adoção estarem tratados, os Reese puderam partir.

Levaram Bella Leia Masson consigo. Horatio e Eliza deram à sua nova filha o nome de Raven Gabriela Reese. O nome seria um novo começo para a nova vida da pequena Raven. Uma coisa que ninguém sabia era que este facto também iria abrir uma porta que ninguém conseguiria fechar e que nem sequer a própria Raven poderia controlar o incontrolável.

Episódio V: Mercadoria Marcada

Horatio olhou para Eliza, ao deixarem o orfanato, e notou que esta tinha a expressão em paz, e parecia radiante, uma coisa que Horatio não via desde que se casaram. Bella Leia Masson, que seria a partir dali conhecida apenas como Raven Gabriella Reese, tomou o seu lugar de direito no banco de trás do carro da família. Estava intrigada pela estação de rádio que Horatio tinha sintonizado.

Raven ouviu uma música chamada «You Ain't Nothing But A Hound Dog». Ao ouvir a música, Raven deu um salto do assento e começou a dançar no banco traseiro. Horatio olhou pelo espelho retrovisor para ver como estava a bebé e eis que a pequena Raven estava no seu próprio mundo, de pé no banco, virada para trás e dançando entusiasticamente. Deitou a cabeça para trás soltando uma risada cheia de orgulho ao mesmo tempo que olhava para Eliza e disse:

— Aquela menina vai ser uma bailarina um dia. Vê como adora música. — Horatio e Eliza riram até que as lágrimas correram pelas faces de Eliza.

Inesperada e rapidamente, as coisas mudaram. Horatio ouviu um som estridente à distância e a pequena Raven também. Raven deixou de dançar, arregalou os olhos e subitamente começou a gritar:

— CHUIS, Pai, CHUIS.

Horatio e Eliza foram apanhados de surpresa por isto, e quando levantaram os olhos, passou por eles a toda a velocidade um conjunto de luzes azuis intermitentes com uma sirene a soar. Era um carro da Polícia dirigindo-se para uma outra ocorrência.

Horatio disse para Eliza:

— Esta menina deve ser de uma GRANDE cidade, porque não disse «polícia», disse «CHUIS, Pai, CHUIS».

Horatio continuou a magicar enquanto ia conduzindo em direção a casa: «Onde é que esta criança calada e inteligente foi buscar a astúcia da rua? Chamou-me mesmo pai pela primeira vez? Será que já me vê como o pai dela?» Afinal só tinha dois anos e tinha estado no orfanato toda a sua vida, por isso devia ter convivido com alguém que teve um problema com os chuis ou viu alguma coisa a acontecer nos seus dois curtos anos de vida. De qualquer maneira, Horatio disse em voz alta, com um sorriso na cara:

— BOLAS, ainda bem que aqueles chuis não andavam atrás de mim.

Eliza achou que devia fazer uma última paragem antes de chegarem a casa. Não lhe saía da cabeça a imagem daqueles sapatos maltrapilhos que a pequena Raven trazia. Pediu a Horatio para parar na loja antes de chegarem a casa.

Pararam na loja preferida de Eliza, a Redman's, onde Eliza muitas vezes fazia compras. Entraram todos juntos, pela primeira vez como uma família completa, para comprar um par de sapatos para os pezinhos de bebé de Raven. Toda a gente notou uma coisa…

Ninguém na zona da loja acreditava no que via. Pela primeira vez Raven Gabriella Reese ia partilhar um dos seus muitos segredos com o mundo.

Embora fosse pequena e inocente demais para compreender os adultos, percebeu uma coisa: que nem todos os adultos são bondosos. Às vezes, os grandes podem ser maus e pouco fiáveis; especialmente se estiverem zangados connosco: nesse caso magoam-nos.

Eliza e os vendedores que estavam na loja naquele dia começaram a chorar ao fazerem as perguntas atrevidas de «Como foram capazes?», «Por que o fizeram?» «Quem faria uma coisa tão horrível e desprezível a um bebé?». Os olhos de Horatio encheram-se-lhe de lágrimas. Mesmo tendo sido um militar durão, permitiu que as lágrimas lhe rolassem pela cara abaixo enquanto tentava manter a sua máscara viril. Contudo, lá no fundo, o coração despedaçou-se-lhe quando viu o mal que outros tinham infligido à sua nova filha. Raven tinha guardado muitas dores no seu pequeno coração. As coisas horríveis que outros lhe tinham feito no orfanato antes de conhecer os Reese estavam agora a ser sentidas por outros.

As cicatrizes de guerra da pequena Raven não estavam meramente na sua alma. Ostentava-as visivelmente nas suas pequenas pernas rechonchudas, que pareciam ocultas pela roupa demasiado grande que trazia vestida. Tinha numerosas cicatrizes de queimaduras de cigarro e charuto feitas por alguém, talvez uma cuidadora, um tutor ou alguém que achava que a pequena Raven não valia grande coisa. Raven tinha mais de vinte marcas nas pernas. Aparentemente, as queimaduras foram usadas como forma de castigo. Claro que ela não entendia a razão para tanta agitação.

Por que estava toda a gente a chorar por causa dela e a olhar-lhe para as pernas? Mas uma coisa ela entendia: compreendeu pela primeira vez na sua vida que alguém parecia importar-se com ela.

Uma vendedora foi para a secção dos sapatos e meias em busca de sapatos de bebé coloridos e meias a condizer para Raven.

Outra vendedora estava ao balcão a registar alegremente cada peça. Horatio postou-se na caixa de pagamento, pensando «Uau, vai levar algum tempo.»

Eliza só pensava na roupa que a pequena Raven podia usar nos fantásticos eventos sociais a que iriam. Depois, com a mesma rapidez com que todos começaram o festival de compras, Eliza deu um passo atrás, e, em silêncio, começou a contemplar e a falar baixinho para si própria. Olhou para toda a roupa e sapatos que estavam na caixa, depois olhou para Raven e disse abruptamente:

— Nenhuma menina minha está preparada para conhecer o mundo sem a peça essencial de todas as meninas, uma bandolete.

Sem mais, as vendedoras e Eliza partiram pela loja fora, como uma manada de elefantes fêmeas capazes de fazer tudo para proteger as suas crias. Começaram a juntar chapéus de menina com malinhas de renda e pérolas a condizer. No sul, a maior parte dos vestidos, malas e chapéus femininos eram adornados com pregas e pérolas, e quanto mais fofos melhor, quer dizer, para se ser mesmo uma «Beldade do Sul».

Eliza queria que a sua preciosa menina conhecesse o mundo, e tinha de estar vestida para impressionar. Esta paragem, que devia ter sido rápida, acabou por ser um suplício que levou a tarde toda.

Episódio VI: As Delícias De Uma Linguareira

Ali estava Raven em êxtase com a boquinha aberta, e os olhos não pareciam fixos em nada. Tinha a mente arrebatada, os olhos arregalados com todas as coisas boas presentes no seu ambiente. Raven não compreendia o que todas aquelas coisas eram. Aquilo não era como o lugar de onde tinha vindo. Naquele lugar, nada era de ninguém, e agora tinha o seu próprio pequeno mundo, só para si porque não havia outras crianças.

Estava deslumbrada, olhando para a grande casa de uma cor amarela macia, bordejada a branco e muitas janelas. A única coisa que conseguia pensar consigo mesma era: «Será que posso entrar aqui?» Depois, havia o quintal que era soberbo, bem, soberbo era um eufemismo; era maior do que a criança conseguia compreender. Naquele quintal, via duas coisas enormes que pareciam tapetes desgrenhados, e que faziam barulhos ensurdecedores quando abriam a boca. De seguida, viu-os saltar para cima dos seus novos pais. Deu uma vista geral ao quintal, e tomou nota de todas as árvores e flores. Mas esperem, havia outra coisa no meio de duas árvores que chamou a atenção de Raven. Um gigantesco baloiço preso de uma árvore, com assentos brancos e um reluzente escorrega. Ao lado do baloiço estava um muito pequeno triciclo vermelho vivo e uma pequena carroça «Voadora».

Horatio conseguiu finalmente chamar a atenção de Raven, pegando-lhe na pequena mão e tirando-a do carro. Raven ficou parada, atordoada.

Eliza aproximou-se de Raven, ajoelhou-se ao seu lado, e sussurrou-lhe suavemente ao ouvido:

— Isto é tudo para ti e amanhã podes vir para a rua brincar com tudo isto, todo o dia.

Horatio e Eliza levaram Raven para dentro da casa para prepararem o jantar, mas primeiro, Eliza levou Raven para ver o seu novo quarto.

Ao andar com Eliza pela casa, Raven não pôde deixar de observar o elegante chão de madeira maciça, que tinha uma brilho tal que se via o próprio reflexo como se estivessem num rinque de patinagem no gelo. Para chegar ao quarto de Raven, tinha que se chegar ao fundo do corredor e passar por um quarto de banho. Raven tinha tudo o que uma menina precisava, ali na ponta dos dedos.

Enquanto Eliza dava banho a Raven e a preparava para ir para a cama depois do jantar, Raven ficou muito calada e fitava com um olhar vazio a porta aberta do quarto de banho que dava para o corredor. Eliza descartou o facto como sendo resultado de um dia longo e de ter passado por tantas experiências intensas. Achou que estava apenas cansada e precisava de um sono repousante. O que se passava com Raven? Porquê aquele olhar fixo e infindável para o corredor? Eliza tentou atrair a atenção de Raven, mas esta parecia assustada e distraída. Eliza virou-se para ver se estava a olhar para Horatio, mas quando se virou, não viu ninguém.

Para que estava a olhar e o que tinha visto? Eliza fez chiar um pequeno pato de borracha amarelo que Raven tinha na banheira e isso finalmente trouxe a atenção de Raven de volta. Secou-a e levou-a para a cama.

No dia seguinte, Raven acordou a tempo do pequeno-almoço. Eliza era excelente a fazer tudo, e cozinhar era um dos seus talentos mais notáveis.

Eliza trouxe Raven pelo corredor abaixo, passou pela sala de estar, e antes de chegarem à mesa da cozinha, Raven notou que havia uma coisa que não tinha visto na noite anterior: um piano que Horatio lhe tinha comprado antes de a trazerem para casa, da agência de adoção.

Para surpresa de Eliza, Raven foi para o piano e sentou-se, colocou os pequenos dedos nas teclas do piano e começou a tocar uma peça de Mozart. Eliza estava atónita com a maneira como a criança tocava piano com tanta destreza e emoção. Horatio, que estava lá fora a trabalhar no jardim, ouviu. Parou o que estava a fazer, veio a correr para dentro e perguntou:

— Quem está a tocar piano?

Eliza olhou para ele, estupefacta e com um sorriso algo significativo, encheu o peito com vaidade e disse:

— É a minha menina que está a tocar.

Olharam um para o outro, tentando perceber como é que Raven sabia tocar piano. Nos anos sessenta do século passado, os orfanatos eram lares de crianças sem-abrigo, por isso sabiam que Raven não tinha tido aulas de música formais.

Naquele momento, Eliza decidiu que pagaria aulas privadas de música a Raven para aperfeiçoar as suas competências como pianista. Imediatamente tratou de as contratar na cidade para todos os sábados de manhã.

As aulas de música ao sábado eram um espaço de tempo único para as duas porque era só mãe e filha. Depois das aulas, Eliza fazia sempre uma refeição especial para Raven. A comida preferida de Raven era hambúrgueres, batatas fritas, batidos e, às vezes, camarão. Eliza esforçava-se por lhe dar sempre o que ela queria.

As noites de sábado eram reservadas à visita à irmã de Eliza, Ilene. Horatio levava Eliza e a pequena Raven para lá. Eliza e a irmã sentavam-se no sofá grande e conversavam enquanto Raven passava o tempo a brincar com as duas primas até Horatio voltar. Ele considerava-se um ás das cartas e jogava noite dentro na casa de alguns dos seus amigos de jogo.

Horatio adquiriu um padrão que todos em casa aprenderam a reconhecer. Toda a gente sabia, quando Horatio regressava, se tinha perdido ou ganhado nas cartas. Se perdesse, ficava com um humor péssimo e começava discussões sobre tudo e sobre nada com Eliza, não se calando todo o caminho até chegar a casa.

Mas, se Horatio ganhasse, ficava com uma disposição suave e algo agradável. Quando ganhava, dava cinco ou dez dólares a Raven para fazer o que quisesse com o dinheiro na manhã seguinte. Quando queria ficar fora de casa no fim-de-semana, vinha para casa na sexta-feira depois do trabalho, armava uma discussão com Eliza, pegava no dinheiro, passava-o a ferro na tábua de engomar, ordenava-o e depois colocava-o num saco de papel. Raven lembrava-se de ver o vapor a sair do ferro e o cheiro distintivo que emanava do metal quente comprimido contra as notas de papel.

À medida que o tempo ia passando, Raven teve oportunidade de finalmente conhecer mais pessoas da sua família alargada. Horatio tinha dois irmãos e duas irmãs que viviam relativamente perto dele, e um dia vieram lá a casa para conhecerem a pequena Raven. Chamavam-se Bill, Larry, Onie e Olivia. Uma vez que Horatio vinha de uma família com muitos filhos, estes cinco irmãos passavam muito tempo livre juntos, especialmente aos domingos à tarde, depois de virem da igreja. O tio Larry era o preferido de Raven, porque nunca se tinha casado, vivia do outro lado da rua e não tinha filhos. Era como o seu segundo pai. Raven costumava ir para a rua cedo aos sábados, apanhava minhocas e larvas com o Tio Larry ou com Horatio e quando achava que já tinha o suficiente, ia descalça para uma das charcas.

Num sábado de manhã, Olivia, mais conhecida por todos como «Livi» passou lá por casa para ver a sobrinha. O dia passou com Horatio, Eliza e Olivia sentados no enorme quintal, debaixo de uma das muitas árvores, comendo melão e contando anedotas. Quando o sol se pôs naquele sábado à tarde, Eliza chamou Raven para se preparar para o seu habitual banho de espuma de sábado à noite. Tinha de lavar a areia e o pó dos bolos de lama de se rebolar no chão, de andar no seu triciclo e da pesca.

Houve uma noite em que Livi, a tia de Raven, decidiu que preparava ela a água do banho e o pijama de Raven enquanto Eliza fazia o jantar de peixe-gato frito à moda do sul, broa de milho frita, salada de repolho e tartes de pêssego fritas.

Horatio ainda estava a trabalhar na quinta e ouvia-se o roncar do trator ao longe enquanto lavrava e preparava os campos para a sementeira. Eliza era uma senhora muito religiosa, profundamente agarrada às suas raízes espirituais. Acontecia que Livi, a irmã de Horatio, era pastora na sua igreja e era ainda mais religiosa. Livi levantava-se todas as manhãs antes de o sol nascer, preparava o pequeno-almoço, e começava a ler a Bíblia até noite dentro. Livi nunca tinha casado, mas tinha um filho com quase sessenta anos naquela altura, que vivia longe dali. Isto ajudava a explicar a razão por que Livi estava ansiosa por ajudar a criar Raven e dar as suas opiniões quanto à maneira de a educar. Depois do jantar naquela noite, Horatio já tinha regressado da quinta e terminado a refeição. Decidiu relaxar e ver televisão no quarto, enquanto Eliza e Olivia davam o banho de espuma do fim-de-semana a Raven. Achavam que era uma bela maneira de passar tempo com Raven e uma com a outra. Olivia sentou-se do lado direito da banheira e Eliza sentou-se do lado esquerdo enquanto tiravam o lixo da menina de dois anos, depois, de repente, a idosa Olivia abriu a boca e as palavras voaram:

— Já lhe disseste?

Isto chamou a atenção de Raven, já que a menina era esperta. Eliza baixou a cabeça e os olhos esbugalharam-se-lhe ao olhar para a criança, depois arregalou ainda mais os olhos quando olhou para Olivia e disse inocente e ternamente:

— Disse o quê?

Instalou-se um silêncio de morte, e a cabecinha de Raven ergueu-se e declarou:

— A Mãe disse-me o quê? O que devias dizer-me, Mãe?

Eliza ficou numa posição que, se tivesse um buraco onde se esconder e tivesse a certeza de que ninguém a encontrava, tê-lo-ia feito. Eliza respondeu altivamente, de cabeça erguida e olhos semicerrados, revirou os olhos para o lado ao olhar para Olivia e depois disse com voz quase sussurrante:

— Falas demais.

Raven não deixou passar. Continuou a perguntar a Eliza:

— Mãe, dizer-me o quê?

Eliza decidiu dizer-lhe, embora ela e Horatio já tivessem falado em dizer à menina mais tarde na vida, quando sentissem que ela já compreendia. Eliza olhou, então, para Raven e disse:

— Querida, nós não somos os teus pais biológicos.

PARTE III: O Dom Que Trazia Uma Maldição

Episódio VII: Segredos de Família

Eliza tinha lágrimas nos olhos e mágoa no coração ao ouvir Raven. Esperava ter mais tempo antes de lhe falar sobre a adoção. Raven surpreendeu a tia e a mãe. A menina continuou a brincar com os brinquedos na banheira enquanto Eliza se esforçava por conter as lágrimas. Olivia parecia que tinha derramado o último jarro de leite da família numa carpete de marta nova. Raven falou como se tivesse vivido a sua própria vida antes da incarnação, e disse:

— Tu és a minha mãe, e não importa o que eles dizem. Eu sei que és a minha mãe agora.

E continuou a brincar na banheira.

Eliza já não conseguia reter os soluços. As lágrimas corriam como se a água gotejasse delicadamente por um ribeiro abaixo. Pegou na manga que antes tinha enrolado para cima para dar banho a Raven e com ela limpou suavemente os olhos. Depois, a Tia Olivia e Eliza meteram a menina na cama, e quando a luz se apagou e, no momento em que Eliza fechava a porta de Raven, ela olhou para trás e disse numa voz baixa e suave:

— Tu és a menina da mãe.

Por volta das duas da manhã, quando todos dormiam profundamente, qualquer coisa acordou Raven. Saltou da cama, abriu a porta de repente e correu como um cordeiro descalço.

Desorientada, correu pelo corredor abaixo na direção do quarto de Eliza e Horatio, como se um morcego vindo do inferno viesse atrás dela. Do corredor, chegavam os seus gritos ao guinchar:

— Mãe, mãe, mãe.

Eliza e Horatio deram um salto da cama e Eliza disse para Horatio com voz de pânico:

— É a menina, meu Deus, é a menina.

Ambos os pais se encontraram com Raven quando abriu a porta do quarto. Raven saltou para os braços de Horatio e chorou e murmurou tanto que Horatio e Eliza não a entendiam.

Não faziam ideia do que tinha acontecido. Estaria alguém no quarto de Raven? Teria tido um pesadelo? Teria ouvido qualquer coisa? Sem saberem o que tinha acontecido, Horatio passou Raven para Eliza e disse:

— Vou ver o que ela tem.

E saiu pelo corredor abaixo em direção ao quarto de Raven. Acendeu a luz, viu por baixo da cama, no *closet* de Raven, até verificou uma abertura no *closet* que dava para uma porta do sótão.

Depois de apurar que não havia nada no quarto, Horatio disse a Eliza que levasse Raven de volta, e voltaram a metê-la na cama. Eliza disse:

— Pronto, pronto, bebé. Foi só um sonho e não deixamos que ninguém magoe a menina. Fecha os olhos, que eu fico aqui até adormeceres.

Raven não queria voltar a dormir, e lutou com todas as forças do seu pequeno corpo, mas a experiência aterradora foi demasiado forte para a criança. E adormeceu. Quando Horatio e Eliza saíram do quarto, Eliza disse para Horatio:

— O que é que podia causar tanto medo àquela menina?

Horatio declarou:

— Ah, com certeza teve um pesadelo sobre qualquer coisa que lhe aconteceu no lugar onde estava antes de a trazermos.

E ambos saíram do quarto, mas Eliza não ficou convencida. Raven tinha tido um pesadelo? Seria mais do que um pesadelo?

Na manhã seguinte, Eliza estava ainda a tentar organizar mentalmente o que tinha acontecido naquela noite. Olivia ainda estava a dormir e não tinha acordado com a agitação. Olívia levantou-se enquanto Eliza preparava o pequeno-almoço e a roupa para irem à igreja naquela manhã. Ia ser a primeira vez que Raven ia e se tornaria membro da comunidade. Ia ser um dia especial para toda a família.

Olivia entrou na cozinha e sentou-se para tomar café. Horatio tomou a sua chávena de café acabado de fazer e disse a toda a gente que ia para a quinta aproveitar o tempo antes de irem para a igreja.

Eliza esperou que Horatio saísse pela porta da cozinha que dava para o telheiro e daí para o trator. Quando ouviu o trator arrancar, olhou para Olivia e disse:

— Ouviste a Raven na noite passada?

Olivia ficou a olhar para ela.

— Ouvir a Raven? O que é que isso quer dizer? Não, não ouvi nada, porquê?

Eliza contou a Olivia sobre o que tinha acontecido na noite anterior com Raven. Perguntou a Olivia se fazia ideia do que faria uma criança agir daquela maneira.

Olivia, mais velha do que Horatio e Eliza, acreditava nas coisas à moda antiga e era um dos membros mais velhos da família de Horatio. Cresceu com muitos ditados e superstições que vinham de muitas gerações antes dela. A primeira coisa que disse foi:

— Bem, pode ter sido um pesadelo.

Depois disse:

— Muitas coisas podem ter acontecido. Aquela criança pode ter memórias do que aquela gente lhe fez naquela instituição.

Eliza continuava pouco convencida de que Raven tivesse passado por alguma daquelas coisas na noite anterior. Disse:

— Bem, o que eu sei é que aquela menina parecia e agia como se tivesse visto um fantasma, mas eu não vi nada.

Olivia disse:

— Sabes uma coisa? Podes estar a lidar com outra coisa.

Eliza perguntou a Olivia:

— O que poderá ser, na tua opinião?

Olivia respondeu:

— Uma em cada mil crianças nasce com um véu na cara.

Este era um ditado antigo que tinha passado de geração em geração, e que significava que algumas crianças nascem com poderes especiais, o dom de uma segunda visão por assim dizer. Olivia começava a acreditar que havia em Raven algo mais do que aquilo que se via.

A Tia Olivia disse, então, que se diz que uma criança que nasce com um terceiro olho ou segunda visão nesta era moderna é conhecida como «Médium».

Um Médium é uma pessoa que nasce com dons místicos; com a capacidade de ver ou sentir coisas antes ou durante um evento. Isto acontece recorrendo ao sexto sentido, um sentido de que a maior parte das pessoas não tem consciência. Eliza ficou em silêncio a ouvir o que Olivia tinha a dizer sobre a experiência de Raven.

Ela contou a Olivia sobre a primeira noite em que trouxe Raven para casa e como Raven agiu enquanto tomava banho. Como tinha uma expressão estranha nos olhos ao olhar para o corredor. Também disse a Olivia que pensou que Horatio estava à porta e que era por isso que Raven estava tão presa à porta aberta, de onde se vê o corredor, mas que quando se virou, não viu nada e limitou-se a descartar o incidente como cansaço de Raven, que precisava de dormir. Eliza não podia deixar de pensar para si própria sobre o que se tinha realmente passado na noite anterior e se se passava alguma coisa especial com a sua filha.

Episódio VIII: A Vingança da Capela

Eliza não estava totalmente convencida de que Raven não tinha visto nada. Contudo, não havia nada que a fizesse pensar o contrário, por isso continuou a vestir Raven para o seu primeiro grande aparecimento e apresentação à sua nova comunidade da igreja. Este era um acontecimento especial para toda a gente, mas mais para Eliza. Era uma coisa com que sempre tinha sonhado: ter uma filha que pudesse vestir como uma princesa, e saber que nunca mais estaria só. Estão a ver, Horatio e Eliza partilhavam outro segredo de família que Eliza nunca quis que se soubesse, nem sequer Olivia. Horatio era mulherengo, e se visse uma cara bonita, queria-a a todo o custo. Teve numerosas aventuras amorosas enquanto esteve casado com Eliza, e tinha uma filha de outra mulher. Chamava-se Margaret, mais conhecida como Margie.

Claro que Margaret tinha nascido de uma mulher que vivia a quase duzentos e quarenta quilómetros de distância, e Horatio tinha conseguido criar laços com Margaret durante a sua infância. Margaret era quase vinte e cinco anos mais velha do que a pequena Raven, que nunca percebeu por que é que Horatio havia de ir lá fora arranjar outra criança. Compreensivelmente, havia muita animosidade e tensão da filha mais velha para com Raven. Ela achava que ela era mais do que suficiente; céus, não tinha intenção de partilhar o pai com uma criança que nem sequer era do sangue dele nem dela.

O serviço religioso ia começar dentro de menos de uma hora, e Eliza tinha de vestir Raven depressa. Eliza, Olivia e Horatio levaram a pequena Raven para o carro para irem para a igreja antes de a função começar. Na igreja, esperava-se que todos os diáconos e ajudantes estivessem presentes antes de o serviço começar, e se não estivessem todos no seu lugar, o serviço seria atrasado até que chegassem. Ao chegarem ao parque de estacionamento da igreja, era uma vista digna de se ver. Horatio a sair do carro, vestido com a sua melhor roupa de ver a Deus. Eliza era ajudante na igreja, por isso estava vestida com o seu vestido totalmente branco, chapéu de renda branco, luvas brancas, sapatos de salto alto pretos e, claro, mostrava as suas meias cor de café escuro, que lhe abraçavam todas as curvas das pernas compridas e bem-feitas. Não podemos deixar de mencionar o facto de que Eliza não ficava totalmente arranjada para a sua prestigiosa posição na igreja sem o seu emblemático batom vermelho-rubi profundo.

Recorriam aos ajudantes em certas igrejas para ajudar a sentar os membros e visitantes, para enviar e receber os donativos para a igreja e providenciar ordem e conforto, se necessário. Os ajudantes recebiam ordens diretamente do pastor, e aquela era considerada uma posição honrosa dentro da igreja. Quando Eliza saiu do carro, toda a gente notou que qualquer coisa tinha mudado, e que Eliza estava radiante. Sorria como se fosse o gato que engoliu o único canário que havia no quintal. O que era diferente? Bem, naquele domingo estava tão imponente como sempre, só que naquele dia, ela inclinou-se para o assento de trás do carro e, para surpresa de todos, tirou uma encomenda.

A encomenda estava vestida com um vestido todo branco de renda, com meias a condizer, uma pequena touca adorável e, no braço, levava uma pequena bolsa a combinar com o vestido. O novo acrescento à família Reese tinha chegado e todo o amor de Eliza pela sua nova menina se manifestou, especialmente na maneira como estavam identicamente vestidas, todas de branco. Eliza encheu o peito orgulhosamente, pôs um sorriso maravilhoso nos lábios pintados de vermelho, e, sem esperar por Horatio nem Olivia, dirigiu-se para a porta da frente para cumprimentar o pastor.

Inicialmente, a pequena Raven estava estupefacta ao ver todos os azuis, amarelos, cor-de-laranja e cor-de-rosa vivos que as mulheres traziam vestidos. Estava simplesmente fascinada e hipnotizada ao ver todas as cores que pareciam um arco-íris. Depois olhou para o outro lado e ficou empolgada com todas as outras crianças que lá estavam. Esperava poder brincar com eles.

Quando o serviço começou, Eliza, sendo ajudante, tinha de se sentar no banco da frente da igreja, e tal significava que Raven tinha de se sentar com ela. O que a pequena Raven não compreendia era que, quando o pastor conduzia o serviço de domingo de manhã, as crianças tinham de ficar em silêncio, quietas e bem-comportadas. Era o que se esperava de todas as crianças em todas as funções da igreja, e Raven não era exceção à regra.

Aos olhos de Raven, havia ali crianças com quem podia brincar, por isso, enquanto o pastor conduzia o serviço, pensava como aquela seria uma boa altura para se levantar e ir visitar algumas das pessoas a quem a mãe a tinha apresentado. Bem, Eliza tinha outra opinião sobre como aquele dia ia ser passado, então, começou a batalha. Raven levantou-se do banco da frente da igreja e foi para a coxia para fazer novos amigos, e Eliza viu Raven pelo canto do olho e tentou deitar-lhe a mão, antes de ela sair disparada pela coxia abaixo. Raven chegou ao fundo da igreja e viu que divertido que era e, por isso deu a volta e voltou a subir a coxia para a frente da igreja. Parou mesmo em frente do pastor quando este fazia o sermão.

Eliza cerrou os dentes, e, baixinho para não perturbar o serviço, com o canto da boca articulou:

— Vem já para aqui.

A pequena Raven pensou para si própria: «Aquilo foi a coisa mais engraçada. Nunca ouvi a mãe a falar assim. É tão giro,» ao mesmo tempo que ria para dentro. Ora, Eliza não estava a rir-se, e não achou o comportamento da filha engraçado. Afinal de contas ela e Horatio eram antigos militares, por isso o autocontrolo e a disciplina eram essenciais naquela casa.

Quando Raven tomou a decisão de dar outra corrida, Eliza achou que já passava do limite, mas antes de a conseguir agarrar e tirá-la da coxia, já Raven tinha passado como uma seta por ela outra vez, a correr para a porta de trás. Raven parou quando chegou à porta e disse:

— Mãe, não me apanhas.

Isto despertou em Eliza um novo nível de maternidade. Toda a gente olhava e Horatio estava furioso, mas Olívia não parava de se rir baixinho com os outros membros da igreja, incluindo o pastor. Eliza tinha um plano que era deitar a mão à filha assim que pudesse.

Raven desatou a correr mais uma vez. Assim, lá foi ela numa correria na direção do pastor, acelerando o mais que pôde quando passou por Eliza. Esta deixou-a passar sem problemas, mas quando Raven voltou para trás, Eliza deslizou para a ponta do banco junto à coxia e quando Raven descia novamente a coxia, Eliza deitou-lhe a mão ao vestido de renda. A pequena Raven parou subitamente. Eliza levantou-a do chão, pôs-se de pé, levantou o dedo indicador para pedir licença e foi para a parte de trás da igreja com os braços cheios de uma filha turbulenta. Esta era uma ocorrência comum na igreja naqueles tempos.

Naquele dia, a pequena Raven ia receber a primeira lição de como se comportar em público, chamada lição de nível elementar.

Eliza pegou nela e sentou-se no último banco, enquanto Raven aprendia que umas lindas cuequinhas de renda podiam descer até meio do traseiro, se necessário. O pastor continuou com o serviço, e Eliza continuou a servir a Raven uma boa dose de «Hoje não, minha querida, que eu não deixo.» Afinal, era assistente e uma das suas funções era manter a paz e ordem dentro da igreja, e naquele dia ia receber duas mensagens da mãe: a sua opinião era uma e a outra foi dada pela mão direita da mãe, no sítio onde o sol não chega.

Episódio IX: A Senhora Vestida de Vermelho

A pequena Raven crescia como uma erva daninha e parecia dar-se bem no seu novo ambiente. Horatio e Eliza afeiçoaram-se à criança até já não haver dúvidas: tinham cumprido a sua missão de se tornarem uma família. Raven tinha regularmente as suas lições de piano aos sábados de manhã e Eliza tratava de que nunca perdesse uma única aula.

Quando Raven fez três anos, já algo tinha mudado. Ela percorria o corredor todas as noites e Eliza seguia-a para a meter na cama, dar-lhe um beijo na testa e dizer-lhe:

— Querida, são horas de dormir, mas primeira vamos rezar.

Eliza tinha uma espiritualidade profunda, e instilou os mesmos valores em Raven. Ela sentia que depois de uma criança crescer, por muito que se tenha afastado do caminho, se a educação em casa tiver sido boa, a criança voltará sempre para as suas raízes.

Eliza tinha notado que Raven adoecia com muita frequência, por isso levou-a a uma consulta com o médico de família da comunidade. Na consulta, Eliza ficou a saber que Raven tinha de ser operada às amígdalas devido a uma infeção. Eliza marcou a data da operação. Nos três dias seguintes, Raven recebeu regularmente gelado das enfermeiras. Contudo, aconteceu uma coisa a Raven durante a operação que produziu uma mudança que ninguém viu.

Durante a permanência no hospital, Raven ficou num quarto semiprivado na ala pediátrica. A colega de quarto de Raven ficava deitada a falar com Raven toda a noite por vezes, o que agradava a Raven. Era como ter uma irmã. Na noite antes de darem alta à menina, a colega sentou-se para cima na cama, olhou para Raven e disse:

— Tens roxo à tua volta, por isso o teu nome vai ser Violet. É isso. Vou chamar-te Violet. Raven não fazia ideia do que a colega queria dizer, mas a colega não fazia ideia das mudanças que teriam lugar no pequeno mundo de Raven depois da sua declaração. Raven não só crescia fisicamente como algo mais profundo dentro dela se desenvolvia.

No dia seguinte, disseram a Eliza que já não havia problemas e que podia levar a criança para casa, o que ela fez. Naquela noite, Eliza levou Raven para o quarto para a meter na cama, como de costume. Eliza tinha posto um televisor no quarto de Raven porque tinha notado que a menina parecia algo agitada quando estava no quarto e pensou que se tivesse lá uma televisão dormiria melhor. Naquela noite, depois de Eliza sair do quarto, Raven adormeceu e, por volta das duas da manhã, acordou outra vez. Abriu os olhos e espreitou para cima dos cobertores para ver se tinha sido a mãe que tinha voltado, mas não havia ninguém.

Voltou a fechar os olhos e, ouviu o som novamente mas mais alto. Raven puxou os cobertores mais para cima da cabeça. Estava a ficar com medo. O barulho voltou, mas desta vez parecia que vinha do *closet*.

Raven ouvia distintamente o movimento lá dentro e soube que não era a mãe.

De repente, ouviu a porta do *closet* abrir-se lentamente. Ouviu o som rangente que a porta fez ao abrir-se gradualmente. Ficou demasiado paralisada de medo para ver o que estava a sair do vestiário. Achou que se fechasse os olhos com muita força, e ficasse bem escondida debaixo das mantas, o que quer que fosse não a veria e ir-se-ia embora. Bem, não foi bem assim porque, depois de a porta se abrir completamente, as coisas ficaram em silêncio. Raven pensou que o que quer que fosse já se tinha ido embora, mas continuou quieta.

Quis a sorte que, de repente, sentisse uma mão fria agarrar-lhe o pé e, quando deu conta, uma segunda mão já lhe tinha agarrado o outro pé ao fundo da cama e tinha-a puxado para fora, arrastando-a para o chão.

Raven caiu no chão em choque e, ao olhar para cima, foi quando a viu: uma senhora de pé sobre ela, vestida de vermelho. O vestido parecia esvoaçar e era transparente, mas quando olhou para o espaço onde devia estar o rosto, não havia rosto. Olhou-lhe para as mãos que a agarraram no meio da noite. Não tinha mãos. A única coisa que parecia ser visível era o vestido vermelho. Raven soltou um grito de congelar o sangue. Levantou-se do chão, e pela calada da noite, a única coisa que se ouvia era ela a correr pelo corredor fora, com os pés descalços a bater no soalho de madeira à velocidade da luz. Correu para o quarto de Eliza e Horatio com as lágrimas a cair-lhe pelas faces.

Horatio dormia profundamente, mas Eliza não. Esta levantou-se subitamente na cama, atirou com as mantas para trás e, com o pé direito, deu um pontapé a Horatio e disse-lhe:

— Homem, levanta-te. Passa-se qualquer coisa com a Raven.

Antes de Horatio ter tempo para abrir os olhos completamente e entender os gritos e choro de Raven, Eliza saiu disparada da cama e correu quanto pôde para se encontrar com a criança ao fundo do corredor. Raven viu a mãe e saltou-lhe para os braços, gritando:

— Aquela senhora que estava no meu quarto, mãe, aquela senhora que estava no meu quarto. Manda-a embora, mãe. Manda-a embora.

Eliza apertou a filha contra o peito e disse-lhe:

— Pronto, está tudo bem, querida. A mãe está aqui.

Eliza sentia o coraçãozinho de Raven a bater a cem à hora enquanto a apertava e lhe acariciava a cabeça contra os seus ombros.

Horatio, por outro lado, estava furioso por alguém estar dentro do quarto da sua menina e saltou da cama, pegando na espingarda que tinha trazido quando deixou o serviço militar. Dirigiu-se para o fundo do corredor e disse a Eliza para levar Raven para a cozinha e que ficasse lá.

Ao encaminhar-se para o quarto de Raven, tinha a certeza de que, se alguém tinha entrado em casa, nunca mais ia sair. Quando entrou no quarto, fez uma rápida inspeção estilo militar ao quarto, verificando cada zona do quarto, mas no fim não encontrou nada.

Não encontrando nada ali, Horatio foi averiguar as janelas, e até foi para fora para ver como estavam as coisas lá, mas não encontrou nada em desconformidade. Ao voltar para dentro, Eliza estava sentada à mesa a falar com Raven sobre o que tinha visto.

Raven era inflexível quanto à senhora de vermelho que a tinha arrastado da cama, e que a senhora não tinha nem rosto nem mãos. Eliza não sabia o que pensar da experiência de Raven e não podia deixar de pensar no que a cunhada, Olivia, lhe tinha dito sobre as crianças que nascem com um dom especial. Contudo, Eliza não tinha a certeza do que tinha acontecido exatamente. Tinha sido apenas um pesadelo? Também pensou que Raven tinha acabado de ser operada às amígdalas e que talvez fosse uma sequela da anestesia.

Horatio sentou-se à mesa, puxou a cadeira para a frente e perguntou a Eliza:

— Que diabo acaba de acontecer aqui? Fui ver em todo o lado e não havia nada nem ninguém fora do normal. Então o que é que a Raven diz que aconteceu?

Eliza explicou-lhe palavra por palavra o que Raven lhe tinha dito. Horatio olhou para Eliza e depois para Raven, e com uma expressão irónica na cara, disse:

— Hmm, parece-me que alguém anda a ver fantasmas, hein?

Bem, Eliza não ia admitir aquele comportamento nem aquela linguagem a Horatio, e teve um ataque de fúria. Levantou-se, pegou em Raven e olhou para Horatio. Disse-lhe:

— É preciso ter muita coragem para dizer tal coisa à menina. Não tens o direito de a assustar dessa maneira.

E depois levou Raven para o balcão da cozinha, sentou-a em cima dele e disse:

— Deixa que a mãe vai buscar bolo para a menina. Vais sentir-te melhor, não vais?

Horatio levantou os olhos surpreendido, como que a dizer: «O que é que eu fiz de errado?» Pôs-se de pé, foi para o quarto e deitou-se, dizendo a Eliza:

— Desliga a luz quando acabarem.

Eliza não ligou ao que Horatio disse, e ficou a pé com a filha o resto da noite até Raven adormecer.

O que Eliza e Horatio não compreendiam era que a pequena estava a desenvolver algo mais significativo do que o próprio medo. Raven estava a crescer como criança, mas o dom de que a tia tinha falado estava a crescer também. Um dom que não vinha num embrulho com um belo laço. Não era visível a olho nu. Será que esta capacidade única veio a ser um dom mais tarde? Naquele momento era um percursor possível de muitas coisas que a criança nunca compreenderia. Será que aquele dom deixaria toda a gente a perguntar: «As capacidades dela serão um dom ou uma maldição?»

Episódio X: Ssh, Raven Jovial

Entretanto, a criança aprendia coisas sobre o amor, a família e como ser finalmente uma criança e experienciar todas as coisas que uma criança comum devia experienciar na sua idade. Eliza via que a filha tinha qualquer coisa especial e que aprendia depressa, por isso Eliza e Horatio tomaram a decisão de deixar Raven entrar para a escola muito mais cedo.

A maior parte das crianças começam a escola por volta dos cinco ou seis anos de idade, mas Eliza não quis esperar tanto tempo para matricular Raven. Sentia que se a filha aprendeu música cedo, então também era capaz de aprender o alfabeto e os números com a mesma facilidade. Naquela altura todas as culturas tinham o seu próprio sistema escolar uma vez que a integração ainda não tinha acontecido no sul, por isso Eliza não teve problemas em a matricular na sua nova escola.

Raven ia todos os dias de autocarro para a escola, afinal eram Eliza e Horatio que conduziam o autocarro escolar todas as manhãs e depois de deixar todas as crianças na sua respetiva escola, voltavam para casa, mudavam de roupa e iam para os seus trabalhos diários onde faziam turnos completos de oito horas. Quando terminavam o trabalho, voltavam a pegar nos autocarros, recolhiam as crianças e deixavam-nos em casa em segurança. Era a rotina diária de Eliza e Horatio.

A Linhagem Bronze da Fénix

À medida que a menina crescia e as estações do ano passavam, era tempo de Horatio passar as suas horas incontáveis a trabalhar a terra da quinta. Os quarenta e oito hectares que tinha comprado para Eliza eram uma grande fonte de rendimento para a família. Horatio tinha grande vaidade em cultivar melancias, melões, batatas, soja e algodão. No sul, estas culturas cresciam com grande facilidade, mas geralmente não eram produzidas nem era permitido a pessoas de uma certa raça fornecerem-nas.

Um dia, Horatio tinha contratado um grande grupo de trabalhadores para apanhar o algodão nos seus campos e preparar os fardos para venda na cidade mais próxima. A habilidade era esta: quem apanhasse mais algodão recebia mais dinheiro por cada ida à caixa, e quantas mais idas conseguisse fazer à caixa em oito horas, mais dinheiro faziam pelo dia completo. Eram pagos pelo peso do saco, que, a propósito, se chamava «*croker-sack*», que era feito de serapilheira para tarefas pesadas e transporte de mercadorias. Eliza era a sócia perfeita porque tinha uma personalidade de fala tão suave que Horatio pensou que não havia melhor do que a mulher para se sentar à sombra de uma árvore, dar água aos trabalhadores e receber os sacos de algodão para pesagem e pagamento.

Era domingo de manhã. A jovem Raven tinha-se afeiçoado a dois idosos da vizinhança. Os dois idosos vinham de contextos sociais, culturas e sistemas de crenças diferentes, no entanto Raven nunca viu as diferenças em nenhum dos dois.

Eles pareciam gostar bastante da jovem Raven e o sentimento era mútuo. Um dos homens tinha cabelo muito ondulado e Raven parecia intrigada com a sua juba ondulada com cachos de caracóis nas pontas.

Este homem era conhecido pela alcunha Kelly, e Raven adorava o Sr. Kelly. Costumava vir ajudar Eliza nos pagamentos, água, comida e outras coisas para os trabalhadores. Bem, naquele dia, Raven foi muito para lá do dever porque na sua mente, para se parecer com o Sr. Kelly e fazer o mesmo que ele, ia precisar de mais qualquer coisa.

Raven tinha cabelo comprido, contudo Eliza fazia-lhe sempre um rabo-de-cavalo como a maior parte das meninas usavam nos anos sessenta, mas Raven não estava satisfeita.

O Sr. Kelly nunca usava rabo-de-cavalo, e a criança tinha de fazer umas mudanças. Quando o Sr. Kelly apareceu naquela manhã, Raven desapareceu. Eliza procurou Raven por toda a parte mas em vão, e depois de repetidamente chamar por ela, o grupo que trabalhava para Horatio e Eliza estava cada vez mais preocupado pela criança, até o Sr. Kelly deu volta à quinta enquanto chamava. Em vão.

De repente, não se sabe como, Raven sai da casa a correr, e todos ficaram mudos de surpresa quando Raven correu para o campo e saltou para os braços do Sr. Kelly, gritando:

A Linhagem Bronze da Fénix

— Olha, mãe. Agora já pareço o Sr. Kelly.

Toda a gente desatou a rir quando olharam para o cabelo de Raven e para a cara de Eliza. Um trator podia ter passado por cima de Eliza que ela ficaria com a mesma expressão de perplexidade com que ficou naquele dia. O que Raven tinha feito era indiscritível para todos. Naquele tempo, as famílias matavam os seus próprios animais para comerem, e se matassem o porco, a gordura do animal que sobrava era derretida e faziam um produto chamado «banha». A banha era usada para fazer pão e fritar, e geralmente era guardada em barris de banha para uso doméstico. Raven tinha encontrado um barril de banha junto dos armários do fundo da cozinha de Eliza e subiu para o lava-loiças, molhou o cabelo comprido e pegou numa mão-cheia de banha e esfregou toda a cabeça com ela. O resultado foi um cabelo às ondas e caracóis. Por isso, já parecia o Sr. Kelly, e a sua missão estava cumprida.

Eliza pegou em Raven, rindo a caminho de casa com Raven a reboque, dizendo:

— Oh, meu DEUS, como vou tirar-te toda essa gordura da cabeça?

Claro que o Sr. Kelly estava bastante impressionado, quer dizer, depois de conseguir deixar de se rir de Raven. Eliza lavou-lhe o cabelo e fez o melhor que pôde para lhe tirar toda a banha gordurosa do cabelo. Entretanto, os trabalhadores davam duro no trabalho, e o Sr. Kelly assumiu o pagamento enquanto Eliza vestia Raven e voltava ao seu posto.

Quando as coisas estavam de volta à rotina normal do trabalho, Raven ainda não tinha acabado o que tinha para fazer, e não deixava de se questionar sobre os sacos de sarapilheira que todos tinham. O dia ainda não tinha chegado ao fim para ela. Observava as pessoas a puxar o material branco e macio das plantas e depois a metê-lo nos sacos, mas para Raven, a melhor parte era que o levavam a Eliza e todos pareciam sorrir quando se afastavam. Ahã, sim. Raven teve uma ideia brilhante. Por que não ir buscar um saco e ver por que razão toda a gente andava naquele alvoroço? E foi exatamente o que fez.

Sem que ninguém desse conta do seu comportamento travesso, correu porta fora para o telheiro onde eram guardados os sacos de sarapilheira e pegou no mais pequeno que o seu corpo pequeno conseguia carregar.

Lá foi ela para os campos onde os trabalhadores levavam a cabo a sua tarefa. Eliza procurou a menina, mas Raven tinha uma ideia melhor sobre como tornar-se uma menina crescida, e quando chegou à zona em que todos trabalhavam, pôs-se lado a lado com os trabalhadores e começou a tentar apanhar algodão como todos os outros.

Os trabalhadores pareciam encantados com a criança por se lhes ter juntado como se fosse um deles. Olharam para a sua pequena colega de trabalho com grande admiração. Bem, isto foi até que Horatio vislumbrou a pestinha e quase lhe deu um ataque ao berrar para o outro lado do campo com uma voz profunda e irritada:

— Eliza, tira-me aquela miúda do campo. Já.

Eliza levantou-se, encontrou Raven e correu o mais que pôde, quase como se a vida da criança estivesse em perigo. Chegou junto de Raven e pegou nela ao colo, dizendo:

— Menina, quase deu uma coisa ao teu pai. Sai-me já daí.

A pequena Raven ficou chocada e magoada, pois tinha acabado de fazer novos amigos, mas por uma razão desconhecida qualquer, ficou a matutar no que teria feito de errado.

Só queria estar com todos os outros. Mas porquê? Por que é que Horatio não queria que Raven estivesse no campo e por que não podia aprender a fazer o que os trabalhadores faziam? O que Raven não sabia, nem Eliza, era que Horatio tinha tido uma vida dura. A mãe era trabalhadora. Tinha criado os treze filhos como mãe solteira desde que o pai e a mãe se divorciaram quando ele ainda era muito novo, o que deixou a mãe de Horatio a ter de cuidar de si própria e dos pequenos.

A maneira como Horatio via as coisas era que nenhum filho dele seria sujeito ao trabalho desalentador e aviltante de um pobre. Por isso, não deixava nenhum filho seu fazer outra coisa que não fosse a escola, música, estudos e uma boa carreira. Fim de história. Claro que Eliza nunca viu as coisas da mesma maneira. Achava que o trabalho árduo era bom para a alma e uma maneira decente de fazer pela vida e tornar-se um membro útil da sociedade. Por outro lado, Eliza nunca concordava totalmente com as opiniões de Horatio baseadas na maneira como foi criado e na maneira como via o mundo. Raven passou o resto da tarde lavada em lágrimas já que o seu coração não conseguia entender a lógica por trás da decisão do pai.

Nos dias seguintes, teve finalmente oportunidade de conhecer alguns dos vizinhos que nunca tinha visto. Contudo, todas as crianças da vizinhança eram alguns anos mais velhas do que ela e estavam todos, ou na escola secundária, ou na preparatória ou primária. Havia uma família que vivia do outro lado da rua onde havia quatro raparigas e quatro rapazes. Todos demasiado velhos para brincar com Raven, mas tal facto nunca a impediu de os visitar regularmente. Havia outra família que vivia um pouco mais acima, e quando teve oportunidade de os conhecer, percebeu que também tinham uma filha e dois filhos mais velhos. Embora os rapazes mais velhos já não tivessem idade para brincar, a menina parecia bastante brincalhona e começou a dar muita atenção a Raven. Esta adorava brincar com a filha mais nova da família, embora fosse sete anos mais velha.

A menina chamava-se Lettie, e estava na escola preparatória. Não era grande aluna e parecia mais rapaz do que rapariga, mas não era por causa disso que Raven ia deixar de brincar com ela sempre que ela aparecia lá por casa. Trazia sempre guloseimas e brinquedos para Raven e gostava de lhe pentear o espesso cabelo comprido castanho-escuro. Punha-lhe laços no cabelo e pintava-lhe as unhas para a fazer sentir-se especial quando a vinha visitar. Eliza nunca achou que qualquer criança que convivia com a filha fosse uma ameaça para ela porque toda a gente conhecia todas as crianças e os respetivos pais na vizinhança. Era o que Eliza não sabia que constituiria a maior ameaça para a sua família e ainda mais para Raven.

Lettie vivia com os avós idosos e dois irmãos. A mãe das crianças tinha-as mandado viver com os avós por várias razões, e uma delas havia de se revelar a mais prejudicial para a pequena Raven. Lettie vinha regularmente a casa de Raven quando Eliza estava em casa e levava-a para fora para brincarem e fazerem bolos de lama.

Um dia, Lettie foi lá a casa e pediu a Eliza para Raven ir a casa dela para comerem biscoitos que a avó tinha feito de propósito para a pequena. Quando chegaram a casa, Lettie pediu à avó se podia levar Raven para o quarto dela para brincarem, e a avó concordou. A casa em que viviam eram velha e fria, tão velha que se via para a divisão do outro lado através das fendas.

Ligado à casa, havia um armazém que a família usava para guardar cereal, farinha e outra comida. Do quarto de Lettie via-se para o armazém por uma pequena fenda que havia no canto, exatamente onde estavam as sacas grandes de farinha.

Naquela tarde, Lettie disse a Raven que estava farta de brincar no quarto e convidou-a a ir com ela para o armazém onde podiam fazer um jogo novo. Raven só tinha três anos e era muito impressionável, por isso foi de boa vontade. Lettie pegou na mão de Raven e conduziu-a pela porta fora para o armazém. O armazém só tinha uma entrada e uma saída, e não havia eletricidade naquela parte da casa. A única iluminação era a que vinha da rua, pelas fendas da porta e no meio das paredes, por isso era bastante escuro. E Lettie fechou a porta.

Tinha levado uma mão-cheia de brinquedos para a criança brincar, por isso Raven sentou-se em cima dos sacos da farinha e começou a brincar em silêncio com os brinquedos. Entretanto Lettie decidiu que já não queria brincar com os brinquedos e disse a Raven:

— Já sei, vamos brincar às mães e aos pais, e tu vais ser o bebé.

Lettie pegou em Raven e sentou-a no colo e disse-lhe:

— Agora deita-te porque o bebé tem chichi e tenho de lhe mudar a fralda.

Pegou na menina, deitou-a de costas no colo e, antes mesmo de saber o que estava a acontecer, a rapariga mais velha começou a fingir mudar-lhe a fralda, pensando a mais pequena que era um jogo. A brincadeira começou a dar-lhe desconforto e assustou Raven especialmente porque tentou levantar-se e empurrou as mãos de Lettie para longe do seu corpo. Mas a mais velha era muito mais forte e ela debateu-se, sem sucesso, ao mesmo tempo que a outra a mantinha firmemente no lugar. Raven começou a chorar e Lettie envolveu as pernas da menina no meio das suas e pôs uma mão na boca da criança.

Tudo aconteceu tão depressa que não conseguia mexer-se nem gritar, então ficou quieta e começou a chorar enquanto Lettie fez o impensável e inacreditável ato de abusar sexualmente da menina.

Lettie deve ter mantido a pequenina no armazém algum tempo porque quando acabou, estava a ficar tarde e o sol estava quase a pôr-se. Sabia que tinha de levar Raven de volta para casa antes que Eliza suspeitasse, por isso levantou rapidamente a criança em cima do saco de farinha, puxou-lhe as cuequinhas para cima e o vestido para baixo.

Dobrou-se sobre um joelho, olhou a criança nos olhos, agarrou-a com ambas as mãos e abanou-a ao mesmo tempo que dizia:

— Se contares, se contares a alguém, a tua mãe leva-te para o orfanato outra vez e eles tiram-te os brinquedos.

Disse a Raven que não fazia mal, que só estava a ver se precisava de mudar a fralda, e depois disse, rosnando:

— Agora limpa a cara e isto é um segredo só nosso.

A menina disse que sim com a cabeça, mas continuava agarrada à boneca que tinha trazido consigo, como se a envolvesse num abraço de morte. Lettie pegou na mão da criança e disse:

— Vamos lá. Tenho de te levar para casa.

E caminharam de regresso a casa da menina.

Eliza estava a fazer o jantar e, pela janela da cozinha, tinha-as visto a chegar do outro lado dos campos, vindas da casa de Lettie. Quando entraram em casa, Eliza não se virou, mas perguntou:

— Divertiram-se, meninas?

Lettie respondeu rapidamente:

— Divertimo-nos imenso. Posso levar a Raven para brincar outra vez um dia destes? Ela gosta da nossa casa, não gostas, Raven?

Esta olhou para a rapariga, e antes que Eliza pudesse virar-se para perguntar a Raven se queria voltar para casa de Lettie, Lettie olhou para Raven com os olhos semicerrados e disse entre dentes:

— Lembra-te do que te disse.

Raven estava aterrorizada e disse:

— Sim, mãe. Vou com a Lettie.

Nesta altura já Eliza estava a olhar para trás para ver a resposta de Raven à pergunta. Tudo parecia estar bem. Não compreendeu o medo que a criança tinha de Lettie. O que ela não sabia era que Lettie se havia de tornar o seu maior pesadelo, e que seria vítima de abuso sexual nos anos seguintes.

Durante três anos, Lettie veio buscar Raven duas ou três vezes por semana e levou-a para a masmorra do armazém onde exerceu cada vez mais domínio sobre a criança.

Naquela altura, a avó tinha-se tornado igualmente pervertida, e Raven via-a muitas vezes a espreitar para o que a neta lhe fazia no armazém. Não compreendia por que é que ninguém fazia nada para pôr um travão a Lettie. Ela sabia que ninguém a ajudaria e, como temia Lettie, tinha a certeza de que nunca podia contar a ninguém sobre o que lhe estava a acontecer. Além disso, quem ia acreditar nela? Era apenas uma criança aos olhos de muita gente. Pensou muitas vezes em contar a alguém, a qualquer pessoa, mas lembrava-se de como ninguém acreditou nela quando falou da senhora do vestido vermelho, por isso tomou a decisão de permanecer calada e não dizer nada, na esperança de que algum dia alguém fizesse Lettie parar.

Naquela altura, Raven já não chorava, só apertava a boneca à procura de conforto à medida que os atos ficavam cada vez mais cruéis. Raven tinha-se tornado prisioneira no seu novo mundo e aprendeu a fechar os seus sentimentos e mágoa à chave. Assim desenvolveu a capacidade de depender apenas de si própria quando precisava de ajuda.

À medida que Lettie ficou mais velha, abandonou a escola, e a avó mudou para outro sítio porque ela tinha ficado grávida do próprio padrasto.

O facto de a rapariga de lá de cima ter abandonado a escola foi o fator que salvou Raven E a única maneira de ser poupada a mais abusos sexuais às mãos da sua tirana. Mas a menina ficou com um segredo obsceno, escuro, vergonhoso e angustiante, e ia continuar a ter medo de falar dele fosse com quem fosse.

Aquele ia tornar-se um dos muitos infernos privados com que a jovem Raven ia ter de lidar se queria algum dia crescer e desenvolver-se depois daquilo.

Eliza tinha tirado Raven da escola uns anos antes. Tinha entrado para a escola com dois anos e teria terminado o ensino secundário aos catorze anos. Com aquela idade, não conseguiria arranjar emprego nem entrar para a universidade. Eliza voltou a mandá-la para a escola quando tinha cinco anos. Ela nunca soube que Lettie, a rapariga a quem tinha confiado o seu precioso fardo, era capaz de um ato tão abominável e que faria mal à sua única filha, aterrorizando-a para toda a vida.

Ora, Raven tinha quase seis anos de idade. Para quem a via, parecia ser uma criança feliz. As escolas no sul do Mississippi estavam nessa altura a ficar integradas, o que significava que estava então numa escola com outras crianças mais próximas da sua idade e de diferentes nacionalidades.

Raven começava a notar coisas que a faziam sentir que não era como as outras crianças. Via que as crianças da sua raça não queriam andar com ela. As raparigas pareciam dar a entender que não gostavam dela, e os rapazes pareciam querer estar perto dela e prestavam-lhe muita mais atenção do que as raparigas.

Raven não parecia importar-se porque se lembrava do que as raparigas eram capazes e o que a última rapariga, em quem confiava, lhe fez. Por isso não desejava ter raparigas como amigas. Estava a crescer e a tornar-se pouco a pouco uma rapariga bonita mas só. Eliza era modista e esteticista. Logo, tratava sempre de vestir Raven com a roupa de melhor corte e tinha-lhe o rabo-de-cavalo sempre bem cuidado, embora a própria Eliza usasse roupa que lhe era dada. Naquela idade já tinham começado a operar-se muitas mudanças mentais, físicas e emocionais na vida de Raven, interna e externamente. Muito mais do que alguém podia imaginar. A pequena Raven era agora um vulcão dormente: vê-se-lhe o fumo, sente-se a terra tremer, mas quando vai explodir?

Dallas P Elkheart

PARTE IV: A Mudança da Guarda

Episódio XI: Revelação e Profecias

Raven, agora uma menina viva e vibrante de seis anos, achava a escola muito interessante. Embora tivesse passado por experiências terríveis na sua curta vida, estava a encontrar mecanismos para a ajudar a aprender a existir.

Estava também a encontrar interesse noutras coisas como livros e fotografias, especialmente nestas últimas. Um dia, Eliza estava lá fora a trabalhar no jardim, onde gostava de cultivar tomates, ervilhas, quiabos, milho e folhas de mostarda. Tinha muita vaidade em tratar da horta quando não estava a trabalhar na fábrica numa cidadezinha a cerca de trinta e cinco minutos de casa. Entretanto, Raven estava a ver televisão no quarto dos pais e a brincar com os brinquedos sossegadamente no chão. Viu um livro com muitas fotografias, puxou o livro para si e começou a ver as fotografias. Sempre tinha gostado de ver imagens de coisas novas para ela, e via-as muitas vezes. Passava horas sem fim a folhear velhos catálogos da mãe, marcava os objetos com uma caneta ou lápis e dobrava as páginas das coisas que um dia queria ter.

Enquanto Raven virava as páginas, houve uma que lhe chamou a atenção, e, ao puxar o invólucro de plástico para trás para tirar a fotografia, notou que havia uma menina na fotografia em pé em frente de uma casa que nunca tinha visto. Virou a página para ver o que estava escrito na parte de trás. Via que tinha qualquer coisa escrita, mas parecia que alguém não queria que se visse o que lá estava. Via que tinham pegado num lápis ou caneta e riscado o que lá estava escrito. Levantou a fotografia contra a luz do sol que entrava gloriosamente pela janela do quarto da mãe.

Concluiu que não conseguia ver o que estava debaixo do riscado, e então teve uma ideia e tentou uma experiência.

Era uma jovem esperta e muitas vezes lembrava-se de coisas que não ocorriam a outras crianças da idade dela. Teve uma ideia e quando Raven tinha uma ideia não havia nada que lha tirasse da cabeça até que estivesse satisfeita. Procurou uma folha de papel, subiu para a cama da mãe, colocou a fotografia em cima do papel e pôs ambos em cima do livro. Virando a parte de trás da página sobre o papel, com os dois punhos carregou com toda a força que pôde num movimento de lado a lado. Não tardou muito, notou que estava a ficar uma impressão sobre o papel. Quando acabou, parou e levantou a fotografia. Foi então que viu que um nome se tinha reimprimido no papel que Raven tinha na mão. Distinguia-o com dificuldade, mas havia um nome no papel e não só o primeiro nome mas também o último.

Mas que nome viu? De quem era? Quem era a menina da fotografia? Onde tinha sido tirada? Por que estava alguém tão empenhado em impedir que vissem o nome? Era um membro da família? Havia alguma ligação a ela?

Todas estas perguntas dispararam pela mente de Raven, mas acreditava que ninguém ia responder-lhe às perguntas. Se respondessem, a quem perguntava? E devia perguntar à mãe, ao pai ou à tia, Olívia? Estas eram as coisas que mais deixavam Raven perplexa. O nome ou as letras que encontrou na parte de trás da fotografia era Ell_M_ss_on. Não era legível mas era um nome que havia de ocupar a mente de Raven durante muitos anos.

Quando Eliza voltou do jardim, Raven mostrou-lhe a fotografia e depois perguntou:

— Mãe, quem é esta?

Eliza pareceu ver um fantasma, engoliu em seco e deixou cair os ombros, depois disse baixinho:

— Essa era uma fotografia tua, que me deram quando te fui buscar.

O que Eliza não sabia era que aquela resposta ia conduzir a nada menos do que uma enxurrada de perguntas. Raven ia procurar as respostas, mas não ia fazer as perguntas a Eliza. Era uma criança muito resistente e não aceitava uma explicação *tout court*, como Eliza descobriria em breve. Raven nasceu com muitos talentos mas uma das suas melhores qualidades era aquela que um dia a havia de manter viva: a sua tenacidade.

Eliza afastou-se para pousar os vegetais que tinha trazido da horta, ao mesmo tempo que dizia baixinho:

— O meu bebé.

À medida que a tarde se tornou noite e Eliza encheu a banheira de água para o banho, preparando-a para a cama, Raven começou a fazer perguntas à mãe sobre Deus. Sendo Eliza a mãe paciente que era, compreendeu a razão por que a filha tinha tantas perguntas, tal como as têm a maior parte das crianças. Eliza foi para o seu quarto e disse-lhe:

— Tenho uma coisa para ti. — Tirou uma pequena Bíblia e deu-a à filha: — Talvez isto te ajude a responder a algumas das perguntas, e rezo para que eu saiba explicar as outras.

Quando Raven foi para a cama e Eliza se ajoelhou com ela para rezarem, havia uma sensação de proximidade no ar. Eliza sentia que a sua menina estava a ir na direção certa, e isso agradava-lhe muito. Ajoelharam-se juntas e disseram uma oração: «Agora que me deito, peço ao Senhor que guarde a minha alma. Se morrer antes de acordar, peço ao Senhor que leve a minha alma. Amen.»

Eliza pôs-se de pé, meteu Raven na cama e, ao sair do quarto, parou à porta antes de a fechar, virou-se e sorriu mexendo os lábios sem dizer as palavras em voz alta, e disse:

— Obrigada, Jesus, pela minha filha.

Tal como Raven tinha crescido, também tinha crescido um dom especial que era desconhecido de toda a gente e naquela noite apresentou-se e deu-se a conhecer. Quando dormia, começou a ver um sítio no campo que conhecia muito bem, uma vez que os padrinhos viviam naquela zona, e naquele sonho, viu prédios a ser destruídos e outros edifícios a serem construídos em sítios que ela conhecia bem.

O aspeto intrigante das visões dela era que aquele tipo de edifícios ainda não tinha sido concebido, nem erguido na zona do mundo onde ela vivia, então como podia ela ver edifícios, que ainda não tinham sido concebidos, a serem construídos numa pequena cidade que nunca se tinha desenvolvido?

Será que a história da tia Olivia se estava a tornar realidade? Raven teria nascido com um dom, ou teria tido um sonho da memória REM das crianças? À medida que Raven crescia, tinha muitos sonhos nítidos e recorrentes sobre lugares, pessoas e coisas que a deixariam a questionar-se e, por vezes, assustada.

Quando Raven fez oito anos, já tinha desenvolvido outros talentos, que as pessoas comuns não têm. Consequentemente não os viam nem ouviam. Um dia, depois da escola, tomou a sua rotina normal no autocarro escolar. Vivia a uma distância razoável da escola. Era um ritual redundante. Chegava a casa por volta das três e meia todos os dias, e muitos a considerariam uma criança que era deixada muito tempo sozinha em casa porque chegava muito mais cedo do que os pais.

Aquele dia começou como qualquer outro dia típico, mas não ia terminar assim. Era outono e o tempo tinha ficado bastante frio. Raven chegou a casa da escola uma tarde e tinha vários trabalhos de casa para fazer. Depois de acabar as tarefas da tarde, ia fazer os trabalhos de casa primeiro e depois juntava os amigos preferidos: os cachorrinhos. Juntavam-se no quarto de Eliza e viam desenhos animados até os pais voltarem para casa. Tinha dois cachorrinhos beagle que tinham nascido dos cães de caça de Horatio. Raven e Eliza tinham dado nomes aos cachorros. Tinha dois gémeos machos mas não eram nada parecidos, portanto chamaram-lhes Ele-mordeu-te e Ele-vai-morder-te.

Estes dois cães eram os seus melhores amigos. Quando Raven chegava a casa, eles estavam deitados ao fundo da rua que dava para a casa dela, à espera do autocarro amarelo da escola que ia deixar sair a sua amiguinha. Cumprimentavam-na com o mesmo afeto com que aqueles velhos desgrenhados com aspeto de trapo deram as boas-vindas aos pais quando ela chegou pela primeira vez à sua nova casa, só que estes cachorros eram só dela.

Raven e os cães subiram pelo longo acesso à casa. Ela descobriu a chave que lhe deixavam para ela não ter de entrar pela janela, e abriu a porta, sendo escoltada pelos seus dois cães. Depois de ter acabado as tarefas que tinha para fazer em casa e os trabalhos de casa da escola, foi para o quarto de Horatio e Eliza para se sentar no chão com os seus cachorros e ver desenhos animados. Ainda faltavam cerca de quarenta e cinco minutos para os pais voltarem do trabalho.

Era costume de Raven fechar a porta do corredor a partir do quarto dos pais. Sempre tinha tido uma sensação desconfortável a respeito do quarto dela e do corredor. Estava sentada junto de um aquecedor no quarto dos pais, e enquanto brincava com os brinquedos antigos, notou que os cachorros começaram a agir de forma estranha.

Brincavam e depois paravam, as orelhas ficavam espetadas como se tivessem ouvido alguém, mas Raven continuava a brincar. De repente, parou, os cachorros pararam e ela ouviu um som, mas não conseguia determinar de onde vinha.

Sabia que estava sozinha em casa, no meio do campo com muito poucas casas à volta, então de onde vinha aquele barulho? Após alguns minutos, Raven e os cachorros voltaram ao que estavam a fazer, mas não tardou cinco minutos, o barulho começou de novo só que mais alto. A jovem ouviu o som outra vez; mudou de posição e acabou de gatas como os seus cães. Os olhos arregalaram-se-lhe do tamanho de meio dólar e ficou mesmo assustada. Os cachorros, por outro lado, uivaram e começaram a andar para trás e para diante. Raven estremecia de medo e tremia tanto que já não conseguia segurar nos brinquedos. Parecia-lhe um barulho vindo da parte norte da casa, do seu quarto.

Ao deslocar-se nervosamente para junto da porta, encostou a orelha esquerda à porta e o que ouviu foi assustador. Ouvia uma coisa que parecia arrastar os pés pelo corredor num movimento lento e penoso. A parte mais intimidante era que naquela altura os cachorros tinham ficado tão agitados que estavam a correr apressadamente e a arranhar a porta da cozinha, uivando para sair, ao mesmo tempo que olhavam para trás para ver se alguma coisa vinha atrás deles e não queriam estar lá quando chegasse.

Raven tirou a cabeça de junto da porta ao mesmo tempo que as lágrimas começavam a encher-lhe os olhos, mas cobriu a boca para não soltar nenhum grito que pudesse alertar o intruso da sua presença. Não fez diferença nenhuma porque, enquanto ouvia a coisa misteriosa a arrojar os pés pelo corredor, começou a ouvir um sussurro. Este vinha do corredor, e a coisa conhecia-a pelo nome. A voz volátil mas masculina disse de uma maneira lenta e pausada mas arrastada: «G-a-b-b-y».

Esperem, aquele era o nome do meio que os Reese lhe deram. A voz sabia o seu diminutivo; estava a chamar-lho, e a voz e o diminutivo tornaram-se mais altos à medida que se aproximava da porta. Raven sustinha a respiração com as lágrimas a caírem-lhe. Estava tão assustada que se urinou, e tentou desesperadamente fugir de gatas. Finalmente a criatura desconhecida parou à porta e, de repente, ouviu-a a bater na porta com toda a força, usando o punho ferozmente. A força foi tal que ela caiu ao tentar levantar-se e sair dali. Os cachorros meteram-se-lhe à frente quando deu um passo para a porta da cozinha. Havia várias fechaduras na porta da cozinha para garantir a segurança da família, que também tornava mais difícil sair da frente do que quer que procurava Raven.

Foi com esforço que se pôs de joelhos e tirou as três fechaduras e correntes da porta. Os cachorros saltaram à sua frente, o que a fez tropeçar e rebolar pela porta fora para os degraus da frente. Fechou rapidamente a porta e não conseguiu sair dali. Raven ficou sentada, gelada, no telheiro das máquinas, com demasiado medo para se mexer dali. Chorava tão alto que, quando o carro de Eliza entrou no acesso à casa, só já tinha um choro seco, sem lágrimas a cair-lhe pelas faces. A dor e o medo da sua experiência foram tão reais que continuavam a criar um efeito de choro seco.

Eliza saltou do carro imediatamente porque sentiu que havia qualquer coisa errada. Sabia que Raven devia estar lá dentro, pois tinha-lhe dito que tinha de estar dentro de casa com as portas trancadas todos os dias depois da escola até que ela ou Horatio voltassem para casa. Raven gritou com todas as suas forças:

— Mãe, mãe, não os deixes levar-me!

E caiu nos braços de Eliza com a cabeça encostada à parte inferior da barriga da mãe. Raven agiu como se tivesse visto a sua salvadora pela primeira vez a salvá-la do homem mau. A criança ficou combalida e Eliza estava extremamente perturbada pelo que tinha acontecido. Raven seguiu em frente e tentou esquecer o incidente. Contudo, recusou-se a dormir na sua cama por medo que a mesma coisa, que a atormentou de tarde, ainda estivesse à espreita no quarto. Passaram quase dois anos até tentar dormir novamente no seu quarto sozinha.

Aquela coisa, que se mantinha escondida no seu quarto, ia ganhar força e ficar mais ousada, porque ainda não tinha acabado o que tinha a fazer com Raven. E não havia nada que não fizesse para a impedir de lhe fugir das garras.

Episódio XII: O Velho Diabo

À medida que Raven crescia, também notou que as aparições que tinha visto, começavam a tornar-se um pouco mais estranhas e revelavam mais pormenores. Não nos esqueçamos que a coisa que se escondia no seu quarto começou a tornar-se mais poderosa e a manifestar-se mais frequentemente. Eliza a Raven iam à igreja aos domingos sem nunca falhar. Muitas vezes, tinham o Dia do Coro, o que significava andar de igreja em igreja na cidade, com Raven a tocar o piano para cada coro de cada igreja. Oh, mas Horatio não era pessoa de ir à igreja, por isso preferia ficar em casa a trabalhar nos seus campos, no seu trator ou até a gozar o silêncio da casa sozinho. Um dia depois da igreja, Eliza e Raven voltaram para casa, e, como de costume, mudaram de roupa e preparavam-se para relaxar. Quer dizer, Eliza ia acabar de fazer o almoço de domingo que tinha deixado em lume brando enquanto iam à igreja.

Nessa tarde, depois de Eliza acabar de preparar o almoço, a família achou que era uma bela tarde para ficarem deitados na cama e disfrutar dos programas de televisão de domingo. Até Horatio se deitou com elas, e Raven meteu-se no meio dos pais e ajeitou-se para ver filmes de *cowboys* ou *O Caminho das Estrelas*. Gostava sobretudo de filmes de *cowboys* e passava muito tempo a brincar aos *cowboys* e índios no quintal com um fato de *cowgirl*, que Eliza lhe tinha comprado.

Horatio e Eliza tinham adormecido, exaustos dos acontecimentos daquele dia, enquanto Raven estava concentrada na televisão. Pareceu-lhe sentir movimento no corredor, por isso deslizou para o fundo da cama para ver o que estava lá, mas não viu nada.

Ao começar a chegar-se para o topo da cama entre Eliza e Horatio, a atenção foi-lhe despertada. Viu uma coisa vermelha e pequena a deslocar-se para ela pelo corredor abaixo. Parecia ser uma pessoa de menos de um metro de altura mas não tinha feições de criança. Em vez de rosto de criança, tinha uma cara tão grotesca que a fez saltar para cima na cama. A figura seguiu pelo corredor até aos pés da cama. Os olhos encheram-se-lhe de lágrimas, ao mesmo tempo que olhava para os pais para ver se estavam a ver o mesmo que ela. Quando a criatura chegou junto do fundo da cama, Raven puxou ambos os pés para o peito e envolveu firmemente os joelhos com os braços, como que a tentar impedir que a entidade a puxasse pelos pés para si.

Tentou gritar, acordar os pais, mas não lhe saía nada da boca. Estava paralisada, tão aterrorizada que começou a urinar-se. Eliza e Horatio continuavam a dormir profundamente quando a criatura começou a esticar-se para o meio da cama para chegar a Raven, mas, por causa da sua estatura pequena, não lhe conseguia agarrar os pés por estarem apertadamente aconchegados contra o peito. Raven já estava tão chegada à cabeceira da cama que o cabeceiro era agora o seu encosto.

Raven tentou gritar mais uma vez, mas não saía nada. Sentia-se impotente, aterrorizada e totalmente abalada pelo que estava a acontecer. Quando a criatura percebeu que não conseguia cumprir a sua missão, deixou cair os braços, sorriu maliciosamente para Raven com uma sobrancelha levantada e virou-se para voltar a descer o corredor de onde tinha vindo, e despareceu para dentro do quarto dela. Eliza e Horatio abriram os olhos e levantaram-se na cama enquanto Raven gemia e se encolhia na cabeceira da cama, mas a sua voz não tardou a voltar e soltou um longo grito agudo de puro terror. Horatio agarrou-a, abanou-a e chamou-a repetidamente para a trazer de volta à realidade.

Raven gritava tão alto que não se deu conta de que Horatio e Eliza estavam já acordados. Tentaram o melhor que puderam confortar a criança. Raven dizia repetidamente:

— Sou eu. Eles andam atrás de mim. Eles querem-me. Não quero ir com eles. Não, não, não. Manda-os embora.

Era claro que alguma coisa arrepiante tinha acabado de acontecer na casa dos Reese, mas Eliza e Horatio não viam absolutamente nada que pudesse ter feito a filha ficar naquela agonia. Raven continuou a ter aquele tipo de experiências e os sonhos à noite tornaram-se absolutamente aterradores. Estava a ser torturada na sua própria casa e no seu mundo. Não tinha com quem partilhar as suas experiências, nem sequer amigos, já que as crianças com quem crescia continuavam a não querer ter nada a ver com ela. Sentiam que era menina bem, que não fazia parte da sua comunidade. Estava sozinha e sem ninguém e, naquele momento sentia-se mais abandonada do que nunca.

Raven fez treze anos e conheceu um jovem chamado Carlos. Travou conhecimento com ele através de um amigo que tinha casado com a irmã mais velha dele. Estava perdidamente apaixonada por Carlos. Foi o primeiro rapaz que mostrou amá-la.

Estava na idade em que começava a dar importância aos rapazes e eles a ela. Estava a tornar-se uma bela adolescente. Os olhos pareciam apanhar todos os raios de sol e tinha uma personalidade jocosa, mas ao mesmo tempo séria. Tinha grande vaidade na sua aparência porque Eliza não permitia que saísse para a rua de nenhuma outra maneira. Sempre tinha ensinado Raven a pentear o cabelo e a mantê-lo bem arranjado, a vestir-se e a cheirar bem e a agir e sentar-se como uma jovem senhora e a falar com educação e conhecimento. Raven ouvia isto todos os dias.

Eliza era uma mulher terra-a-terra, mas sábia também e sabia que, se não ensinasse a filha a saber estar, a agir e falar, esta teria dificuldades na vida e não queria que Raven passasse pela vida que ela tinha passado.

Por outro lado, Horatio tinha uma visão diferente. Passava dias sem fim a mostrar a Raven como reparar, construir e fazer coisas básicas. Costumava dizer: «Aprende a fazer tu própria para não precisares de um homem para nada. Senão o homem ficará em vantagem sobre ti e nenhum quer, nem precisa de uma pessoa dependente.»

Nesta altura, Horatio já se tinha tornado crítico de Raven, e se lhe ensinasse uma coisa uma vez, não queria ter de lha ensinar segunda vez. Portanto, se não compreendesse à primeira, ele começava a ficar irritado com ela e dizia: «És burra como uma porta. Não consegues fazer nada direito.»

Raven sentia-se pessimamente porque amava Horatio e não havia nada que quisesse mais do que provar-lhe que valia alguma coisa e que não era apenas uma cara bonita. A adolescente aguentou cada vez mais insultos de Horatio, de que Eliza não sabia. Raven não entendia por que razão o pai, que em tempos a adorava, estava a ser tão mau para ela e a magoá-la tanto. Mas a vida continuava e não tardou que ela começasse a acreditar em muitas coisas que ele afirmava, mesmo quando dizia que não valia nada.

Por vezes, Horatio esgueirava-se lá para fora no escuro da noite e ia para a janela do quarto de Raven. Ele sabia o medo que ela tinha do quarto, e não aceitava uma filha choramingas. Pegava num prego e arranhava o vidro, e fazia sons fantasmagóricos, depois voltava a entrar, sorrateiro, e esperava que ela aparecesse a gritar, e ele ria-se e dizia que quando ela era má, o homem mau vinha buscá-la.

Isto perturbava tanto Eliza que deixava de falar com Horatio durante dias. Explicava a Raven que ela era uma bênção para eles e dizia-lhe que a amavam.

A determinada altura, a mente de Raven já não via o bem, só o mal e entrou em depressão. Eliza tentou mesmo levá-la a um psiquiatra que a ajudasse porque Raven tentou acabar com a vida algumas vezes. Acreditava que estava a ser torturada, e não havia simplesmente outra saída. Sentia-se encurralada, desde os insultos e abuso físico do pai, às visões no seu quarto até à falta de amigos. Não via outra solução para além de tirar a própria vida.

Costumava passar as tardes depois da escola nos ensaios da banda ou do coro antes de ir a correr para casa para falar durante horas com Carlos ao telefone. Carlos e Raven namoravam. Eliza deixava Carlos ir lá para casa aos domingos à tarde depois da igreja para falar com Raven durante cerca de uma hora no jardim à frente de casa, apenas com a supervisão de um adulto.

Carlos estava apaixonado por Raven e deu-lhe um delicado anel de comprometida com dois corações entrelaçados em prata. Ela sentia-se a rapariga mais especial do mundo. Horatio não estava tão entusiasmado porque achava que a filha não estava preparada para ter namorado embora gostasse de Carlos. Eliza aceitava aquilo tudo com reservas. Sabia que tinha educado bem a filha e Raven já tinha decidido que quando crescesse queria ser enfermeira.

Eliza ficou contente porque sempre se tinha referido a Raven como «Florence Nightingale», uma vez que Raven tinha feito sua a missão de tomar conta das pessoas quando estavam doentes ou com carências.

Raven começou a ter sonhos profundos todas as noites. Eram sonhos repetitivos. Centravam-se sempre na sua chegada à igreja. Via-se a entrar na igreja e encarava com um caixão ao cimo da coxia. Subia a coxia e via alguém dentro do caixão, e ao aproximar-se mais, notava que era ela própria deitada, fria e quieta. Depois acordava subitamente e na noite seguinte sonhava a mesma coisa. Foi assim durante oito meses.

Um dia, Raven estava ao telefone com Carlos depois da escola e ele fez-lhe uma proposta que ia alterar as suas escolhas nos anos seguintes. Ele estava muito apaixonado por Raven. Tinha os pensamentos que a maior parte dos rapazes tem e fez uma declaração a Raven, dizendo:

— Raven, se me amas, então devíamos fazer sexo.

Isto levou Raven para um mundo em que ainda não tinha pensado. Ainda estava interessada nos seus brinquedos, escola, lições de música e na banda. Aquela sugestão era mais do que aquilo com que Raven estava preparada para lidar. Não sabendo como responder, disse a Carlos:

— Ora, se tu me amasses, por que me havias de pedir isso?

Carlos era quase dois anos mais velho do que Raven, e estava habituado a andar com raparigas mais aceleradas, portanto para ele, Raven era um pouco excêntrica.

Após a conversa ao telefone, Raven distanciou-se de Carlos e acabou por evitar as chamadas telefónicas dele, porque não queria pensar em sexo naquela altura da sua vida. Raven caiu cada vez mais em depressão porque amava Carlos, mas depois do episódio de abuso por que tinha passado com a rapariga do outro lado da rua quando era pequena, nunca tinha pensado em se aventurar pelo caminho do sexo. Raven questionou-se semanas mais tarde se teria tomado a decisão correta, e se tivesse dito que sim, se ela e Carlos ainda estariam juntos. Carlos deixou simplesmente de lhe falar, fazendo Raven perder uma pessoa por quem tinha um sentimento tão intenso.

Os sonhos de Raven tornaram-se ainda mais assustadores, porque passou a ter a mesma visão mas com um pormenor inesperado. Via-se agora a sair da igreja no carro da família, sentada no lugar do passageiro.

A janela estava parcialmente aberta e via a mão de uma mulher a entrar pela janela dentro. A mão agarrava-a pelo pescoço, e depois acordava. Estava sem ar como se a tivessem tentado estrangular.

Naquela altura, tinha três ou quatro sonhos diferentes. Às vezes, via o seu próprio funeral e depois saía da igreja e entrava no carro e via a mão da mulher aparecer; às vezes via novos edifícios a ser construídos numa zona onde havia apenas terra de cultivo; e depois começou a aparecer um novo sonho: começou a ver o corpo de Eliza num caixão cor de bronze, ao lado do telheiro das máquinas, e tinha um vestido cor de bronze, um penteado que Raven não reconhecia e um colar de contas ao pescoço.

Muitos sonhos desagradáveis apoquentam os adolescentes, mas ela fez tudo por seguir em frente como se nada estivesse a acontecer. Naquela altura tinha feito duas novas amigas na escola e ambas as raparigas se tornariam parte da vida dela durante muito tempo.

Raven não fazia ideia de que a sua vida ia piorar. Aquelas duas amigas, que tinha finalmente conhecido, iam desempenhar um papel significativo na sua vida de várias maneiras.

Raven estava prestes a fazer mais um amigo, um jovem que se ia tornar no seu pesadelo privado, e quase trazer a marca de Satanás. Ia ter um tal papel na vida de Raven que a sua existência nunca mais seria a mesma. Havia também de dar um novo significado à palavra «predador», pois ia desagregar a unidade da família Reese e retirar disso grande prazer.

Episódio XIII: Pesadelo Precognitivo

Raven visitou duas primas no verão antes de fazer catorze anos. Um amigo da sua prima entrou na sala. O nome do jovem era Toby Johnston: alto e pouco interessant, na opinião de Raven, mal lhe tendo notado as feições magras que, no entanto, lhe pareceram algo estranhas. Toby perguntou à prima quem ela era. A prima apresentou-os, então, e para Raven terminava ali a história porque a prima gostava dele.

Ela via o mundo de maneira diferente da maior parte dos adolescentes e não achava que a decisão a respeito do valor ou caráter de uma pessoa devesse ser baseada no seu aspeto. Também não achava que o dinheiro que essa pessoa tinha ou as suas posses os devessem determinar. Considerava que toda a gente merece uma oportunidade, mas neste caso, podia ter pensado um pouco mais e olhado mais atentamente para aquele jovem. Toby era persistente na sua perseguição de Raven e, a determinada altura, ela achou que talvez estivesse errada ao julgar a sua aparência superficialmente.

À medida que o tempo passava, sendo Toby um homem de falas doces, pediu a Raven para a visitar. Ele tinha dezasseis anos e Eliza e Horatio não aprovavam a ideia. Toby tinha pedido a Raven para interceder por ele junto dos pais. A mãe quis saber mais sobre o jovem, mas o pai já tinha ouvido o suficiente através dos seus amigos jogadores na cidade, e o veredicto não era favorável.

Eliza e Horatio só queriam que a filha fosse feliz, e ela parecia estar perdida de amores pelo jovem. Não dava ouvidos a nada que o pai tentasse dizer-lhe, e defendeu ardentemente aquele amor junto de Eliza e suplicou por autorização para ele a visitar aos domingos depois da igreja.

Raven fez catorze anos pouco depois. Era a idade que a sua mãe biológica tinha quando ela nasceu. Raven estava determinada a não seguir os passos da mãe. Horatio sempre a tinha ensinado a ser autossuficiente e ela queria deixá-lo orgulhoso. Mas tudo isso não a impedia de querer estar com Toby.

Uma tarde o pai e a mãe estavam sentados no alpendre depois do trabalho e discutiam se deviam deixar o jovem visitar a sua Raven. Por fim, e com muitas reservas, os pais deram autorização para ele a ir ver apenas depois da igreja. Seria com linhas orientadoras rigorosas. As regras que Horatio queria estabelecer eram muito simples: só autorizavam Toby a ir lá a casa aos domingos de tarde se Raven fosse à igreja naquele dia. Só podia vir entre as duas e as quatro da tarde. Só podiam falar ao telefone à tarde depois da escola quando Raven tivesse feito as tarefas de casa e os trabalhos escolares, e o tempo seria limitado a uma hora.

Embora não gostasse das restrições, Raven sabia que a única maneira de estar com Toby era cumprir os desejos dos pais.

Raven e Horatio ainda andavam às turras por causa de ela se ter tornado adolescente, e por Horatio ter desde cedo pouca simpatia por Toby. Achava que o rapaz devia tê-lo abordado como a maior parte dos jovens o teria feito, como um homem de honra, e que lhe devia ter pedido autorização para estar com a sua filha. Eliza, tal como Horatio, não morria de amores por ele, mas ainda estava disposta a tolerá-lo porque, assim, Raven teria alguém na sua vida que parecia fazê-la sorrir. Raven ainda sofria de depressão. Ela e Horatio tinham periodicamente desaguisados significativos, e, independentemente da idade de Raven, a ira que Horatio sentia pelos outros, era projetada sobre a filha. Eliza parecia ficar encurralada entre os dois.

As palavras cruéis que Horatio dirigia a Raven tornaram-se cada vez mais hostis. Raven gostava cada vez menos de si própria. O que Horatio não percebia era que, quanto mais criticava Raven, mais ela se virava para Toby. Este sabia que Raven sofria de baixa autoestima, o que lhe permitiu lançar o seu feitiço sobre ela de forma mais eficaz.

Ali estava uma jovem ingénua que procurava desesperadamente o amor e aceitação do pai, mas Toby era o único homem a quem parecia que conseguia agradar. Eliza costumava sentar-se na cama com Raven e falava com ela sobre o quanto lhe queriam. Eliza dizia a Raven que, antes de a adotarem, ela própria estava muito só, mas uma vez que agora tinha Raven, nunca mais sentiu solidão. Dizia-lhe como era bonita e inteligente e que podia ser o que quisesse ser na vida. Eliza sempre instilou na filha a ideia de que apenas queria o que era melhor para ela. Mas Raven parecia deitar tudo pela janela fora porque a única pessoa a quem queria ouvir aquilo nunca lho diria. Precisava que fosse Horatio a dizê-lo. Assim, passou os quatro meses seguintes a aproximar-se cada vez mais de Toby. Um dia Toby convidou Raven a ir a um concerto de 4 de julho com ele, e pediu autorização a Eliza para lhes levar a filha ao evento.

Bem, Eliza disse com toda a clareza:

— Tenho de falar com Horatio acerca disto. Não sei.

Uma semana mais tarde Eliza falou com Toby e Raven, sentaram-se todos e disse:

— Horatio e eu discutimos o concerto, e se levares a nossa filha ao concerto, tem de ser de dia, e tem de estar em casa às seis da tarde, mas é bom que volte como saiu.

Quando Raven se preparava para a sua primeira saída, Toby também se preparava mas de maneira diferente. Estava a preparar a sua investida. Ele já sabia que ela estava desesperada pelo amor do pai: ia ser fácil de vergar.

Chegou finalmente o dia do concerto, e, tal como Toby tinha prometido, compareceu no seu Ford Sedan LTD azul, todo engalanado para levar Raven. Quando Toby se aproximou da porta para perguntar por Raven, foi Horatio que foi à porta e disse:

— Toby, estou a avisar-te: é bom que tragas a minha filha para casa da mesma maneira que saiu, senão vai ser o inferno, e o preço vai ser-me pago, a mim.

Toby arregalou os olhos. Parecia um veado assustado apanhado pelos faróis. Toby engoliu em seco e disse:

— Sim, com certeza. Tenciono trazê-la como vai.

Horatio saiu finalmente da frente e chamou Raven. Ao sair do quarto de Eliza, Horatio e Toby ficaram de queixo caído. Claro que Eliza nunca deixaria a filha aparecer em público vestida com nada menos do que uma jovem senhora o faria. Então, Eliza concebeu um conjunto exclusivamente para Raven. Tinha-o feito meticulosamente para a ocasião.

Tinha prazer em fazer roupa à medida para o corpo escultural da filha. Eliza deu um passo atrás e sorriu ao dizer para Horatio e Toby:

— A minha menina está linda.

Raven ficou envergonhada e sem fala ao mesmo tempo que sorria, baixava a cabeça e perguntava a Toby se estava pronto para ir embora. Saíram de casa, de mãos dadas para o carro. Sendo ele a ratazana que era, Toby sabia exatamente o que Eliza e Horatio esperavam vê-lo fazer. Abriu a porta para Raven, meteu-a delicadamente no carro e partiram para o concerto, ou pelo menos era isso que Raven pensava.

Ao dirigirem-se do campo para a cidade, Raven perguntou a Toby:

— Então, onde é o concerto?

Ele respondeu:

— Vamos chegar lá mas primeiro tenho de fazer umas paragens.

Toby parou num loja que vendia bebidas alcoólicas e disse a Raven:

— Fica aí que volto já.

Raven nunca tinha visto uma loja de bebidas alcoólicas e pensou que ele tinha ido buscar refrigerantes. A adolescente ingénua ficou sentada no carro, esperando nervosamente pelo regresso de Toby. Pouco depois, Toby voltou para o carro e disse:

— Tenho uma surpresa para ti antes de irmos para o concerto.

Ligou o carro e arrancou, mas Raven estava tão nervosa que nem perguntou onde iam.

Ele levou o carro por uma estrada de terra batida longe da cidade. Parecia longe de todos e de tudo. Raven perguntou a Toby:

— Para onde vamos? Disseste que íamos ao concerto. Aqui não há concerto nenhum.

Ao que ele respondeu:

— Nós vamos, mas vamos parar aqui um bocado.

Desligou o carro, meteu a mão debaixo do assento, e tirou uma garrafa de champanhe. Disse a Raven que ficasse calma.

— Comprei isto.

E começou a abrir a garrafa. Bebeu primeiro e depois passou a garrafa a Raven, sem dar conta de que nada tinha passado nos lábios dela até então senão leite ou refrigerante. Raven ficou quieta e Toby disse:

— Anda lá, solta-te, toma um gole.

Raven respondeu-lhe:

— NÃO, não quero nada disso.

Mas Toby insistia que tomasse uma bebida, que podia esquecer todas as coisas feias que Horatio lhe dizia.

Toby sabia convencer Raven a fazer o que queria, e ela bebeu a poção do diabo pela primeira vez. Raven não sabia que ele estava apenas a fingir beber. Raven era a única que bebia o champanhe.

Como o álcool se apoderou rapidamente de Raven, ela tornou-se uma rapariga de catorze anos solta e jocosa e Toby sabia-o. Tinha-a onde queria que ela estivesse. Raven sentiu o álcool a fazer efeito e a cabeça a andar à roda, mas nessa altura já Toby tinha deitado o assento dela para trás e tomado a sua posição em cima dela. Quando ela tentou empurrá-lo para trás, o champanhe tinha-a posto num estado de espírito hilariante. Portanto, o esforço foi em vão, e Toby sabia-o.

Ouviu Toby sussurrar-lhe ao ouvido:

— És a minha namorada, e quando as pessoas se amam, é isto que deve acontecer. Não há nada de errado. Amo-te, Raven, amo-te.

Mas ela não sabia o que ele queria dizer exatamente. Sem se dar conta, ela tinha-se posto nas mãos do diabo, e não tardaria muito que se arrependesse da escolha. Toby assegurou-se de que a bebida tinha tido efeito sobre ela, e quando ela se apercebeu, ele já tinha desfeito tudo o que Eliza e Horatio tinham tentado fazer, que era proteger Raven disto que estava a acontecer.

Toby não era uma criatura sensível no dia-a-dia, nem o seria com Raven. Aos seus olhos, ela era não só a namorada dele mas propriedade sua, e como um cão, ia garantir que o seu bem ficava marcado. Quando terminou, virou-se e as lágrimas caíram pelas faces dela abaixo. Percebeu que ia carregar a marca dele em segredo o resto da sua vida. Odiou Toby por não ter parado, contudo, não sabia como, sentia um amor absurdo por ele. Estava tão confusa. A recompensa de Toby era que tinha conquistado uma jovem virgem intocada por nenhum outro homem.

A partir de então, Raven suportou a vergonha daquela situação em que se pôs, e ia ter de lidar com os pais em casa. Os pais iam perguntar-lhe como correu o concerto, e a única coisa de que se conseguiria lembrar ia ser da experiência dolorosa com que se deparou.

Mais tarde, Toby levou Raven para casa, sem terem ido ao concerto. Quando chegaram a casa, Eliza e Horatio receberam Raven à porta. Toby, por outro lado, fez o que tencionava fazer, e nem saiu do carro. Abriu a janela enquanto Raven tentava chegar à porta sem deixar que a vergonha lhe transparecesse no rosto, e gritou:

— Boa noite a todos. Olha, Raven, telefono-te amanhã.

Quando Raven entrou em casa, a primeira pessoa que lhe perguntou como tinha corrido o concerto foi Eliza.

Raven fingiu que estava tudo bem, e foi rapidamente para o frigorífico, abriu a porta e meteu a cabeça bem lá dentro como quem está à procura de alguma coisa para comer. Sentia que todo o mundo via a sua desonra. Disse para a mãe:

— Ah, foi bastante bom, mas eu não conhecia nenhuma das bandas.

Passou uma semana sobre o incidente e Toby telefonava-lhe mais do que nunca. Era como se estivesse possesso e estivesse viciado em Raven. Ela chegava a casa vinda da escola, lá estava o telefone a tocar, e era Toby.

Por vezes, telefonava mais de cinco ou seis vezes por dia no espaço de quatro horas. Tinha-se tornado excessivo para Eliza e Horatio. A mãe estava tão perturbada com Toby e os seus telefonemas constantes e persistentes que disse a Raven:

— Céus, se desses um traque, aquele rapaz sabia como cheirava, pois anda sempre a cheirar-te o traseiro.

Raven continuava a ter sonhos perturbadores sobre a sua morte, a igreja e a mão da mulher a estrangulá-la pela janela do passageiro e as visões estavam a ficar tão intensas que acordava encharcada em suor todas as noites. Já tinham passado quatro semanas desde que Toby manchou Raven com o seu corpo, e dormia mal. Uma certa tarde, Raven estava a treinar no piano para um recital que ia haver dentro de algumas semanas, e, de repente, sentiu-se mal.

Começou a notar que a boca lhe estava a ficar cheia de água, e dentro de poucos minutos teve vontade de vomitar. Levantou-se do piano e foi para o quarto de banho. Todos os dias às quatro da tarde, acontecia a mesma coisa como se fosse um disco partido.

O que Raven não sabia era que Toby lhe tinha posto a mão em cima como mulher, e que também tinha deixado a sua marca dentro dela porque estava grávida. Grávida aos catorze anos, tal como a sua mãe biológica. Seria o destino? Seria uma maldição que voltava a acontecer a cada geração vindoura? A história iria repetir-se?

Será que toda a vida de Raven ia ser reproduzida como um disco riscado que fica numa faixa e não anda para a frente? Era possível que Horatio explodisse e matasse o jovem que corrompeu a sua menina? Eliza ficaria fora de si e perderia a sua fé espiritual e na sua filha? Raven conseguiria resistir e ter o bebé de um jovem que entrou na sua vida com uma só finalidade? Toby devia fazer-se homem e fazer o que devia com Raven e a criança que ia nascer? E finalmente, Toby amava Raven tanto quanto proclamava?

Episódio XIV: Alguém Que O Impeça

Raven tinha mil perguntas a passar-lhe pela cabeça, mas o que ela não sabia era que estas perguntas teriam uma resposta em breve. Muitas não seriam a resposta que ela procurava. Todas estas coisas iam criar a receita para um grande caldeirão de caos. Ah, pois, esta refeição seria tudo menos digerível. Ia engasgar-se com as suas próprias decisões. Depois de a mãe perceber que Toby tinha feito o impensável, imediatamente telefonou a uma das irmãs, Ilene, para discutir o que a família devia fazer.

Raven chorava baixinho na cama enquanto ouvia a mãe a falar ao telefone com a tia. Raven estava magoada porque se sentia culpada por ter desiludido os pais. Estava ainda mais incomodada por ter contrariado a vontade de DEUS e um dos seus dez mandamentos. Decidiu que já que tinha deixado aquilo acontecer, ia simplesmente aguentar e tirar o partido que pudesse. Sempre tinha visto o mundo de maneira diferente e confiava em toda a gente que conhecia. Acreditava que se se amasse uma pessoa e se fizesse os possíveis por ser o melhor, entregando o coração, se podia mudar o mundo.

Enquanto Raven refletia, uma parte dela sabia que não era como a mulher que se tinha importado tão pouco com ela e que estava tão ansiosa por dar a criança que ainda não tinha tido.

Raven decidiu que, acontecesse o que acontecesse, ia ver o lado positivo das coisas e começou a acreditar que, pela primeira vez na vida, ia ter uma coisa que a ia amar e a quem ela ia amar.

Recusou-se a ver as coisas pelo lado negativo. Embora o futuro parecesse sombrio, tinha decidido que ia ter o bebé e acabar a escola, ser enfermeira e mãe solteira. Era isso que estava gravado na mente de Raven. Infelizmente não estava gravado da mesma maneira na cabeça de todos os outros.

Uma manhã, ouviu a mãe a falar com alguém ao telefone, por isso puxou uma cadeira e ficou a ouvir à porta. O que ouviu despedaçou-lhe o coração. Ouviu Eliza dizer:

— A minha filha está grávida com o filho do seu filho depois de eu o ter avisado para não a trazer para casa de bebé, e o que nós queremos saber é o que ele tenciona fazer quanto ao assunto. Anda a percorrer as ruas declarando o seu amor pela minha filha, mas onde está ele agora?

Eliza falava a sério; percebia-se-lhe a raiva na voz ao falar. Aparentemente a suas perguntas foram recebidas com grande resistência e a mãe de Toby declarou:

— Não há nada que ele possa fazer. O meu filho vai para a universidade e não tem tempo para bebés.

Isto indignou Eliza que respondeu zangadamente e com a voz alterada:

— Acha que a minha filha tem menos sonhos do que o seu filho? Também queremos que ela vá para a universidade, e tornar-se enfermeira, mas o seu filho não sabe ficar com a braguilha fechada.

Depois as palavras mágicas voaram da boca de Eliza:

— A minha filha merece mais do que migalhas. Não vamos deixar que ela fique presa ao seu filho insignificante nem à sua família. Ela há-de sobreviver e nós vamos ajudá-la. Oh, e a propósito, diga ao seu filho que se vier fuçar à volta da minha casa ou da minha filha, o meu marido lhe dá um tiro, sendo ele o cão sarnento que é.

Eliza bateu com o telefone e ficou sentada, lavada em lágrimas. Raven ficou lavada em lágrimas do outro lado da porta, nenhuma suficientemente perto para aliviar a dor da outra.

Eliza levantou-se e gritou por Horatio para vir para dentro já que estava a trabalhar na horta a fazer umas tarefas para Eliza. Ele entrou e Raven ouviu os pais a puxar as cadeiras na cozinha. Não conseguia ouvir a conversa mas sabia que era sobre Toby e o facto de isto não ser o que a sua família queria para ela.

Passaram duas semanas. A escola tinha entrado em férias de verão. Eliza e Horatio tinham contactado um dos amigos dele da cidade, que era enfermeiro diplomado. Eliza entrou no quarto de Raven um dia e disse-lhe:

— Precisamos de falar.

Desde que Raven soube que estava grávida, ficou gravemente doente: levantava-se de uma cadeira ou da cama de manhã e caía e desmaiava.

Tinham-na levado ao médico, que lhes disse que o bebé estava a retirar o sangue de Raven, fazendo-lhe a tensão arterial baixar dramaticamente cada vez que ela tentava levantar-se.

Eliza entrou no quarto, sentou-se na beira da cama de Raven e disse:

— O teu pai e eu decidimos que queremos o melhor para ti. És nova e tens toda a vida pela frente, e, embora saibamos que podias ter este bebé e terminar a escola e fazer grandes coisas, resolvemos que o melhor para todos é pôr fim a esta gravidez.

Raven levantou-se na cama e gritou:

— NÃO! Não podem fazer isso!

Implorou a Eliza que a deixasse provar que podia ter o bebé e acabar a escola e ir para a universidade. Eliza respondeu-lhe, dizendo:

— Raven, já decidimos e este bebé está a deixar-te muito doente. Toby não está a ser homem, portanto o teu pai e eu contactámos um amigo da família, que estará aqui de manhã para nos levar ao local onde se trata disso.

Raven deixou-se cair para trás na cama e gritou com todas as suas forças.

— Este bebé é meu e eu quero o meu bebé. Não me podem fazer isto. Não podem.

Os pedidos de socorro de Raven não foram ouvidos e todos fizeram ouvidos moucos. Horatio e Eliza tinham tomado a decisão final por Raven. Não tomavam nada do que ela dizia em conta. À medida que a noite caía, Raven ouvia o pai e a mãe a fazer planos para a longa viagem no dia seguinte, ficando ela a pensar onde a levariam e porquê tal secretismo. Não conseguiu dormir naquela noite porque a única coisa em que conseguia pensar era: «Este bebé é meu e ninguém tem o direito de mo tirar.»

Quando a madrugada se fez dia, Raven vestiu-se para a viagem. Ouviu um carro chegar às seis, antes de o sol nascer. Uma vez que viviam no campo, ela sabia que era o carro que a levaria. Também sabia que, quando regressasse a casa, já não teria o seu bebé. Enquanto toda a gente se preparava para a viagem, Raven e Eliza entraram para o banco de trás e Horatio e o condutor sentaram-se à frente, e partiram.

Raven esperava chegar depressa ao local porque pensava que era na cidade perto dela. Preparava-se para ter um choque porque ia levar quatro horas. Durante toda a longa viagem só os homens à frente falavam. Raven sentada atrás com Eliza, olhava pela janela, vendo as casas e coisas por que passavam enquanto as lágrimas lhe caíam pelas faces jovens. Sentia uma dor no coração que viveria muito mais do que alguém podia imaginar. Os pais não sabiam que a sua decisão a havia de marcar para toda a vida.

Enquanto decorria a viagem, Raven percebeu que os sonhos que tinha andado a ter todos aqueles meses a tinham levado àquele momento. As imagens que via nos sonhos faziam agora sentido. A igreja representava a sua educação religiosa. O caixão em que se via, descrevia a morte do seu espírito à medida que aquele evento se desenrolava. O carro, pois, o carro que via sempre em sonhos que estava estacionado no parque da igreja junto à porta da frente era o carro que a levaria para este propósito. Eliza sentada no lugar do condutor seria a sua mãe a tomar parte naquele episódio, mas a mão que via sempre a entrar pela janela e a agarrar-lhe o pescoço numa tentativa de a estrangular era a de uma mulher, e agora fazia sentido: a mãe a desempenhar um papel na exterminação do nascituro. Para Raven, queria dizer tirar a vida a outra pessoa. Como é que Raven previu aquelas coisas? Como soube antecipadamente da morte do bebé e da sua própria alma?

Raven teria nascido com um dom ou o dom era uma maldição? Tentou desesperadamente perceber tudo isto enquanto faziam a longa viagem para a consulta. Quando chegaram, toda a gente saiu exceto o condutor e entraram todos na clínica que parecia só ter estranhas de todas as origens sociais, mas muito poucas com a idade de Raven. Pouco depois da chegada à clínica, chamaram o nome de Raven. Horatio não saiu do lugar, mas Eliza levou Raven para junto da porta. Não deixaram Eliza passar da porta por razões sanitárias e uma mulher pegou na mão de Raven e disse a Eliza:

— Vamos tomar conta dela, — ao mesmo tempo que a levavam para o seu destino.

A enfermeira conduziu Raven para a sala de operações e mandou-a tirar a roupa e vestir uma bata. Ajudaram Raven a subir para a mesa de operações. As lágrimas corriam-lhe constantemente pela cara abaixo. Estava assustada, envergonhada, transtornada e a tremer.

O médico parecia insensível quando disse a Raven:

— Isto vai ser rápido. Relaxa.

Era como se ele fosse dar um tiro a Raven e pronto. Relaxar: mas quem podia relaxar? O que estava prestes a acontecer estava errado de tantas maneiras. Quem podia relaxar, sabendo que iam matar o seu bebé que ainda nem tinha nascido? Relaxar, pensou Raven. Que anedota. Quando o médico começou a operação, Raven sentiu um puxão dolorosa na barriga, mais doloroso do que alguém podia imaginar e pareceu continuar durante cerca de uma hora, mas dentro de trinta minutos tinha acabado.

Mais tarde levaram Raven de volta para a receção para os pais e disseram-lhes:

— Está feito. Levem-na para casa. Vai ficar fraca durante umas semanas mas vai sobreviver.

Raven ainda estava lacrimosa quando deixaram a clínica com uma pessoa a menos, o nascituro. O coração jovem apertou-se-lhe quando tentou compreender o que os pais acabavam de lhe fazer. Quando entrou no carro para partirem, a única coisa que Raven disse, que quis deixar claro para todas as partes, foi:

— Vocês mataram um ser humano. Vão todos para o inferno e estão a fazer-me ir convosco. Mataram o meu bebé. Eu queria o meu bebé. Queria o meu bebé.

Horatio virou-se para trás no carro e disse:

— Cala-te, Raven. Não sabes o que estás a dizer.

Raven encolheu-se no banco de trás, em sofrimento, e chorou baixinho até adormecer enquanto a longa viagem prosseguia. Quando chegaram à sua cidade natal, já era de noite e Eliza ajudou Raven a deitar-se. Mas Horatio, cheio de culpa, decidiu ir para a cidade jogar cartas. Raven foi para dentro da cama e Eliza ficou sentada ao lado da cama quase toda a noite.

Cerca das três da manhã, Horatio ainda não tinha voltado para casa e Eliza tinha adormecido sentada ao lado da filha. Quando acordou e foi ver as horas, notou que Raven estava a transpirar abundantemente e a tremer descontroladamente, murmurando enquanto dormia. Eliza saltou para lhe medir a temperatura. Raven estava com quarenta graus de febre. Murmurava que queria um caixão cor-de-rosa decorado com motivos nativos americanos. Mas o que era aquilo? Eliza deu conta que Raven tinha apanhado uma infeção e correu para o telefone para tentar encontrar Horatio. Telefonou para todos os números que tinha, mas ninguém sabia onde ele estava. Então, telefonou para a irmã que vivia na cidade e pediu-lhe para encontrar Horatio, porque Raven estava gravemente doente e precisava de ir para o hospital.

Levou tempo mas encontraram Horatio num bordel sem nome. Estava a jogar mas não era às cartas. Contaram-lhe sobre a filha e ele correu para casa o mais depressa que pôde. O carro entrou no acesso e ele correu para dentro e deparou-se com Eliza com a filha nos braços. Horatio tirou na filha dos braços de Eliza, deitou-a no assento de trás do carro, e correram para o hospital mais próximo.

Raven sobreviveu àquela noite. Horatio e Eliza estavam gratos aos médicos que lhes salvaram a filha. Ficaram a saber, naquela noite, que o médico que o amigo de Horatio tinha indicado para proceder à operação, era um falso médico, sem licença, e Raven tinha apanhado uma infeção que quase lhe tirou a vida.

Dallas P Elkheart

PARTE V: Luta ou Fuga

Episódio XV: Ela Não É Nenhum Bebé

Muitas coisas mudaram para Raven vários meses depois da decisão que Eliza e Horatio tomaram por ela, que lhe transformaram a vida depois de conseguir ultrapassar uma experiência de quase-morte. Uma coisa que não mudou foi Toby Johnston. Ele queria Raven mais do que nunca, e Horatio e Eliza não queriam vê-lo a ele nem à família. Seguramente não queriam que ele tivesse nada mais a ver com a filha. Uma Raven confusa mesmo assim queria ver Toby. Suplicou à mãe e Eliza falou com Horatio acerca do assunto, e por fim, eles permitiram que ela voltasse a falar com ele.

Toby tinha o baile de finalistas e pediu a Raven que fosse com ele. Ela foi, mesmo depois de tudo o que aconteceu. O que Eliza e Horatio não sabiam era que ele tinha começado a bater-lhe sempre que tinha uma oportunidade. Se estivesse zangado com a família, os amigos da escola ou mesmo alguma coisa que Raven dissesse, esbofeteava-a com força. Raven continuava incompreensivelmente presa àquele rapaz e não dava ouvidos ao que os pais lhe diziam sobre ele.

Toby veio buscar Raven na noite do baile de finalistas e, sem dar por isso, estava cheia de problemas outra vez. Toby chegou à cidade, e quando estavam a chegar à escola dele, encostou o carro. Perguntou a Raven se sabia que um certo rapaz gostava dela, ao que ela respondeu:

— Não. Porquê?

Toby esticou-se e esbofeteou-a com tal força que a cabeça lhe bateu no vidro lateral. Pela primeira vez, Raven enfrentou Toby. Estava farta dos abusos dele.

Aquela noite estava prestes a correr muito mal, e o facto é que Raven estava farta de ser maltratada por todos. Então, saltou para fora do carro de Toby, para o meio da rua. Estavam estacionados perto de uma biblioteca, e Raven dirigia-se para lá para telefonar a Eliza para a vir buscar, quando Toby lhe saltou à frente e disse:

— Nem penses que vais simplesmente afastar-te de mim dessa maneira.

Raven enfureceu-se com a observação maliciosa e desejo de controlo. Achava que já a tinha feito passar o suficiente. Levantou o vestido de noite que tinha escolhido para ir ao baile, deixando os sapatos de salto alto brancos à mostra, e disse-lhe que o odiava. Ao mesmo tempo, deu-lhe um pontapé na janela do carro. Ele ficou furioso e agarrou Raven.

Quando se engalfinharam no meio da rua, vestidos de abas de grilo e vestido de noite, um homem ao volante de um reboque viu a desordem. Ia rebocar um carro mas encostou o camião. Saiu do veículo e disse:

— Ei, você não devia estar a bater nessa jovem. Nenhum homem a sério faz isso.

O mau feitio de Toby tomou conta dele. Foi ao carro e retirou de lá uma arma.

Apontou-a à cabeça de Raven e disse:

— Ela é minha e ninguém me diz como tratar o que é meu.

Raven gritou, e o homem mais velho pôs-se em frente dela, empurrando-a para o lado e depois para trás dele, e disse:

— Jovem, se a matar, tem de me matar a mim primeiro para chegar a ela.

Muito baixinho, disse a Raven:

— Entre no carro. Entre já no carro.

Temendo pela vida dela e do homem, Raven meteu-se no reboque. Toby não sabia como reagir a tudo aquilo.

Deixou cair o braço com a arma em punho, meteu-se no carro e desapareceu. O homem mais velho disse a Raven:

— Menina, está bem? Onde vive?

Raven disse ao homem:

— Eu estou bem. Pode levar-me a casa da minha tia? A minha mãe vem buscar-me.

Foi isso que ele fez e Eliza foi chamada para ir buscar a filha assustada. Raven nunca chegou a ir a um baile de finalistas, nem sequer ao seu próprio.

Toby recusava-se a deixar Raven em paz. Estava obcecado e ia sorrateiramente vê-la sempre que podia. A relação de Raven e Horatio estava cada vez mais distante ao mesmo tempo que Raven se tornou o escape para a ira dele. Fosse com quem fosse que estivesse zangado, era Raven que sofria as consequências, quer fosse por palavras, humilhações ou pior. Tornou-se extremamente violento com Raven e a mãe. Horatio abusava verbalmente dos que lhe eram mais próximos.

Se chegasse a casa do trabalho e qualquer coisa tivesse acontecido lá, Raven só precisava de dizer uma palavra errada e Horatio soltava toda a sua ira sobre ela, cabendo a Eliza defendê-la, criando um ambiente inseguro para si própria.

Isto empurrava Raven cada vez mais para o namorado controlador e obcecado, que parecia gostar da sanha de Horatio contra a sua própria família. Assim, foi fácil ele apresentar-se como o tipo bom, e parecia que era o homem certo para Raven. Esta começou a esgueirar-se para ir ter com ele, embora Eliza se sentisse apanhada no meio das coisas.

A Linhagem Bronze da Fénix

A escola começou pouco depois e Raven passou para o décimo ano. Tinha encontrado apenas duas amigas íntimas em todos aqueles anos de escola, e desenvolveu laços estreitos com as duas jovens: Megan Harrison e Jasmine Graham.

As amigas vinham de meios sociais diferentes, contudo, eram as únicas em quem Raven confiava. Jasmine, à semelhança de Raven, enfrentou muitos abusos na escola e na família, e este facto unia as duas particularmente. Megan, por outro lado, não vivia longe de Raven e tinham crescido juntas.

Toda a gente continuava a rejeitar Raven na escola e zombavam dela porque, para uns, a sua tez era clara demais, e para outros, era demasiado escura. Portanto, encontrava-se sempre só, com exceção das duas jovens que pareciam aceitá-la como era. As outras crianças na escola sempre a fizeram sentir-se menos humana, e Raven sofria de problemas de autoestima devido a isso.

Era assediada pelas colegas por várias razões. Às vezes, era por causa do cabelo comprido, pelo seu aspeto, pela maneira como a mãe se preocupava com ela, a maneira como andava ou falava. Por muito que Raven tentasse integrar-se, simplesmente não encaixava e nunca conseguia agradar às raparigas da escola.

Percebia-se rapidamente que ela era diferente dos outros alunos, e mesmo ela sabia que o era. Raven sempre se sentiu indesejada nas festas e eventos, e continuava a ficar fora da maior parte das festas da comunidade patrocinadas por outros alunos ou pelos seus pais.

Contra todas as espectativas, Raven Reese estava a virar-se para coisas que a faziam sentir que tinha valor no mundo, como o piano, a banda e tinha começado a participar em concursos de beleza na sua cidade.

Entretanto, as coisas iam de mal a pior entre ela e Horatio. Um dia Raven chegou a casa cedo. Com as férias à porta, os alunos saíram da escola quase três horas mais cedo, antes de a maior parte dos pais terem saído do trabalho. Raven chegou por volta do meio-dia naquele dia e lembrou-se que tinha um concurso de bandas naquele fim-de-semana. Também queria experimentar ser «majorette» na sua escola, embora não fosse permitido a nenhuma aluna de cor entrar para a equipa, quer fosse chefe da claque feminina, «majorette» ou «majorette» principal. Mas ela estava determinada a tentar.

Chegou a casa e começou a experimentar uma coreografia, em que aprendeu a girar o bastão na mão. Enquanto estava ao espelho no quarto, não deu conta de que Horatio tinha chegado.

A própria Eliza estava a chegar, e, quando Eliza abriu a porta para entrar, gritou:

— Cheguei, pessoal.

Isto distraiu Raven quando atirava com o bastão ao ar numa pirueta enrolada. E para piorar as coisas, Horatio estava a descer o corredor quando o bastão descrevia a curva descendente. Raven apressou-se a correr para parar o bastão volteante enquanto caía, e quis a sorte que Horatio estivesse a entrar no quarto de Raven quando aterrou.

Oh, céus, se aterrou! Foi bater mesmo em cima da cabeça de Horatio e deslizou-lhe pela cana do nariz abaixo, o que o fez ficar furioso! Ele tinha a certeza de que Raven o tinha feito de propósito e teve um acesso de cólera.

De repente, agarrou Raven pelo pescoço, atirou-a para cima da cama e começou a sufocá-la, ao mesmo tempo que gritava:

— Sua cabra. Sua cabra. Fizeste-o de propósito.

Raven estava já sem ar, tentando dizer-lhe que tinha sido um acidente.

Eliza ouviu a agitação e correu para o quarto de Raven. Ao entrar, percebeu que Horatio estava a apertar o pescoço da filha com tanta força que ela estava a perder a consciência. Eliza gritou:

— Senhor, tende piedade. Solta-a, Horatio. Solta-a. Estás a matar a minha menina. Solta-a!

Mas Horatio parecia ter-se tornado no próprio demónio.

Tinha um olhar vidrado com uma expressão quase selvagem.

Não ouvia nada que lhe dissessem enquanto apertava ainda mais o pescoço de Raven. Eliza achou que ele tinha enlouquecido e sabia que a única maneira de a largar era atirar-se com toda a força para cima dele e tirar-lhe, ela própria, as mãos.

Lançou-se sobre Horatio corajosamente, como faria qualquer mãe. Esticou os braços e, com toda a sua energia, tentou tirá-lo de cima de Raven, mas ele estava tão raivoso contra a filha que atirou Eliza para o outro lado do quarto, sem soltar a mão do pescoço de Raven. Eliza foi cair no canto do quarto. Pondo-se de pé com dificuldade, estendeu os braços para a filha porque percebeu que estava inconsciente.

Talvez Horatio tenha soltado o pescoço de Raven porque descobriu que a sua ira tinha criado uma situação em que perdeu o controlo e a sua reação extrema podia ter matado não uma, mas as duas mulheres da sua vida. Eliza levantou a adolescente e correu pela porta fora para o carro para salvar a filha. Pegou no corpo sem vida, deitou-o no banco de trás e voou para as urgências, bem acima do limite de velocidade.

Depois de administrarem cuidados urgentes à vítima, os médicos constataram que precisavam de operar a garganta de Raven urgentemente para reparar os danos causados pelo pai. Raven sobreviveu a mais um ataque sobre o seu corpo, o que a deixou em depressão total, que lhe ia levar anos a tratar.

Após ter-se recomposto da cirurgia, estava mais do que determinada a encontrar a felicidade algures no seu mundo, mas infelizmente Toby Johnston tinha ficado de braços cruzados à espera do seu momento.

Raven fugia para ver Toby sempre que podia, embora ele fosse tão violento física e mentalmente como o pai. Por isso, Raven teve de escolher entre o mau e o péssimo, não se dando conta de que talvez Toby fosse o pior dos dois. Um dia Raven começou a receber telefonemas estranhos, vindos de uma jovem da cidade vizinha de Rochester, Mississippi. Todos os dias depois da escola, a jovem telefonava a Raven e ameaçava fazer-lhe mal a ela ou à mãe por causa de Toby Johnston.

Este não podia ver Raven tantas vezes quantas queria. Os pais tinham sido inflexíveis na sua decisão de terminar a relação, e por bons motivos. Toby andava a trair Raven, com uma rapariga por fora porque sabia que a família de Raven nunca lhe permitiria ficar definitivamente com Raven. Parecia levar as ameaças da rapariga contra Raven a sério, por isso foi ter com o irmão mais velho e sondou-o por causa de uma arma para proteger Raven. Ainda que Toby soubesse quem esta rapariga era, também sabia o que ela queria e por que queria lutar contra Raven. Fingiu estar extremamente preocupado com a segurança de Raven. Para ele,

Raven era isco formicida, comparada com a pessoa com quem se tinha envolvido.

Nunca se deu sequer ao trabalho de dizer a Raven quem a jovem era e de que contexto vinha.

Esta jovem era Julia Jenkins e andava com um gangue conhecido na sua cidade natal. A irmã, Lori Jenkins, era sua aliada. Raven estava, então, com quase dezasseis anos e, molhada, pesava cinquenta quilos. Raven sempre teve cuidado com o peso. Tinha um emprego em regime de parte-time numa loja local e estava ativa com música e a banda, o que lhe mantinha o peso sob controlo. A jovem em questão tinha uma constituição encorpada e pesava cerca de cem quilos. As duas raparigas membros do gangue pesavam muito mais do que Raven, o que dava peso à preocupação de Toby com a segurança de Raven.

Horatio já tinha ouvido falar da jovem e dos membros do seu gangue. Não sabia era que a filha seria vítima de manipulação derivada de planos inconfessados. Era muito duro com a filha; esperava que ela nunca se envolvesse com aquele tipo de pessoas. Toby e Raven encontraram-se em segredo uma noite e foram juntos para a cidade para um parque, onde todos os jovens da vizinhança estavam ao fim-de-semana. Antes de sair e ir buscar Raven ao trabalho, Toby carregou a sua arma .38 de canos serrados. Colocou-a debaixo do banco do condutor, pensando que podia haver problemas.

Raven não ia precisar de procurar muito porque naquela mesma noite esses problemas haviam de ir ter com ela. Quando Toby e Raven pararam num sinal de *stop*, duas mulheres corpulentas abordaram o carro. A janela de Raven estava parcialmente aberta e ambas as mulheres se dirigiram para o lado do passageiro onde Raven estava.

A mais velha, Julia, era conhecida na rua como Baby-Cakes. Quando Baby Cakes e a irmã, Lori, chegaram à janela de Raven, a mais velha agarrou a janela e tentou puxá-la para baixo, ordenando a Raven que saísse do carro. Esta ficou alarmada e aterrorizada já que nunca tinha sido obrigada a brigar com duas pessoas ao mesmo tempo.

Toby disse a Raven para não sair do carro, e antes de ele próprio sair, colocou a arma no meio dos bancos, na consola do carro. Ele saiu para se dirigir às duas mulheres, dizendo-lhes para deixarem Raven fora da questão. Antes de poder acabar de falar, a irmã, Lori, agarrou Toby e levou-o ao chão. Baby-Cakes juntou-se-lhe e começou a pontapear Toby repetidamente na cabeça, cara e peito. Raven gritava sem saber o que fazer, e sabia que não ia ter força para enfrentar as duas mulheres.

Raven ouvia Toby a gritar. Sem pensar, decidiu que tinha de o ajudar porque sabia que ele a ajudaria se fosse necessário. Foi o maior erro que fez. Porquê?

Foi porque, quando saiu do carro, a luta tinha-se tornado tão violenta, que muitas pessoas tinham deixado o que estavam a fazer, saíram do edifício do parque, da loja da esquina e pararam no passeio para ficar a ver. Ninguém se chegou à frente para ajudar Toby. Raven decidiu que tinha de interromper a luta. Mas como? Olhou em volta à procura de um pau, um objeto, qualquer coisa que pudesse usar para pôr fim ao espancamento e foi então que a viu.

Viu a arma entre os bancos, e pensou que, sendo a arma pesada, podia usá-la para bater numa das raparigas e talvez distraísse a outra, mas esta ideia ia ser terrível. O que Raven não sabia era que, antes de Toby ter pousado a arma entre os bancos, a tinha desengatado, que estava agora carregada e preparada. Raven não sabia tanto sobre armas quanto pensava. Horatio tinha-a ensinado a usar uma A5 Browning Sweet Sixteen e uma arma de assalto militar, ambas usadas para a caça. Não sabia nada acerca da .38 de canos serrados, que era sobretudo usada para proteção pessoal e aquela tinha um gatilho de pressão. Raven só sabia que tinha de ajudar o jovem antes que o matassem.

Uma coisa que a maior parte das pessoas sabe é que DEUS toma conta dos bebés e dos tolos, e Raven não era nenhum bebé. Pegou na arma e pegou na coronha ao mesmo tempo que tentava atingir a mulher mais velha e robusta, na esperança de a distrair para Toby se poder arrastar e ficar em segurança. Mas no exato momento em que levantou a arma para a mulher, a arma disparou.

Tudo ficou em silêncio.

— Mataste a minha irmã — gritou Lori.

Raven entrou em choque. Olhou em volta e viu a mulher no chão. Não procurou Toby para ver se estava bem. Correu de volta para o carro, pousou a arma no banco e correu para junto da mulher que estava estendida no chão — Julia Baby-Cakes. Pôs-se de joelhos, levantou a cabeça da rapariga do chão. Baby-Cakes tinha uma T-shirt branca, e cada vez que respirava, saía uma golfada de sangue.

Enquanto segurava a cabeça da rapariga e tentava parar a hemorragia, Raven chorava.

— Desculpa. Desculpa. Não te queria magoar. Não queria magoar ninguém. Desculpa. Só estava a tentar parar a briga. Oh, DEUS, o que é que eu fiz?

A polícia já estava a chegar, bem como uma ambulância. Levaram Raven para a esquadra como se fosse uma delinquente.

Os agentes foram compreensivos e, no carro, disseram a Raven que não acreditavam que ela quisesse magoar ninguém uma vez que tinha uma personalidade que parecia doce, e que percebiam que não era aquela a intenção dela. De uma penada, Toby tinha destruído o mundo de Raven e desfeito os sonhos de Horatio e Eliza com sucesso. Não só a tinha engravidado, batido e maltratado persistentemente, como agora a tinha posto à beira de ser acusada de homicídio involuntário, especialmente se Baby-Cakes morresse.

Raven pensava que estava a agir bem, mas estava apenas a enterrar-se cada vez mais com Toby.

Deus devia ter outros planos para Raven porque parecia que tinha mandado um dos seus anjos especiais para tomar conta da sua filha jovem e estouvada. Raven não sabia que a única bala que tinha acertado no braço de Lori, o atravessou e depois atingiu Baby-Cakes no peito, passando-lhe a centímetros do coração. Quando Raven chegou à esquadra, Eliza e Horatio já lá estavam. O agente entrou, sentou-se e perguntou a Raven o que tinha acontecido. Olhou para Raven e disse:

— Você tem grande pontaria porque uma bala atingiu as duas irmãs.

Raven desatou a chorar, repetindo:

— Não era minha intenção; foi um acidente. Só queria que deixassem de magoar Toby.

Naquela noite foi autorizada a ir para casa com os pais. Todos estavam desiludidos com Raven, mas ninguém o estava mais do que a própria Raven. Naquele momento odiava-se por não dar ouvidos aos pais em relação àquele rapaz. Passaram vários dias e Eliza recebeu um telefonema da esquadra, perguntando se a filha tinha andado a fazer chamadas para o hospital, ao que ela respondeu:

— Não. Ela está rigorosamente vigiada e não permitimos que use o telefone.

A razão por que a polícia queria saber se ela tinha feito telefonemas era porque Julia Baby-Cakes Jenkins estava a receber centenas de chamadas de pessoas que lhe diziam que era bem feito, e que esperavam que morresse. Parece que Raven não tinha sido a única vítima de Baby-Cakes. Muitas outras temiam a sua intimidação, e já tinha granjeado uma reputação pouco simpática na cidade. Entretanto, Horatio estava farto de Toby. Ele e Eliza contrataram um detetive particular para recolher informação sobre Toby e as duas raparigas, antes da audiência de Raven em tribunal. Quando o dia chegou, a comunidade tinha-se finalmente juntado à volta de Raven e da sua família.

Os pais tinham recebido numerosas cartas de membros da igreja, professores e outras pessoas de peso entre a população, declarando que Raven nunca se tinha metido em sarilhos e que nunca tentaria magoar ninguém a não ser que fosse ameaçada, ou em autodefesa.

No dia imediatamente antes da audiência, o advogado de Raven entrou na sala do tribunal para falar com ela e a família uma última vez antes da audiência.

Tinha notícias frescas. Tinha recebido o relatório de investigação do detetive particular.

Tinha montado vigilância a Toby e à sua família e o que recolheu foi chocante para todos. Toby Johnston tinha-lhe armado uma cilada. Isso mesmo. Tinha engendrado um plano para ela acidentalmente provocar um homicídio (sem jogos de palavras). O detetive particular tinha seguido Toby durante três meses e descobriu que ele se encontrava com Julia «Baby-Cakes» Jenkins quando não podia estar com Raven. Toby tinha dito a Julia que era ela, de facto, a sua namorada, e que Raven era uma mulher indesejada e impertinente que não o deixava em paz.

Isto levou Julia «Baby-Cakes» Jenkins a ver Raven como sua rival e estava determinada a afastar a concorrência. O problema era que Raven não sabia de nada.

Também se descobriu que Toby tinha pedido ao seu irmão mais velho que lhe arranjasse a arma para a poder ter no carro, sabendo que um dia Raven ficaria exposta a ela e seria, possivelmente, forçada a defender-se.

Imediatamente antes da audiência, o advogado das duas irmãs abordou o advogado de Raven e disse a Horatio que, se considerasse dar cinco mil dólares à família delas, tudo aquilo seria esquecido.

O facto era que a única coisa que queriam era uma pequena indemnização porque na sala de audiências muito se ficaria a saber e elas precisavam que as coisas continuassem abafadas.

Horatio concordou e condenaram Raven a um ano em liberdade condicional. As condições eram que tinha de acabar o ensino secundário, não se podia meter em problemas e tinha de deixar de ver Toby. Foram estas as condições que o tribunal estabeleceu para a sua liberdade condicional, e naquela altura, já Raven odiava Toby profundamente. Via finalmente o que todas as outras pessoas já tinham constatado: que ele era um cretino que lhe tinha destruído a vida, e não queria ter mais nada a ver com ele.

Para que conste: as irmãs sobreviveram, mas aquele incidente não as fez abrandar. Continuaram a aterrorizar a comunidade.

Raven foi para casa com Eliza naquele dia e estava mais determinada do que nunca a tornar-se uma jovem respeitável.

Episódio XVI: Alto e Bom Som

Raven Reese crescia mas continuava só. Precisava tão desesperadamente do amor e aprovação do pai. Eliza sempre apoiou a filha, elogiava-a continuamente quanto à sua inteligência, aparência e personalidade, embora Raven nunca achasse que o era o suficiente.

Era como se precisasse de ouvir duas palavras da boca de Horatio, e tudo ficaria completo outra vez, mas aquelas palavras demoravam demais. As palavras que podiam ter salvado Raven de si própria eram: *Amo-te*. Embora não fossem difíceis de dizer, Horatio nunca foi o tipo de homem que soubesse ou quisesse usá-las.

Horatio acreditava que o dinheiro, o poder e a reputação eram as únicas coisas de que alguém precisava para saber que eram amados. Mas Raven não. Aquelas coisas para Raven eram apenas fachadas, e sabia que nunca significariam nada para ninguém sem o amor verdadeiro que vem do coração. Raven aprendeu a continuar em frente e estava ansiosa por sair debaixo das regras ditatoriais de Horatio. Tinha-se aproximado bastante de um primo que vivia na cidade vizinha. Um dia, Raven estava a mudar de roupa para ir a um encontro de família enquanto o primo estava lá. Quando voltou para a sala este comentou:

— Uau, Raven. Devias pensar em ser modelo porque tens as curvas, o andar e o visual. Sendo tu, pensava nisso.

Raven sorriu e encolheu os ombros, dizendo que não era material de modelo.

Mas o primo insistiu que era. Ficou a pensar naquele comentário, embora nunca o levasse a sério. De seguida, foram todos para o encontro da família.

O que Raven não sabia era que o primo tinha previsto uma carreira para Raven que havia de se realizar alguns meses mais tarde.

O tempo passou e Raven terminou o ensino secundário, mas não sem que o drama a seguisse. Três semanas antes do fim do ano, ia enfrentar um incidente que quase lhe estragou o dia da formatura. Desta vez, não teve nada a ver com Toby Johnston. Raven foi para uma das aulas da noite e ela e um jovem da escola gostavam um do outro. Parecia haver uma química entre eles que era óbvia para quem via. Quando se dirigia para as aulas, o jovem passou por ela no corredor e fizeram contacto visual. Mas ele tinha uma namorada que se apercebeu do olhar. O problema era que as raças não se misturavam. No sul sórdido, tal atrevimento seria causa para um motim racial, e toda a gente tentava evitá-lo. Raven nunca tinha visto as coisas da mesma maneira que os outros.

Foi para o seu cacifo para ir buscar o livro para a aula antes de a campainha tocar. Quando se virou para ir para a aula, a rapariga que viu os olhares trocados intercetou-a. Por acaso, era a mesma pessoa que proclamou que o jovem era dela.

Acusou Raven, dizendo que tinha ouvido dizer que ela gostava de Devin. Raven respondeu de modo muito displicente:

— Quem pergunta? Acho que devias perguntar-lhe a ele.

Com isto começou a ação. A jovem que reclamava Devin tinha outras três amigas com ela, o que lhe deu coragem para testar Raven: empurrou-a contra o cacifo. O cabide dos casacos apanhou Raven nas costas. A dor desencadeou a fúria em Raven. Tinha sido maltratada toda a sua vida mas, naquele dia, o mundo ia ver uma nova Raven. Nunca mais ia ficar passivamente a olhar e a aceitar agressões, e especialmente desta jovem. O seu génio tomou as rédeas e esmurrou a jovem na cara. Este foi o início de uma briga feia.

A raça tinha sempre sido um problema sério na escola que frequentava. Embora as escolas fossem já integradas por decreto, infelizmente cada cultura se mantinha fechada sobre si própria e não se misturavam. Naquela altura havia quatro pessoas de duas etnias diferentes engalfinhadas no corredor: as amigas da jovem tentaram ajudá-la.

Talvez toda a gente tivesse ouvido o tumulto e viesse ver do que se tratava. Seja como for, Raven sabia que era um conflito de culturas que se desenrolava ali no meio do corredor, e tinha começado um motim racial generalizado. Raven continuava no meio do imbróglio com as três jovens no mesmo sítio onde tudo tinha começado. Foi quando ouviu o intercomunicador com o diretor a chamar de emergência todos os professores, dizendo:

— Todos os docentes para o corredor. Temos um motim entre mãos.

Castigaram doze alunos, Raven incluída. Parecia que Raven se tinha feito de novo à vida. Eliza e Horatio ficaram furibundos com o incidente. Raven nunca devia ter respondido à agressão da rapariga. Eliza tentou instilar em Raven a ideia de que, se alguém nos bate numa face, devemos dar a outra, por causa das suas crenças religiosas.

Raven tinha uma visão diferente. Acreditava que se alguém bater em qualquer uma das faces, deve receber a resposta com toda a força em qualquer face. Ela não se dava conta mas todos os maus tratos que tinha suportado tinham-na tornado numa máquina de raiva com pavio curto. Passou de nunca se defender para proteger-se de toda a gente.

De uma maneira ou outra, as coisas que ela tinha experienciado estavam a mudar-lhe a perceção de como devia tratar das situações. Acreditava que, se se tivesse defendido das pessoas que tinha encontrado na vida, as coisas teriam sido diferentes para ela.

Raven apanhou uma suspensão de três dias e só podia voltar ao recinto da escola na noite da formatura, mas nessa noite, foi exatamente o que fez: percorreu o recinto com a turma do décimo segundo ano.

Quando ouviu o seu nome ser chamado para receber o diploma, subiu ao palco e, ao aceitar o documento e o aperto de mão habitual, sentiu-se aliviada por tudo ficar finalmente para trás.

Tinha a certeza de que muitos achavam que nunca chegaria ali. Ah, mas chegou. Os seus anos de escola tinham acabado e a libertação dos anos que tinha passado como vítima depressa terminariam também, ou pelo menos, era o que pensava. Mas estava longe da verdade, já que a vida tinha mais algumas surpresas para ela.

Episódio XVII: Um Milhão de Pedaços

Depois de acabar o ensino secundário, as coisas melhoraram para Raven, uma vez que já podia ter um emprego a tempo inteiro, trabalhando na cidade vizinha. O pai queria que entrasse para a vida militar como o avô, mãe e ele próprio. Ofereceu-se para lhe construir uma grande casa na propriedade da família e disse-lhe que podia ter a casa que quisesse. A única coisa que tinha de fazer era viver na casa depois de construída. Raven tinha outros planos e queria ver como seria o mundo sem as restrições de Horatio e do seu mau feitio e insultos desagradáveis, dirigidos a ela e à mãe. Amava muito os pais, mas precisava de encontrar a paz e uma parte dela ainda se questionava sobre quem era na realidade. O que precisava mesmo era de liberdade para descobrir quem era. O que a fazia correr? O fator mais relevante para ela era montar o quebra-cabeças da sua vida como ser humano, apesar de tudo o que tinha passado desde que veio ao mundo.

Raven achava que estava amaldiçoada porque, por mais que tentasse fazer as coisas certas, tudo o que tocava se lhe desmoronava nas mãos. Ainda sofria de depressão e, por vezes, ficava esmagada ao olhar-se ao espelho, e infeliz. A depressão vinha e não era baseada no seu aspeto físico, mas na sua incapacidade para controlar a sua vida, encontrar paz e fazer as coisas correr sem sobressaltos. Simplesmente não sabia como conseguir duas coisas na vida: paz de espírito e realização espiritual. Isto tornava-a muito instável.

Acabou por se mudar para a cidade.

Aí, tinha facilidades que não estavam à sua disposição no campo, incluindo coisas que lhe tinham faltado na infância. Sentia falta de ir ao cinema com os amigos. Horatio levou-a a dois filmes de que se lembrava na vida. Também sentia falta de conhecer pessoas novas e de ter interações sociais.

Também queria poder escolher onde trabalhar uma vez que na sua terra natal só existiam sobretudo trabalhos de fábrica. Horatio tinha tentado limitar as oportunidades de Raven que queria andar por todo o lado, para não poder ir para muitos sítios na cidade. Afinal, ela podia vir a saber dos seus assuntos sórdidos, andando com várias mulheres enquanto continuava casado com Eliza. Muito tinha já mudado porque Raven era agora adulta e estava prestes a andar pelo parque de diversões dele.

Começaram a surgir oportunidades para Raven e foi-lhe oferecido um trabalho como modelo numa companhia local, chamada «Honey, Honey, and Rhythm». Parecia ter encontrado algo em que era boa, como o primo lhe tinha dito antes durante o ensino secundário. Viajou com um grupo e ficou muito próxima do coordenador do grupo. Sentia que estava finalmente no caminho certo para a felicidade. Enquanto fez trabalho de modelo, teve muitas oportunidades de mostrar o seu talento como modelo de fatos-de-banho e roupas. Sentia-se como se viesse dos anos cinquenta de século passado, uma coisa quase *déjà vue*. Por isso, teve bastante sucesso na nova carreira. Até que conheceu um jovem chamado Noah Evans.

Noah Evans vinha de uma família conceituada, que abraçou Raven, especialmente a mãe de Noah. Esta tinha perdido uma filha que tinha o mesmo nome que ela. Raven até se parecia com a mãe de Noah, por isso integrou-se bem na estrutura familiar existente. Os pais de Raven tinham-na ajudado a comprar um carro que se adequava à personalidade dela. Raven precisava de velocidade e acabou a comprar um carro desportivo que era tão exótico como ela.

No dia em que conheceu Noah, este disse-lhe que havia de casar com ela. Ela riu-se, pensando para si própria: «Que rapaz tão tonto. Acabei de te conhecer.»

Noah sabia uma coisa que Raven não sabia, e, contra a opinião de toda a gente e o que a sensatez aconselhava, ele fez exatamente o que queria. Três meses depois Raven Reese tornou-se na Srª Raven Evans. As coisas pareciam correr bem e ela adorava a sua nova família. A relação entre ela e Horatio parecia estar um pouco melhor, e ela adorava que Eliza viesse lá a casa para passarem algum tempo juntas, o que as tornou ainda mias próximas.

Raven tinha bastante orgulho por ser a esposa de Noah e fazer parte da família dele. Até que voaram os primeiros murros, três meses depois de estarem casados. Os dois tinham um apartamento peculiar em que viviam e ela estava tomar banho uma tarde quando Noah armou um pé-de-vento por causa de um amigo dele que tinha feito olhinhos a Raven na noite anterior.

Esta negou ver tal coisa na sua presença e disse a Noah que estava paranoico por causa de um dos seus amigos. Que devia conhecê-la melhor do que isso. Saiu da banheira para se secar. Noah voou pelo corredor e, de repente, atingiu Raven na cara com tanta força que a atirou para trás e ela foi cair de costas dentro da banheira.

Quando se pôs de pé outra vez e percebeu que estava a sangrar da boca e do nariz, Noah pegou no casaco e saiu porta fora, deixando-a sozinha para se recompor das contusões e dores.

À medida que o tempo passava, os espancamentos tornaram-se cada vez mais intensos. Mais uma vez, Raven encontrava-se debaixo da alçada de mais um homem violento. Ela era trabalhadora e os sogros tinham-lhes dado um edifício. Ela tinha tido uma ideia de negócio. Os dois depressa transformaram um edifício vazio numa empresa de sucesso: um centro comunitário para crianças. Ela também tinha três trabalhos em parte-time ao mesmo tempo que os dois tomavam conta do negócio.

Tal como o pai, Raven queria ter sucesso e ser respeitada na sua comunidade. Adorava as pessoas e fazê-las felizes era o seu gáudio.

O casamento continuava e ela mantinha o empreendimento e os seus trabalhos em parte-time. A falta de atenção a si própria por estar ocupada com várias missões ao mesmo tempo criou-lhe numerosos problemas de saúde. Um deles havia de se manifestar dentro de pouco tempo. Naquela noite, ao sair da empresa para ir para o trabalho da noite, a quarenta e cinco minutos de distância, percebeu que não tinha comido havia quase três dias e sentiu-se um pouco fraca.

Tinha passado vários dias sem comer e vivia de café, refrigerante e chá, não por estar em dieta, mas por não tomar conta de si própria. Quando chegou ao trabalho, começou o turno normal das dez da noite às sete da manhã. Trabalhava no departamento de ginecologia e obstetrícia do hospital e, por vezes, trabalhava no berçário, o que agradava sobremaneira a Raven.

Lembrava-se da sensação que uma mulher tinha quando estava à espera de bebé e tentou mostrar empatia com as futuras mães. Adorava crianças e gostava das noites em que se encontrava de serviço ao berçário. Além disso, queria estudar enfermagem e ser enfermeira.

Não fazia ideia de que aquela noite ia mudar a sua vida e mandá-la em espiral numa nova direção. Ao levar o nebulizador na mão para um dos pacientes que lhe tinha sido atribuído naquela noite, começou a sentir a cabeça a andar à roda. Ao chegar à porta do doente, passou por um dos médicos de serviço e deu-lhe um dos seus sorrisos e olás mais amarelos. Ao passar por ele, começou a tremer descontroladamente, deixando cair a máquina, que levava firmemente na mão, antes de cair ela própria.

O médico imediatamente deu meia volta e correu para ela. Gritou por ajuda do pessoal de serviço.

O pessoal transportou-a para uma sala de enfermagem próxima de onde o médico a assistiu. Raven acordou pouco tempo depois com uma expressão de perplexidade nos olhos, olhou em volta e perguntou:

— O que aconteceu? Onde estou?

O médico respondeu-lhe:

— Você está bem. Teve um colapso nervoso no corredor, ao passar por mim, e ainda bem que eu estava lá para a ajudar. — Continuou dizendo: — Parece-me que está sob grande stresse e pode ser parte do problema.

O médico perguntou-lhe se andava a comer, ao que Raven respondeu que comia quando tinha fome mas que, para falar a verdade, nunca tinha fome.

Ele disse-lhe que estava mal alimentada.

— Minha menina, vou mandá-la para casa para ficar de cama em repouso durante três dias. Pode voltar ao trabalho depois disso.

Raven saiu do trabalho e dirigiu-se para casa, mas achou que primeiro ia passar algum tempo com uma grande amiga e relaxar com uma boa conversa e uns cocktails. Telefonou à amiga, Megan Harrison. Raven e Megan tinham-se tornado inseparáveis e eram íntimas da família uma da outra desde a infância. As duas concordaram em se encontrar na casa de Raven dentro de quarenta e cinco minutos, que era o tempo que Raven levava a voltar a casa depois do trabalho.

Megan estava no acesso à casa de Raven quando esta estacionou o carro, o que a fez sorrir. Com os horários frenéticos das duas, não tinham muito tempo para passar tempo juntas, e aquela era uma oportunidade para porem a conversa em dia e rir um pouco. Raven fechou o carro e saiu, ao mesmo tempo que as duas de encontravam e se cumprimentavam.

Raven abriu a porta da frente. Acenderam a luz e sentaram-se antes de decidirem como iam passar a noite. Noah devia estar a trabalhar na empresa da família, ou assim pensava Raven.

As duas raparigas sentaram-se no sofá grande, e Megan disse uma coisa a Raven que fez parar tudo. Comentou:

— Uau, tens umas sapatilhas Nike tão giras.

Esta observação deixou Raven desorientada porque, para começar, ainda estava com o uniforme do hospital e sapatos brancos de enfermeira, e depois não usava Nike. Usava Adidas. E assim o disse a Megan.

Megan dobrou-se para ver por baixo do sofá onde estavam sentadas e tirou um par de sapatilhas Nike, tamanho trinta e nove. Raven irou os sapatos das mãos de Megan e disse:

— Que diabo é isto? Eu não uso o tamanho trinta e nove. Uso o quarenta e um, e não uso Nike, uso Adidas.

Parecia que Megan tinha sido atingida por um tijolo e Raven ficou irritada, ao mesmo tempo que as duas olhavam uma para a outra, e Megan deitava um olhar significativo a Raven. O olhar queria dizer «Vamos ver» sem que fosse dita uma palavra entre as duas.

Raven levantou-se se de um salto e foram em bicos de pés, com ela à frente, pelo corredor abaixo, procurando quarto a quarto até chegarem ao quarto dela. Sim, o quarto que ela e Noah partilhavam como marido e mulher. Não estava preparada para o que ia ver. Quando chegou à porta, encontrou-a ligeiramente aberta, deixando espaço suficiente para olhar para dentro sem ter de a abrir. O que viu foi chocante.

Viu Noah na cama mas não estava sozinho. De facto, tinha a prima direita lá dentro com ele, e ambas as partes pareciam estar envolvidos num êxtase sexual total, nem dando conta que Raven, e depois Megan, estavam à entrada.

Raven pigarreou para chamar a atenção do amor proibido que estava a ter lugar na sua cama. Noah virou a cabeça rapidamente e, vejam só, viu não só Raven como Megan à porta do quarto com uma expressão matadora. Raven gritou:

— Como pudeste? Depois de tudo o que me fizeste, agora fazes isto?

Megan tentou controlar Raven, agarrando-lhe o braço.

— Meu Deus, menina, vamos embora.

Raven nem queria ouvir falar disso. Havia coisas que precisava de dizer, e iam ouvi-la. Ninguém nem nada ia poder impedi-la desta vez. Antes que Raven pudesse descarregar a sua raiva, Noah saltou da cama. Raven viu-o a lançar-se na direção dela para a agarrar antes que ela se fosse embora. As raparigas rapidamente se viraram e saíram pelo corredor abaixo, com Noah a correr atrás de Raven sem nada senão a sua glória, nem sequer um par de *boxers*, ao mesmo tempo que se defendia.

— Raven, não compreendes. Posso explicar.

Isto fê-la explodir e parou à frente da lareira, perto do sítio onde tinham encontrado as sapatilhas de tamanho trinta e nove.

Noah e Raven chegaram ao mesmo tempo. Ele agarrou-lhe o braço e fê-la dar meia volta para ele. Raven gritou:

— Seu filho da mãe. Larga-me o braço.

E Noah disse:

— Mas, querida, deixa-me explicar.

Sem pensar, estendeu a mão para a cornija da lareira, onde estava um troféu que Noah tinha ganhado como homem do ano. Aos olhos de Raven, naquele momento, ele era tudo menos isso, apesar do seu charme típico e boa aparência.

Pegou no troféu e quando deu conta, tinha-o atingido com ele, dizendo:

— A única pessoa com quem podes falar é com o meu advogado. Não lhe telefones. Ele telefona-te a ti porque para mim, acabou.

Para que conste, a pancada que Raven deu a Noah apanhou-lhe a omoplata, e ela voltou-se e foi-se embora.

No dia seguinte, voltou, fez as malas e foi-se embora. Telefonou a Eliza para lhe dizer o que tinha acontecido e que tinha acabado de deixar Noah. Para sua surpresa, Eliza respondeu:

— Pois, compreendo totalmente porque acabei de deixar Horatio também.

Em vez de ficar chocada com o facto de os pais já não estarem juntos, ambas desataram a rir-se, e Raven disse:

— Céus, por que levaste tanto tempo a decidir-te?

Eliza respondeu:

— Acho que estava à tua espera. — E riu-se. E continuou: — Se soubesse o que sei hoje, já tinha deixado o teu pai há anos.

Um assunto que devia deixar mãe e filha lavadas em lágrimas tornava-se agora laço de união entre elas. Eliza saiu de casa no dia seguinte para uma casa sua, e Raven decidiu que era uma excelente altura para entrar para a Escola de Enfermagem.

Mãe e filha, que tinham passado o inferno juntas, estavam agora tão próximas que nada senão a morte as podia separar. Por vezes, o destino prega partidas traiçoeiras.

Depois de Raven se separar de Noah, e de Eliza ter deixado Horatio, começou uma nova vida para ambas. Raven ainda tinha sonhos nítidos recorrentes da mãe deitada num caixão cor de bronze. O facto era que tinha passado de sonhos para terrores noturnos.

Mas o verdadeiro terror estava apenas a começar para Raven. Ela e Horatio estavam agora mais em conflito do que nunca. Não lhe saía da cabeça que o pai tinha afastado Eliza dele depois de quarenta anos de casamento. Procurava respostas e queria ir até ao fundo. Entretanto, Raven tinha saído da cidade onde ela e Noah viviam.

Com o divórcio ainda por concluir, Raven tinha começado uma nova vida em Rockford, Tennessee. Rockford era um excelente lugar para começar de novo na opinião de Raven. Tinha muitos hospitais e formação na área da medicina e uma universidade que seria vantajosa para a sua escolha de carreira como enfermeira.

As coisas estavam finalmente a recompor-se para ela, e a sua vida estava a entrar no caminho certo. Contudo, um dia telefonou a Eliza para conversar com ela. Ao ouvir a voz da mãe ao telefone, não lhe soou bem. Mal lhe conseguia ouvir a voz e parecia que Eliza estava a dormir. Perguntou à mãe se estava bem.

Uma voz fraca e tímida respondeu que sim, mas Raven conhecia a mãe o suficiente para saber que se passava qualquer coisa. Sem se despedir, disse a Eliza:

— Mãe, estou a caminho. Estarei aí dentro de menos de uma hora.

A viagem de uma hora de que Raven falou costumava demorar por volta de uma hora e quarenta e cinco minutos, mas assim que pousou o telefone, telefonou a Megan e explicou:

— Meg, passa-se qualquer coisa com a minha mãe, e estou a caminho da casa dela. Vai lá ter comigo.

Saiu do trabalho sem se despedir de ninguém, nem sequer parou em casa para trazer roupa e saltou para dentro do seu carro desportivo. Arrancou pela autoestrada fora. Agora é que precisava de toda a velocidade que o carro desse porque, para ela, era uma situação de vida ou de morte. Carregou no acelerador a fundo, atingindo a velocidade de mais de cento e sessenta quilómetros por hora. Felizmente que era uma autoestrada direita com muita planície em volta. Quando Raven chegou a casa da mãe, viu Megan que já lá estava à espera dela.

Ambas se dirigiram para a porta da frente e bateram em vão. Ninguém atendeu, mas o carro de Eliza estava no acesso. Raven disse a Megan para ir para as janelas do lado esquerdo da casa que ela ia pelo lado direito para ver se conseguiam ver a mãe. Quando se viravam para ir ver, a porta chiou e abriu-se.

Pararam e o que viram era assustador. Eliza era uma mulher forte e alta, com cerca de cento e quarenta e cinco quilos de mulher sólida e cheia de curvas mas saudável. A mulher que abriu a porta tinha cerca de quarenta quilos, e estava tão frágil que não se segurava em pé. Raven empurrou a porta de rede e agarrou Eliza, envolvendo-a com os braços e pegando nela para entrarem em casa.

Levou-a para o quarto. Eliza estava extremamente fraca e Raven extremamente comovida. Mal acreditava no que via. Disse a Megan para chamar o 112. Depois, ao pousar a mãe na cama, percebeu que esta se tinha sujado. Raven não conteve as lágrimas ao ir buscar água e sabão para lavar o corpo da mãe e vestir-lhe roupa lavada, como Eliza durante tantos anos tinha feito por ela.

A ambulância chegou e levou Eliza para as urgências enquanto Raven seguia no seu carro. O que ela ia descobrir naquele dia ia mudar a sua essência e a maneira como via as pessoas e confiava nelas. Eliza foi admitida no hospital da cidade onde Noah ainda vivia. Os dois ainda estavam legalmente casados mas faziam vidas separadas. No hospital, Raven ficou sentada na sala de espera juntamente com as duas irmãs de Eliza, Kay e Ilene, tias de Raven.

Os médicos saíram para falar com a família, e Raven notou que havia um médico que a distinguiu no meio das pessoas que estavam na sala de espera. Dirigiu-se a ela e perguntou se podia falar com ela uns instantes. Explicou-lhe:

— Temos sete médicos com a sua mãe, e nenhum de nós consegue encontrar qualquer problema. — E acrescentou a coisa mais chocante: — Vou dizer-lhe uma coisa: o melhor é levar a sua mãe a um médico de duas cabeças, e talvez ele solucione isto.

Raven ficou paralisada porque tinha, de facto, ouvido falar desses médicos mas nunca tinha recorrido a nenhum nem conhecia ninguém que o tivesse feito.

Um médico de duas cabeças é mais comummente conhecido no sul como feiticeiro, e praticam vudu baseado num sistema de atos puramente mágicos. Raven não acreditava nessas coisas, embora tivesse ouvido Horatio falar disso muitas vezes na sua infância. O médico disse-lhe que alguém que sabia dessas coisas era responsável e que era preciso alguém que soubesse dessas coisas para encontrar a solução.

Raven ficou quieta como um *zombie* ao tentar compreender aquela informação. Perguntou ao médico o que iam, então, fazer com a mãe. Ele disse-lhe que a iam operar e que durante algum tempo não ia poder vê-la. Raven disse ao médico que ia ao cimo da rua encher o depósito e mudar rapidamente de roupa na casa do ex-marido e que voltava. O médico disse que era boa ideia já que não ia poder ver Eliza até ela ir para o recobro.

Pensou em ir primeiro encher o depósito e depois ir rapidamente a casa de Noah. Ao chegar à bomba de gasolina e sair do carro, e viu Noah. Ele tinha sabido que ela ia meter gasolina e dirigiu-se para lá. Gritou para o outro lado do parque de estacionamento:

— Ei, Raven.

Ao que ela respondeu com um:

— O que foi?

Ele voltou a gritar:

— Não precisas de voltar para o hospital porque a tua mãe está morta.

Raven olhou para Noah segunda vez, espantada:

— O QUÊ?

Ele repetiu:

— Não voltes para o hospital porque a tua mãe está morta.

Raven susteve a respiração por instantes e depois soltou um grito do fundo do tempo, que ninguém que ouvisse podia esquecer. Com a força de um elefante, gritou com quanta força tinha:

— NÃO! Oh, meu santo Deus, não!

Ao mesmo tempo agarrou-se à porta do carro e caiu no chão, lavada em lágrimas.

Era o fim. O mundo dela já não existia e a vida como ela a tinha conhecido nunca mais podia ser a mesma.

Raven acabou por se levantar do chão com a ajuda dos clientes da loja da bomba. E, depois de pagar a gasolina, voltou para o lugar do condutor. Deixou cair a cabeça sobre o volante e só gritava:

— Senhor, tende piedade. Porquê, Jesus, porquê? Deste-me a minha mãe para não estar sozinha no mundo, e agora tiras-ma? Porquê, Deus, porquê? A primeira não me quis, por isso perdi essa e finalmente tive uma que me queria, e tiras-ma? Porquê, Jesus, porquê?

A Linhagem Bronze da Fénix

Era como se de algum modo, acreditasse que Deus era responsável e que não se importava com ela, mas não podia estar mais enganada. Era jovem e estava magoada, e ia aprender por que é que todas aquelas coisas lhe aconteciam só a ela. O que ela não sabia era que mais tarde ele ia ter um plano para ela, muito mais significativo do que podia imaginar. Continuou a gritar e a falar com DEUS enquanto apoiava a cabeça no volante. Não conseguia deixar de chorar, porque naquele momento não só tinha o coração despedaçado como o espírito quebrado. Raven precisou de algum tempo para se recompor e ao conduzir lentamente para casa de Noah, viu inúmeros carros estacionados no acesso à casa. Entre eles estava o de Megan. Sim, Megan. Ela já tinha ouvido falar, talvez antes de Raven e sabia que Raven precisava dela naquele momento.

Quando Raven saiu do carro, muitas pessoas preocupadas vieram ter com ela ao jardim e desejar-lhe o melhor com abraços e beijos, mas Raven não queria nada daquilo. Foi diretamente para Megan e quando esta tentou consolá-la, nem sequer isso bastou.

Raven devia estar tão destroçada que se esqueceu que Eliza tinha acabado de morrer e pediu a Megan que fosse com ela fazer um telefonema. Entraram na casa e dirigiram-se para o telefone. Megan não fazia ideia do que Raven estava a fazer. Esta decidiu pegar no telefone e marcar um número, e como o telefone tocava e ninguém respondia, Megan perguntou a Raven para quem estava a telefonar.

Raven disse a Megan que precisava de falar com a mãe, e que lhe queria perguntar o que devia usar no funeral. Megan percebeu que Raven não estava no seu juízo perfeito. Como não teve resposta ao telefone, e estava prestes a desligar, Raven voltou à realidade que a mãe tinha acabado de morrer.

Eliza dizia sempre a Raven:

— Se precisares de mim, basta chamares o meu nome, e só não venho se não houver vida no meu corpo.

Raven percebeu, então, que a mãe, o seu coração, a sua alma e a sua única amiga verdadeira tinha partido. A única pessoa que sentia que a tinha mesmo amado em todas as circunstâncias e que ela amava com todo o seu ser tinha partido. Desaparecido para sempre e nada podia desfazer esse facto. Raven começou a chorar descontrolada e inconsolavelmente porque o sonho que tinha desde pequena tinha acabado de se realizar.

O dia do funeral foi um dos mais tristes e dolorosos para Raven Gabriella Reese. Sentou-se na fila da frente da igreja, olhando para o corpo da mãe. Estava completamente dormente para tudo à sua volta, incluindo Horatio, que, a propósito, parecia estar muito bem. Durante a cerimónia, Raven não conseguiu suportar a dor e desatou a chorar enquanto Horatio se debruçava sobre o seu ombro e articulou uma das coisas mais frias que já tinha ouvido a alguém, amigo ou inimigo. Sussurrou-lhe ao ouvido:

— Deixa de fazer uma figura triste.

Quando ouviu aquelas palavras, o coração transformou-se em gelo.

Para Raven era o fim, a gota de água final porque sentia que o pai tinha desrespeitado a mãe durante o tempo em que estiveram casados. Mesmo naquele momento, atreveu-se a desrespeitar a dor de Raven na cerimónia com uma observação tão insensível.

Os dias passaram e começaram a circular rumores sobre a morte de Eliza. Havia histórias por toda a cidade de que Horatio podia ter desempenhado um papel na morte dela.

Eliza tinha deixado um testamento, especificando itens que deviam ser deixados para Raven. As duas irmãs gananciosas tentaram acusar Raven de matar a sua própria mãe, para lhe poderem tirar tudo. Eliza quis garantir que, embora tivesse muito pouco dinheiro porque Horatio lho tinha tirado todo, tentou deixar a Raven qualquer coisa de recordação. No testamento, deixou-lhe o carro, alguns itens mais pequenos e um subsídio de funeral de três mil dólares. As duas irmãs, especialmente Ilene, estavam intransigentes quanto ao facto de Raven não ser do sangue delas, por isso não tinha direito a nada da irmã.

Kay e Ilene nunca tinham visto nem tratado Raven como membro da família. Lembravam constantemente a Eliza e

Raven que ela era meramente uma criança adotada e nada mais. Correram para a casa de Eliza como abutres sobre carne fresca para levar tudo o que tivesse valor, desde panelas e frigideiras a roupa e perfumes.

Eliza tinha uma camisa de dormir cor-de-rosa e uma velha carta de condução que guardava numa gaveta no quarto e foi só com isso que Raven ficou da sua mãe. Até levaram o carro.

Sim, levaram o veículo que Eliza tinha deixado à filha. As duas irmãs também foram para tribunal para exigir a Raven tudo o que Eliza possuía. Tentaram fazer Raven testemunhar que a mãe não estava no seu juízo perfeito quando morreu, mas Raven não ia desonrar a mãe com mentiras dessas, e não deu ouvidos a tal pedido.

Sentia que a memória da mãe era o mais importante e não ia mentir sobre a saúde mental da mãe. Além disso, o que ela queria era a mãe e não as coisas da mãe. Sabia que havia uma diferença entre o que ela sentia e o que as tias pensavam sobre as coisas da mãe. Para Raven, se as tias gananciosas precisavam assim tanto das coisas de Eliza, podiam ficar com elas e boa viagem. Para ela bastavam-lhe aquelas duas peças, que tinha recebido, para o resto da vida.

Raven falou com Megan sobre os rumores de Horatio ter tido a ver com a morte de Eliza. As duas eram como unha e carne e, juntas estavam prestes a desmascarar um dos mistérios mais desconcertantes e insolúveis que o sul já tinha visto. Raven ouviu falar de um velho médico feiticeiro que vivia num pequena cidade a pouca distância de Horatio. Ela e a amiga foram falar com o homem para ver o que descobriam. Raven nunca tinha acreditado em vudu mas as coisas eram agora diferentes. Precisava de saber a verdade de uma vez por todas. A mãe costumava dizer-lhe, a ela, a Ilene e a Kay:

— Se alguma coisa me acontecer, olhem para Horatio. Foi ele. Às vezes, ele prepara-me comida, sobretudo guisados, mas fico doente quando a como, e tem sempre um sabor esquisito.

Aquilo não lhe saía da cabeça, e estava decidida a descobrir a verdade. Horatio e Raven não se tinham falado desde a morte de Eliza. Ela continuava indignada com ele e não ia deixá-lo escapar tão facilmente.

Andaram às voltas pela cidade um dia até encontrarem a casa do homem de que lhes tinham falado. Raven queria saber se tal coisa existia e se era tão poderosa que tirasse a vida à mãe. Quando as duas amigas pararam junto à casa, tiveram uma sensação desagradável.

O jardim não era um jardim típico de uma casa normal. Havia lá coisas que assustaram as raparigas. Saíram e foram até à porta e, quando Raven tocou à campainha, um idoso abriu-lha. Elas explicaram por que estavam ali: precisavam de informação em que ele era especialista. Para surpresa das duas, o idoso já conhecia Raven de nome. Ficaram um pouco surpreendidas por não saberem como aquele homem conhecia Raven. Quem era ele? Qual era a sua ligação a Eliza ou a Horatio? Depressa ficaram a saber que a história era mais completa do que elas supunham.

O idoso disse-lhes que não só conhecia os pais de Raven, como era parente de Horatio. Este tinha-lhe comprado coisas. Levantou-se da cadeira e saiu da sala, e ao regressar, trouxe algumas dessas coisas. Desenrolou um material parecido com papel, colocou as coisas numa mesa e começou a explicar o que Horatio tinha comprado e como as usou para fazer mal a Eliza.

O importante é que Horatio tinha um caso com a prima direita de Eliza e esta tinha descoberto. Foi por isso que deixou Horatio, dizendo que se soubesse então o que sabia naquela altura, já o teria deixado muito antes. O caso tinha durado anos durante o casamento dele com Eliza, e quando ela descobriu, ele não podia deixar que ela lhe sujasse o nome em público, por isso, o caminho mais acessível era tirar Eliza da fotografia.

Devia usar o pó cor-de-rosa que o idoso lhe vendeu para o misturar com a comida e a dar a Eliza. Raven ficou com a sensação desagradável de que estava entre uma pedra e um sítio duro. Devia pegar nesta informação e ir em frente e destruir o nome do pai? Devia reter a informação e ficar calada, mas deixar que a morte da mãe ficasse por resolver? Estava confusa. O certificado de óbito não mostrava qualquer causa conhecida e classificou a morte como sendo devida a causas naturais.

Raven tinha pessoalmente confrontado Horatio sobre o seu envolvimento na morte da mãe, mas ele negou perentoriamente em frente de Megan. Raven só tinha dezoito anos e tinha medo que as autoridades não levassem a informação a sério.

Aquele não era um dia bom para Raven e Megan. Esta esforçava-se por compreender o que tinha acabado de ouvir do estranho.

Numa questão de segundos, Raven mudou, depois de saber a verdade arrasadora de como tinha perdido a mãe. Com o que tinha ficado a saber, não podia voltar a olhar para o mundo da mesma maneira. Acreditava agora que a vida era curta, demasiado curta para conflitos, discórdia e infelicidade. Depois de ter percebido como uma pessoa pode rapidamente decidir que a vida de outra pessoa não tem valor ou mérito, e por isso é descartável, estava mais determinada do que nunca a viver a vida ao máximo.

Ao voltar para casa com Megan, discutiram a informação que tinham obtido. Tentaram analisá-la e entender o sentido daquilo tudo. Megan teve de conduzir porque Raven estava demasiado abalada, além disso tinha os olhos tão inchados de chorar que não via a estrada.

Raven sentou-se no banco do passageiro no regresso com lágrimas nos olhos e, no seu coração, não havia espaço para luar nem estrelas.

Decidiu que ia voltar para Rockford e reconstruir a sua vida e deixar Eliza orgulhosa da filha. Também decidiu, que a partir de então, ia criar distância entre ela e Horatio.

Achava que ele era demasiado perigoso para confiar nele e embora o resto do mundo visse Horatio como a pessoa que ele apresentava em público, ela, Megan e a falecida mãe conheciam o homem cruel, insensível e frio que era.

Na semana seguinte, Raven arrumou as últimas coisas e foi para Rockford para dar um sentido a tudo o que tinha acontecido nos seus curtos dezoito anos.

Esperava que DEUS a perdoasse pelas coisas que tinha feito antes na vida e que ela pudesse esquecer o que tinha passado em criança. Tinha esperança de encontrar alguma forma de paz interior porque a sua confiança nas pessoas tinha sido estilhaçada num milhão de pedaços, que ninguém conseguia consertar.

Entendia agora que a mãe, a única pessoa que algum dia lhe tinha preparado as asas para voar, tinha partido, e que estava agora sozinha num mundo tresloucado, num mundo que nunca faria nada senão cortar-lhe as asas.

Raven sempre soube que o amor era importante, juntamente com a vida e a família, e que nunca o conheceu até Eliza a encontrar. Horatio, aos olhos dela, só via duas coisas: dinheiro e poder, e ela achava que era para isso que ele vivia. Para ela, Eliza era uma mulher bondosa, meiga e extraordinária, com quem ela queria tanto vir a parecer-se, e sabia, no seu íntimo, que ia passar o resto da vida a tentar.

Raven estava determinada a encontrar um companheiro que a amasse e não apenas uma pessoa a quem ela amava, como Horatio. Uma pessoa que servisse DEUS e não o dinheiro nem as coisas. Raven tinha agora a missão de encontrar a felicidade, um companheiro para a vida, e queria filhos, muitos filhos. Sentia que a tinham enganado e tinha perdido a oportunidade de ser mãe, e boa, como Eliza. Agora mais do que tudo, queria construir uma vida para si própria. Mas por onde começar?

Episódio XVIII: A Irmã Margaret

Raven voltou para Rockford, Tennessee, para apanhar os cacos da sua vida. Tinha uma irmã que vivia lá. Chamava-se Margaret, mas todos lhe chamavam Margie, e era filha biológica de Horatio, e Raven era a filha adotiva dele. Nunca tinha passado muito tempo com Margie. Desde logo porque era mais de vinte anos mais velha do que Raven. Portanto, o fosso era quase intransponível, e não havia muita coisa que uma criança pequena tivesse em comum com uma irmã muito mais velha. Especialmente quando cresceram em duas famílias diferentes e sendo educadas por duas mães com crenças opostas sobre educação das crianças.

Além disso, Eliza nunca permitiu que Horatio levasse Raven para muito longe dela porque sabia que Horatio tinha apetência por outras mulheres. Uma vez, Eliza permitiu que ela visitasse Margie quando era mais nova, mas Raven tinha, então, doze anos e o encontro correu mal.

Horatio era veterano, e muitos dos seus problemas médicos eram tratados nos serviços médicos dos veteranos em Rockford, onde Margie vivia. Uma vez Eliza deixou Horatio levar Raven com ele para a ver e encontraram-se no átrio do hospital. Raven estava empolgada por conhecer a meia-irmã, já que tinha crescido sozinha sem ninguém com quem ter aquelas conversas noturnas até tarde. E sentia a falta dessa parte da vida.

Vendo-a, Raven correu para a irmã mais velha antes que Horatio pudesse sequer apresentá-las. Raven nunca tinha conhecido uma pessoa desconhecida na sua vida. Via toda a gente como amiga e mais adiante se verá, que era a sua pior caraterística. Ao correr para Margie, o sentimento não parecia ser mútuo, e quando Raven se aproximou dela, não trocaram abraços.

Isto apanhou Raven de surpresa, e sentiu que os seus sentimentos tinham sido espezinhados, pois sempre tinha sonhado com ter uma irmã e agora que dava conta que tinha uma, ela não queria ter nada a ver com ela. Ficou magoada.

Raven sorriu e disse:

— Olá, Margie.

Em vez de receber um «olá» de volta, Margie deu um passo em frente e disse a Raven:

— Não estou habituada a que chamem pai ao meu pai.

Para surpresa de Margie, a pré-adolescente espevitada ergueu-se e disse:

— Ora, é bom que te habitues porque ele é meu pai também.

As duas irmãs entraram com o pé esquerdo.

Mas agora Raven tinha dezoito anos e sempre achou que não devia ter-se mantido afastada da irmã, portanto estava ansiosa por a abraçar outra vez. Esperava que Margie sentisse o mesmo.

Raven foi para lá com apenas alguma roupa e levou o carro que Eliza lhe tinha comprado quando estava casada com Noah Evans. Quando Raven chegou a casa de Margie, o cumprimento foi diferente desta vez, e ela sentiu que a irmã estava contente por a ver outra vez.

Esta tinha convidado alguns amigos para casa para conhecerem a irmã porque, nunca a tendo visto, só ouviam as coisas que Margie contava acerca da adolescente. Margie fez observações sarcásticas sobre Raven para os amigos na presença dela. Dizia coisas como: «Olha para a minha irmã mais nova: não é linda? Parece-me que o pai a mima demais.» Ou «A minha irmã mais nova é linda. Parece-se comigo, não é?»

Seja como for, Raven ficou num posição desconfortável, mas por outro lado, estava habituada a comentários e ao ridículo. Se não estivesse a ser verbalmente maltratada por Horatio, era-o seguramente pelas outras crianças na escola.

Raven já se tinha tornado algo mais resistente, mas ainda era bastante frágil e ingénua, ao mesmo tempo que era compassiva e desejosa de amor e aceitação no mundo em que era obrigada a viver.

Uma manhã falou com Margie sobre a escola mas não se sabia orientar na cidade, por isso Margie disse-lhe que tinha um amigo que podia levá-la à universidade para se matricular. Raven ficou encantada, e por qualquer razão, sentiu que podia confiar na irmã mais velha que nunca a prejudicaria. Horatio estava absolutamente contra o facto de Raven ir viver com Margie. Embora ela fosse a sua filha biológica, ele não confiava na sua capacidade de tomar conta de Raven e implorou-lhe que o não fizesse.

Raven era teimosa, o que era outra caraterística sua que lhe seria quase fatal, e foi contra o desejo de Horatio mais uma vez.

Margie chamou o amigo para marcar a data e hora para levar Raven à universidade de Rockford para se matricular, e quando chegou o dia, Raven notou que Margie estava irritada com ela. Tinha-lhe perguntado acerca de um vestido preto que tinha desaparecido, e queria saber se tinha sido Raven que o tinha tirado. Esta não fazia ideia do que ela estava a dizer e perguntou qual era o vestido. Margie disse-lhe que o vestido estava no guarda-fatos da filha no dia anterior e que já lá não estava. Raven ficou muito magoada por Margie pensar que logo ela era capaz de roubar um vestido. Os pais tinham tomado todos os cuidados para instilar em Raven valores como honrar a própria palavra, não tirar nada que não lhe pertencesse a menos que pagasse, e tratar os outros como queria ser tratada.

Quando o amigo de Margie chegou, Raven tinha decidido que, depois de se matricular, seria melhor mudar de casa e arranjar uma casa só para si. Entrou no carro com o amigo da irmã e também levou alguns dos seus pertences. Disse à irmã que vinha buscar o carro mais tarde. Quando o carro arrancou com Raven no banco da frente ao lado daquele estranho, não deixou de notar o velho Cadillac antigo que ele conduzia. Também tinha um cheiro mofento, o que a fez abrir a janela.

O estranho conduziu Raven para se matricular na universidade em silêncio. Depois de ter acabado o processo de matrícula, ela sentiu-se bem com a sua decisão de ir para a universidade, e acreditou que a vida estava prestes a encaminhar-se na direção certa.

O estranho voltou para a vir buscar e ela disse-lhe:

— Pode fazer o favor de me levar de volta à casa da minha irmã para poder ir buscar o meu carro?

Ele disse que sim com a cabeça e não articulou uma palavra. Saíram de perímetro da universidade e Raven partiu do princípio que estaria na casa da irmã dentro de menos de vinte minutos. No caminho de regresso, Raven começou a ver coisas que não se lembrava de ter visto na viagem de ida, e já que nada lhe era familiar, perguntou delicadamente ao estranho:

— Este é outro caminho para a casa da minha irmã?

Ele não respondeu e continuou a conduzir. Ela voltou a perguntar:

— Para onde vamos?

Naquela altura já estavam num bairro desconhecido que não se parecia nada com o da irmã. Daquela vez, o homem tirou uma arma debaixo do assento do carro e, ao parar num sinal de stop, o diabo ficou verdadeiramente à solta.

Raven encontrava-se agora sob ameaça de uma arma, com um desconhecido à frente, numa cidade onde nunca tinha estado. O estranho disse-lhe:

— Olha, miúda, pareces uma rapariga simpática, mas eu tenho as minhas ordens.

Raven pediu-lhe com lágrimas a correrem-lhe pelas faces abaixo ao mesmo tempo que engolia em seco, e pesadamente:

— Por favor, senhor, se me levar de volta, não digo nada. Deixe-me tirar as minhas coisas de lá de trás que não digo a ninguém.

O homem respondeu:

— Olha, miúda, se não te matar, matam-me eles a mim. Tenho as minhas ordens.

Raven percebeu que estava em apuros como nunca e Horatio não a podia ajudar, nem ele sabia onde ela estava. O condutor disse-lhe que lhe tinham dito para não a levar de volta, que ela devia ser encontrada a boiar no rio Mississippi e que deitasse fora a roupa dela para não deixar rasto.

Raven viu o que estava escrito na parede e pareceu-lhe que alguém tinha pago para a assassinarem. Mas quem? Se não foi Margie, quem? Quando o carro chegou aos últimos sinais de stop que Raven conseguia ver, viu centenas de árvores. Parecia que havia um rio e uma floresta ali por perto. Percebeu que estavam prestes a sair da zona onde estavam todas as pessoas logo que o carro passou os três sinais seguintes. Achou que não havia maneira de sair do carro já que ele nunca parava mesmo. Por isso, Raven olhou para o homem e olhou para os dois sinais de stop e depois outra vez à volta para ver o que podia fazer.

Fosse o que fosse que pudesse fazer, era melhor fazê-lo logo porque o tempo estava a esgotar-se para ela, assim como as suas opções. Quando o carro passou pelo stop seguinte, antes de chegar ao último, ela sabia lá no fundo que era agora ou nunca, e num abrir e fechar de olhos, tomou a decisão que havia de lhe salvar a vida. Sabia que Horatio não lhe podia valer porque só o condutor e a irmã sabiam onde ela estava e, sem ajuda, estava indefesa.

Recusando-se a ceder ou a desistir da vida, tomou uma decisão instantânea, e quando o carro chegou ao stop seguinte, virou as costas para a porta do lado do passageiro, encostou-se à porta e puxou o manípulo. De seguida, ao mesmo tempo que a porta se abria com o carro em movimento, ela deixou o corpo cair do veículo. Sem pensar duas vezes na possível consequência de ficar magoada, deixou o corpo bater no pavimento duro. Sabia que devia fugir para salvar a vida.

Então, decidiu que se era para ter asas, agora era a altura de voar. Rebolou e pôs-se de pé. Voou como um avião 747 com o depósito cheio numa missão sem paragens. Correu enquanto se lembrava de uma coisa que Horatio lhe tinha ensinado.

Ele tentou ensiná-la a lidar com situações específicas. Ensinou-lhe que, se precisasse de fugir de um inimigo, nunca devia correr numa linha reta. «Eles não conseguem disparar contra um alvo aos ziguezagues, e mesmo que o façam, tens mais probabilidades de sobreviver». Raven fez exatamente o que ele lhe ensinou, e avançou à velocidade da luz pela rua acima. Horatio também lhe disse para correr sempre na direção de muitos edifícios e luzes: «Aí encontrarás pessoas e talvez ajuda». Por isso, mais uma vez, fez isso exatamente.

Enquanto estava em movimento, viu uma rua larga que parecia ter centenas de carros estacionados e que parecia ser uma estrada interestadual. Devia haver lá pessoas que a podiam ajudar. No mesmo instante, o pistoleiro partiu em perseguição dela porque lhe ouvia o chiar dos pneus mesmo atrás dela. Não ia deixar fugir a sua vítima. Tinha alguém perante quem tinha de responder, mas a missão dele não era tão desvantajosa como a de Raven. Quando ela se dirigia para a beira da estrada, voltou a ouvir o chiar de pneus, rodando a toda a velocidade mesmo atrás dela e, ao chegar à rua principal, viu uma loja de esquina. Então, correu para lá e entrou.

Depois de abrir as portas e de entrar disparada por ela dentro, caiu no balcão enquanto as duas trabalhadoras ficaram paralisadas. Uma trabalhadora percebeu que havia qualquer problema e imediatamente perguntou a Raven se precisava de se esconder, e se alguém andava atrás dela. Raven estava ofegante e a única coisa que conseguiu fazer foi dizer que sim com a cabeça, ao mesmo tempo que chorava e a trabalhadora disse à outra para chamar o 112.

Veio de trás do balcão, agarrou Raven pelo braço e levou-a para as traseiras da loja. O único problema era que a porta de saída por trás estava bloqueada com artigos e à esquerda havia um pequeno quarto de banho. A empregada da loja levou-a para o quarto de banho e disse:

— Feche a porta quando eu sair. Não saia até ouvir a polícia. Vá para debaixo do lavatório e fique calada.

Foi isso que Raven fez. Quando fechou a porta, foi para baixo do lavatório e, com os joelhos apertados contra o peito e os braços à volta deles, tentou ficar sentada e o mais quieta possível, mas estava tão aterrorizada que ouvia os dentes a bater uns contra os outros.

Tudo ficou em silêncio na loja, e ela soube que o pistoleiro estava lá. Tinha encontrado a loja para onde ela entrou. Ficou petrificada que ele pudesse matar as duas trabalhadoras se quisesse muito chegar a ela. E depois?

Depois daquilo que pareceu uma eternidade, que foram talvez oito minutos, ela ouviu uma pancada na porta do quarto de banho.

— Abra, senhora. É a polícia.

O coração dela parou. Depois ouviu-a outra vez e percebeu que a polícia já tinha chegado. O medo e o terror impediram-na de se pôr de pé para abrir a porta, por isso gatinhou para a porta e tentou abri-la.

A porta abriu-se subitamente e lá estava um uniforme preto com um fuzil de precisão nas mãos, mas a diferença era que trazia crachá. Ela tentou levantar-se mas os joelhos cederam e caiu nos braços do agente. Ele agarrou-a e disse-lhe que já estava bem. Levaram Raven para fora do quarto de banho, para junto de balcão e assim poder falar com a polícia. Foi naquela altura que soube que tinham acabado de passar pelo pistoleiro, e que, quando atendiam a chamada da loja, ele passou disparado por eles. Os funcionários não conseguiram fazer a descrição do carro, portanto a polícia não o reconheceu a ele nem ao veículo quando se cruzaram. Perguntaram a Raven onde vivia para poderem chamar a família e ela disse-lhes que só tinha um pai que vivia a cerca de três horas dali.

O agente disse-lhe que não fazia mal porque ele já tinha uma ideia. Meteu a jovem no carro-patrulha e levou-a a um restaurante, que era uma combinação de mercearia e restaurante, e os donos eram seus amigos. Pediu-lhes para tomarem conta da rapariga até contactarem o pai, mas Raven estava em choque e não conseguia falar. Sentou-se numa cadeira na loja o resto da tarde sem dizer uma palavra a ninguém.

Ficou com aquela família dois dias, enquanto Horatio se preparava para ir buscar e sua filha mais nova. Embora a família que tomou conta de Raven fosse extraordinariamente afável com ela, Raven estava mentalmente incapaz de confiar em ninguém. Tinha-se tornado carente e receosa das pessoas e estava frágil demais para aceitar a atenção que a família lhe dava. Horatio ficou enfurecido com Raven e Margie porque tinha avisado Raven para não se aproximar de Margie.

Ele acreditava que ela tinha ciúmes da irmã mais nova e até lhe podia fazer mal, mas nunca pensou que Margie fosse capaz daquilo. Como Raven estava arrependida de não ter dado ouvidos ao pai! E estava irritada consigo própria por confiar tanto nas pessoas, mas o seu coração era demasiado bondoso para ver o outro lado, e, com tudo o que já tinha passado, ainda não tinha o dom do discernimento.

Horatio veio buscar Raven para a levar para casa, e desta vez, ficaram felizes por se verem. Raven estava tão perdida que parecia que, por muito que se esforçasse para começar de novo, era como se uma força invisível estivesse determinada a impedi-la de atingir os seus objetivos. A pergunta que Raven tinha de se fazer era se seria o destino ou a falta de fé que a impedia de chegar à felicidade. Sabia que tinha de fazer um exame de consciência sério.

Regressou a casa com o pai. Estava relutante em viver ali outra vez por causa dos assombros que tinham tido lugar no seu quarto. Contra a sua própria convicção, voltou e tentou mais uma vez. Uma tarde, Raven limpou a casa, lavou roupa e preparou o jantar porque o pai tinha ido à cidade para tratar de uns assuntos. Pensou que podia ajudar o pai a pôr a casa em ordem. Desde que Eliza tinha saído e depois morrido, Horatio tinha feito pouca coisa na casa. Acreditava que Eliza andava a assombrar a casa porque, segundo tinha dito a Raven, todas as noites ouvia uma coisa a andar no quarto de Eliza.

Quando Raven andava a limpar a casa, fez uma pausa e foi lá fora apanhar ar fresco. Foi para baixo de uma árvore debaixo da qual os pais gostavam de se sentar quando ela era pequena.

Quando chegou lá fora e se sentou no velho banco de baloiço deu conta que não havia vizinhos nas casas em volta, e parecia que estava completamente só na colina onde se situava a sua casa.

Recostou-se e fechou os olhos, mas, assim que o fez, começou a ouvir sussurros à sua volta. Embora soubesse que não havia ninguém em redor e que viviam no meio de nenhures, ouvia os sussurros a aumentarem de volume cada vez mais. Arregalou os olhos, olhou em frente e sentou-se para cima, alarmada. Tinha medo de se virar porque parecia que vinham de trás da casa. Reuniu coragem para ver se conseguia perceber de onde vinha a voz, e foi nessa altura que a ouviu. O que a voz dizia era alto e bom som. Estava a sussurrar-lhe o nome. A voz tremulava no ar, e a brisa que passava transportava o nome. O murmúrio era suave e fluido. Poder-se-ia imaginá-lo como um longo vestido amarelo exibido numa silhueta sem vida, apanhado numa brisa delicada.

Raven ouviu a voz a aproximar-se cada vez mais e olhou em volta como se procurasse um sítio para se esconder, mas onde podia esconder-se? Não havia vizinhos em casa, Horatio ainda não tinha regressado e Raven achou que correr para dentro de casa seria correr na direção do que a estava a chamar. Saltou do baloiço e correu pela rua abaixo para junto da caixa do correio e ficou lá, olhando em volta para ver se encontrava alguém que a pudesse ajudar.

Pouco depois de chegar à caixa do correio, a carrinha de Horatio apareceu na curva. Raven sabia que não podia dizer ao pai, portanto fingiu que estava a ver se havia correio. Compreendeu então, melhor do que nunca, que não podia ficar com Horatio. Tinham acontecido demasiadas coisas e tinha a certeza de que mais estavam para vir se permanecesse naquela casa mais um minuto.

Quando o pai entrou no acesso à casa, disse-lhe que ia ficar na cidade com uns amigos, mas que vinha ajudá-lo todos os dias com a tarefas diárias e ver como estava.

Raven recusava-se simplesmente a ficar com Horatio, assim mudou-se novamente para a pequena cidade que ficava a cerca de quarenta e cinco minutos de Horatio. Raven tinha uma prima de quem gostava muito, Jene. Esta era sua prima por parte de Horatio e tinha estado presente na maior parte dos tempos difíceis. Raven passava muito do seu tempo livre com ela e a sua família. Achava que era capaz de encontrar o seu próprio caminho. Afinal estava por sua conta.

Dallas P Elkheart

PARTE VI: Preferia Ver-Te Morta

Episódio XIX: Olha, Mãe, Sem Mãos

Raven tinha agora consciência de que estava só. Arranjou um apartamento e dedicou-se à sua carreira de modelo, ao mesmo tempo que trabalhava a tempo inteiro num restaurante local. Arranjou aquele trabalho acidentalmente. Um dia ela e Megan, a sua amiga de longa data, saíram para jantar. Depois de fazerem o seu pedido, a empregada trouxe a primeira parte para a mesa. Serviu as bebidas, Coca-Cola e Pepsi. A empregada não rotulou os refrigerantes antes de os trazer para a mesa e teve de determinar qual era para quem.

O que ela fez para o determinar foi inaceitável. Tirou cada bebida da bandeja e colocou-a debaixo do nariz, e o rebordo do copo tocou o lábio superior da empregada, depois cheirou demoradamente e disse:

— Ah, sim. Esta é a Coca-Cola.

Depois repetiu a ação para a Pepsi e colocou as bebidas em frente de cada uma das duas amigas. O método de identificação da empregada mortificou Raven, que rapidamente levantou a voz e disse:

— Não quero o refrigerante depois de meter o nariz no meu refrigerante.

Megan fez uma declaração semelhante. A empregada ficou surpreendida e perguntou qual era o problema. Raven perguntou-lhe se não sabia mesmo, e mandou chamar o gerente, o que fez a rapariga ir de volta à área de preparação para o trazer, mas não sem primeiro zombar das raparigas na parte de trás do restaurante. Ria-se alto enquanto dizia às colegas:

— Ah, ah, ah, e perguntei-lhes qual era o problema das bebidas.

Raven ficou pouco agradada e, quando o gerente veio à mesa das raparigas, perguntou-lhe o que se passava.

Raven era uma pessoa comunicativa, que adorava uma boa conversa, e embora ainda não tivesse acabado a universidade, tinha um leque vocabular razoável e era bem-falante para uma jovem. Disse ao gerente que aquela não era maneira de tratar os clientes, ao que ele respondeu:

— Acha que teria gerido melhor a situação?

Ela sorriu, recostou-se na cadeira com grande autoconfiança e disse:

— Com certeza. O cliente deve ser sempre tratado com o máximo respeito.

O gerente olhou para ela e depois perguntou:

— Acha que era capaz de fazer o trabalho melhor?

Raven respondeu:

— Claro que sei que sou capaz.

Sem hesitação, ele disse a Raven:

— Então, você está contratada e ela despedida.

A personalidade tinha acabado de a colocar num emprego sem sequer se ter candidatado nem sido entrevistada, por ser ela própria num lugar público. Era extrovertida e franca e a sua personalidade atraiu uma resposta positiva pela primeira vez. Ficou extática com tudo aquilo e estava ansiosa por começar o novo trabalho e mostrar a verdadeira Raven Reese ao mundo.

Estava no novo emprego havia mais de uma semana quando um dia, enquanto estava a trabalhar no turno de dia, um dos empregados do turno da noite apareceu no trabalho. Tinha mudado do turno da noite para o de dia e seria agora colega de trabalho de Raven.

O gerente deu mais responsabilidade a Raven porque viu como ela desempenhava bem o seu papel com os clientes. Estes tinham-se afeiçoado a ela e pediam especificamente as mesas dela.

Fazia muito boas gorjetas por causa da sua presença de espírito e sorriso. A mesma presença e sorriso haviam de cativar o novo empregado. Chamava-se Eric Anderfal. Ainda andava no ensino secundário e era quase dois anos mais novo do que ela. No entanto, pareciam dar-se como se se tivessem conhecido toda a vida. E Raven apaixonou-se por Eric.

Era um jovem muito bonito, com um sorriso perturbador, uma voz romântica e uma constituição atlética porque estava envolvido em numerosas atividades na escola. As raparigas pareciam gravitar à volta dele, mas Eric parecia gravitar à volta de Raven, e não era seguramente segredo nenhum que Raven tinha sido apanhada no charme de Eric.

Os dois tornaram-se inseparáveis, e no verão, arranjaram um apartamento juntos porque Eric se aproximava do fim do ensino secundário e tinha a universidade na sua agenda. Raven adorava a ideia. Ele tinha-se tornado o melhor amigo dela e o amor entre eles parecia tão indestrutível que nem os amigos os conseguiam separar. A família e os amigos de Eric tinham-lhe dito que achavam que Raven podia ser avançada demais para ele. Achavam que era novo demais para ela porque já tinha sido casada.

Eric não deu ouvidos ao que eles tinham para dizer. Tinha-se apaixonado por Raven e não permitia a ninguém que destruísse o que tinham. Era grande protetor de Raven. Ela via-o como uma alma bondosa e delicada, coisa que nunca tinha experienciado antes. Este facto atraiu-a mais ainda para ele. Os dois trabalhavam longas horas e juntavam dinheiro para a sua nova vida. Os amigos dele raramente o viam porque passava horas sem fim com Raven.

Pareciam ter muito em comum: Eric tinha um padrasto que era cruel para ele. Tal acontecia por Eric ser a única criança da família que não era seu filho biológico. Raven compreendia-o uma vez que ela e Horatio estavam numa situação semelhante. Eric tinha vários irmãos e irmãs, mas ele era o mais velho e o único que a mãe tinha antes de conhecer o seu novo marido. Eric e Raven já tinham começado a procurar uma universidade para frequentarem, e ela adorava a ideia de ambos procurarem uma educação superior já que os dois queriam ser pessoas de sucesso.

Ambos gostavam de se vestir bem e ostentavam os seus estilos em festas. Depois de se candidatarem a três universidades, ambos receberam cartas da Staten Maze University. Era mais para sul do sítio onde viviam, o que queria dizer que ficavam a mais de quatro horas de casa, a uma distância perfeita das famílias.

Raven recebeu um telefonema da universidade porque o diretor da banda tinha sabido da candidatura de Raven e interessou-se por ela. Queria oferecer-lhe uma bolsa integral para a universidade.

Explicou-lhe que, uma vez que era música desde os dois anos e membro de um grupo na escola secundária que tinha frequentado, desde o quinto ano até ao décimo segundo, seria uma excelente candidata à bolsa. A universidade pagar-lhe-ia as propinas, o alojamento e alimentação. A única exigência seria a de Raven tocar na banda de jazz durante a época baixa, tocar no campo durante a temporada de futebol e participar em paradas na restante época, e precisaria de manter um aproveitamento médio ou superior para manter a bolsa.

Raven agarrou a oportunidade de ver os sonhos de ter um curso tornarem-se realidade. A primeira coisa que perguntou ao diretor da banda foi se podiam matriculá-la na escola de enfermagem. Explicou que não tinha família, e que dependia de si própria, mas falou ao diretor de Eric. Eric e Raven viam-se como a família um do outro. O diretor da banda rapidamente acedeu a matriculá-la no programa de enfermagem e informou que havia muitos estudantes a frequentar a sua escola como casais, e que muitas vezes, acabavam o curso e casavam. Era aquilo que Raven queria ouvir já que ela e Eric tinham grandes planos para o futuro.

Os dois pombos partiram para a universidade no carro que Eric tinha. Raven já não tinha carro depois de alguns azares que lhe tinham acontecido.

O ano escolar começou e as coisas estavam finalmente no caminho certo. Eric tinha ganho um lugar na equipa de futebol da universidade, e Raven tinha conseguido um lugar na equipa de dança e de *majorettes*. Era conhecida de muita gente na universidade, mas infelizmente continuava a não o ser entre as mulheres, nem sequer as da sua equipa. Provocavam-na muitas vezes, dizendo que se comportava como se fosse de outra cultura e não da delas. A universidade também tinha registado a sua nacionalidade incorretamente em todos os seus registos. Pode ter sido um erro, ou pode ter sido de propósito para preencher a quota.

Raven telefonou a Horatio para ver como as coisas estavam. O telefone tocou e Horatio atendeu ao terceiro toque. Ao prestar atenção, ouviu um bebé a chorar lá por trás, mas ignorou-o, perguntando antes como é que ele estava. Em vez de lhe perguntar como estava ela, ele imediatamente se enfureceu por causa de ela estar na universidade, dizendo-lhe que ela não era suficientemente inteligente para ir para a universidade. Raven ficou magoada e tentou ignorar as suas palavras cruéis. Falou-lhe da banda universitária em que tocava, das suas viagens e de Eric. Voltou a ouvir o barulho lá atrás e perguntou-lhe quem estava lá, ao que ele respondeu que era uma amiga.

— Ela tem um bebé? — perguntou Raven.

Horatio disse-lhe que sim e que se metesse na vida dela. O comentário deixou-a atónita, e pediu desculpa por ter perguntado. Foi então que ele lhe disse:

— Se me estás a telefonar para pedir dinheiro, não tenho para te dar. Esta rapariga precisa de leite para o bebé.

Raven ficou paralisada porque só lhe tinha telefonado para saber como estava. Não tinha intenção de lhe pedir nada. Ela era independente e nunca tentou pedir a ajuda de ninguém. Na sua opinião, se não o tivesse e não pudesse trabalhar para o ganhar, então passava sem ele. Ela tinha naquela altura um trabalho em parte-time no campus universitário com um dos médicos.

Sem pensar, deixou escapar:

— Sim, já sei disso. Só queria saber como estavas, mas ainda és o mesmo, quer dizer, o homem frio que sempre conheci. Nunca vais mudar, por isso vou dizer-te uma coisa: nunca vais ter de te preocupar comigo outra vez. Não quero nem preciso do teu dinheiro. Se o não tiver, passo sem ele, mas não vais ter de te preocupar comigo outra vez. Vais precisar de mim antes de eu precisar de ti. Prometo.

Pousou o telefone e começou a chorar. Estava magoada e percebeu naquele momento que continuava só, e aparentemente estaria sempre só. Raven sentiu que a única pessoa que a amava na vida era Eric. Ela via-o mostrar-lhe verdadeira devoção todos os dias e a cada momento. O coração dizia-lhe que nunca o abandonaria por nada nem ninguém porque ele era tudo para ela. Acreditava que quando se tem uma pessoa fiel, que nos devemos manter fiéis também.

Raven e Eric estavam sempre juntos quer fosse a caminhar para as aulas, nas refeições ou a viajar porque ele era jogador de futebol e ela era *majorette* e dançarina, e a banda tocava nos jogos.

Mesmo à noite, ou Raven ou Eric esgueiravam-se para o dormitório um do outro e passavam a noite juntos. Nunca faltaram uma noite em todos os anos em que estiveram juntos. Lembre-se o leitor que se recusaram a permitir que alguém os separasse. Infelizmente, essa mentalidade não duraria para sempre.

Ninguém sabia que vinha a caminho uma mudança de vida. Já tinham passado três anos e Eric e Raven estavam mais unidos do que nunca até que a equipa de futebol fez uma viagem em que a banda não participava. Enquanto Eric esteve fora, havia um jovem chamado Jordan Jackson que também fazia parte da banda, que olhava muito para Raven.

Durante o tempo em que Eric estava na viagem, Jordan Jackson foi visitar Raven. Chamaram-na lá abaixo ao átrio de entrada do dormitório. Ela cumprimentou-o e perguntou-lhe por que estava no dormitório dela, e ela disse, brincando:

— Esqueceste-te do caminho para a tua namorada, foi?

Riram-se os dois porque Raven era amiga da presente namorada dele e não via Jordan como uma ameaça. Esse foi o seu maior erro porque Jordan apercebeu-se disso e aproveitou a oportunidade para pôr em prática o seu esquema. Raven ainda era um pouco ingénua e não detetou o que estava para vir. Enquanto Jordan ia dizendo piadas e fingia falar sobre o espetáculo que se aproximava em que a banda ia tocar, Raven levou-o a sério e continuou a conversa. Após cerca de quinze minutos, Jordan inclinou-se para a frente para dizer qualquer coisa em segredo a Raven. Quando ele se inclinou para o ouvido dela, ela inclinou-se para a frente também.

De repente, ele envolveu-a nos braços e com a boca, agarrou-lhe o pescoço e chupou com toda a força. Raven esmurrou

Jordan no ombro, esforçando-se por se afastar e tirá-lo de cima dela, mas o mal estava feito.

Ela afastou-se para trás e percebeu que o pescoço lhe doía. Maldisse Jordan e perguntou-lhe se tinha endoidecido. Jordan deitou a cabeça para trás e riu-se, mas quem ia ser vítima do engano ia ser Raven e Jordan sabia-o. Deu meia volta e foi para as escadas de regresso ao quarto, mas não sem antes dizer umas coisas a Jordan. Ele só se ria ainda mais alto ao sair do dormitório. Ela voltou para o quarto e preparou-se para ir para o treino com o grupo de dança.

Arranjou-se mas reparou que lhe doía o pescoço onde Jordan a tinha sugado, então foi ao espelho e viu-o com horror. Estava a formar-se um chupão.

Quase morreu e foi tomada de pânico porque viu a mancha roxa a aparecer-lhe no pescoço. Correu pelo corredor abaixo para falar com a amiga Sandy, e contou-lhe o que tinha acontecido com Jordan, chorando durante toda a história. Sandy encolheu-se.

— Eric vai ficar chateado, mesmo chateado, e não vai acreditar em ti — disse-lhe ela. — Provavelmente fê-lo de propósito porque toda a gente conhece Eric e Jordan sabe como ele vai reagir.

Raven tinha sempre sido verdadeira e fiel a Eric, mas o que ia fazer agora? Pensou repetidamente no que Sandy lhe disse. Será que tinha razão?

Devia dizer-lhe a verdade e ele ia acreditar nela ou ia pensar que era como todas as outras, uma traidora? Sandy voltou para o quarto dela depois de contar a outras raparigas o que Jordan tinha feito a Raven. E a solução dela deixou Raven confusa.

— Então, vá, miúda. Achamos que não precisas de lhe dizer porque ele pode pensar que fizeste alguma coisa e não acreditar em ti quando lhe disseres o que Jordan fez. Usa uma camisola de gola alta no treino de hoje e quando ele chegar amanhã essa coisa estúpida terá desaparecido, e Eric estará bem.

E ela deu ouvidos à péssima ideia de Sandy.

Houve coisas que Raven não considerou: que Eric e Raven eram como unha e carne havia mais de três anos, e que inúmeras mulheres tinham paixonetas por Eric. Também se esqueceu do facto de que a maior parte do seu grupo de dança não gostava dela, falavam mal dela por trás e achavam que não merecia Eric. Este seria um erro que ia empurrar Raven para perto de fazer o impensável.

Quando estava no treino da tarde, chegou a notícia de que os rapazes da equipa de futebol estavam de regresso ao campus e Raven precisava de dizer a verdade a Eric porque o amava, e não queria esconder-lhe nada. Seria um grande erro?

A verdade só funciona quando as duas pessoas são maduras e se conhecem bem, mas Eric era mais novo do que Raven e não tinha desenvolvido o dom do discernimento. Ainda não tinha a capacidade de distinguir a verdade da mentira, por isso aquela tarde ia ser dolorosa para ambos os namorados.

Alguém deu a notícia a Eric quando desceu do autocarro: que Raven o tinha traído. Eric correu o mais depressa que pôde para o salão onde o grupo de dança estava a treinar. Disparou pela porta do salão dentro e foi direto a Raven, mas antes que ela pudesse dizer uma palavra, puxou a mão atrás e deu-lhe uma bofetada com tanta força que se ouviu no corredor.

— Traíste-me. Não me amas. Traíste-me — disse ele, e foi-se embora.

Raven, embaraçada e chorosa, nem acreditava no que tinha acabado de acontecer. Alguém que ela conhecia tinha acabado de lhe armar uma cilada, e resultou exatamente como o tinha planeado porque Eric Anderfal, o seu coração e a sua alma, tinha acabado de sair do edifício e da sua vida para sempre.

Acreditando que ela o tinha traído quando ele estava fora, mostrou a Raven que podia andar com outras raparigas, sabendo que esse facto a magoaria. Bastava deixá-la vê-lo com outra pessoa, como já a tinha imaginado a ela com outra pessoa. Ele estava magoado e queria magoá-la a ela da mesma maneira. Raven ficou destroçada. Tentou dizer-lhe a verdade, mas ele não quis ouvir. Um dia Sandy veio ao quarto de Raven e disse-lhe para se vestir que lhe queria mostrar uma coisa.

Quando as raparigas caminhavam no campus, Sandy levou Raven a um dormitório feminino. Quando entraram, Raven quase desmaiou quando viu Eric no átrio com outra rapariga. Ele viu Raven e fingiu não ver. Parecia que tinha prazer por sentir que já não era dela porque, na cabeça de Eric, ela o tinha traído da pior maneira. Raven voltou para o seu dormitório e caiu em profunda depressão. Já não dormia, nem queria estar na companhia de ninguém. Já não confiava em ninguém e sobretudo em Eric Anderfal.

Raven tentou cometer suicídio nessa noite, mas sem sucesso, e, à medida que os dias se tornavam noites, percebeu que a relação dela com Eric estava terminada, simplesmente.

Todas as coisas por que tinham passado juntos eram insignificantes porque uma pessoa destruiu duas vidas e tornou Raven em motivo de chacota do campus, ou pelo menos era isso que ela pensava. Estava agora sozinha e as notas começaram a descer.

Chegou o verão e a universidade fechou. Raven foi para Minnesota para se afastar de tudo e de todos. Mudou-se para lá e depressa encontrou um emprego num laboratório onde fez novos amigos e tentou namorar, mas não tinha de ser. As aulas estavam quase a começar outra vez e tinha de decidir se voltava e enfrentava os seus problemas ou abandonava e tentava começar de novo, mas Raven não era de deixar as coisas a meio, e voltou para Staten Maze no outono.

O primeiro dia pareceu-lhe estranho. Quando estava no meio de tudo, ainda destroçada mas tentando encarrilar, sentiu uma pessoa a observá-la e os olhos olharam por cima da multidão e foi quando os olhos dela se prenderam nos dele.

Era um jovem alto, bem constituído e musculado, com cabelo preto ondulado e um sorriso, ah, sim, aquele sorriso. Tinha um sorriso que era tão vivo e genuíno como qualquer estrela que enche a noite. Raven ficou com a respiração suspensa por instantes e depois deu conta de que a atração era um íman entre os dois. Mas quem era ele? Nunca o tinha visto no campus, mas oh, ele tinha visto Raven muitas vezes. O jovem que lhe prendeu o olhar era Wyatt Adams. De facto, ele era da mesma equipa de futebol de Eric. A parte pior era que ambos se conheciam.

Raven tinha estado tão apaixonada por Eric que nunca tinha notado nenhum outro rapaz no campus que estivesse atraído por ela, especialmente Wyatt. Mas agora as coisas eram diferentes. Eric tinha tocado a vida para a frente. Raven sentia-se como que uma celebridade no campus por causa de toda a atenção recente. Os agradecimentos tinham de ir para o traidor que lhe tinha armado a cilada para perder Eric. Estava solteira agora, mas de alguma maneira ainda lhe parecia estranho. Estava tão habituada a estar com Eric, e era tão insólito. Parecia que estava a traí-lo. Talvez a paz que procurava entre ela e Eric viesse, mas podia não acontecer antes de mais alguns anos.

Episódio XX: De Mal a Pior

Wyatt Adams abordou Raven e não tardou que se tornassem muito próximos. Explicou a Raven que estava apaixonado por ela, mas que havia um pequeno problema. O pequeno problema, um eufemismo, era mais como um problema de nove meses. De facto, várias semanas antes de Wyatt chamar a atenção de Raven e de se envolverem, Wyatt soube que uma rapariga com quem teve um curto caso estava agora grávida dele. Raven não sabia como reagir a isto porque não queria um homem com filhos atrás dele. No entanto, a situação com Wyatt parecia diferente. Raven estava a interessar-se intensamente por Wyatt e isto tornava difícil ver outra coisa que não fosse os seus sentimentos. Ele estava à espera de um bebé, mas ela sabia que ele estava apaixonado por ela, mas por outro lado, Raven sempre tinha querido ser mãe e até pensou que esta podia ser uma oportunidade para o ser, de uma maneira bizarra, sem ter de se preocupar em ter filhos seus.

Raven tinha aprendido ao longo dos anos que ela, como Eliza, podia não poder ter filhos por causa do aborto que Horatio a tinha forçado a fazer. Os médicos tinham-lhe dito durante os exames e muitas cirurgias exploratórias que parecia que alguém lhe tinha deitado uma bomba para dentro do corpo. O médico que lhe fez o aborto tinha, de facto, realizado um ato médico não autorizado, deixando-lhe as trompas totalmente destruídas e irreparáveis. Raven viu a oportunidade de ajudar Wyatt naquela situação, e disse-lhe que ficaria ao seu lado enquanto ele precisasse dela.

Wyatt não só precisava de Raven, como se tinha tornado obcecado e possessivo com ela. Wyatt e Raven ficaram cada vez mais próximos à medida que os meses passavam, até que uma noite Wyatt já não conseguiu conter os seus sentimentos por Raven. Quando estavam deitados lado a lado no dormitório dele, olhou para Raven e disse:

— Não quero que me deixes. Nunca. Estou tão apaixonado por ti, e tenho medo de que, se encontrares outra pessoa, me deixes.

Continuou dizendo que quando ela estava com Eric, ele tinha tantos ciúmes de ver Eric com ela. Esperou que Eric fizesse qualquer coisa estúpida como deixá-la, e viu o deslize dele como um ganho seu. Nunca nenhum homem lhe tinha dito isto, e pareceu-lhe tão doce que ele a amasse tanto. Bem, se tivesse visto com mais atenção, teria visto não só um homem que a adorava, mas um homem que faria qualquer coisa para ficar com ela, até mesmo matar.

Wyatt esperou pela resposta de Raven, e quando ela o olhou nos olhos, viu um homem que ela amava. Wyatt e Raven pouco depois deixaram Staten Maze University para se casarem. Raven estava empolgada e achava que estava a tomar a decisão certa. Ou não estaria?

Depois de ambos terem deixado a universidade, mudaram-se para Davison, Mississippi, e aí começaram a sua nova vida juntos. Sem curso universitário, ambos arranjaram empregos para fazer face às necessidades.

Estavam apaixonados e o dinheiro não era a sua prioridade, pelo menos até Wyatt provocar uma discussão sobre terem um filho.

Por vezes, costumava fazer observações insólitas para Raven quando ela estava na cozinha a cozinhar. Ficava a olhar para ela e depois ia para junto dela, abraçava-a e dizia:

— Preciso que tenhas o meu filho, e vou assegurar-me de que ficas grávida.

Raven pensava muitas vezes que aquele era um comentário inquietante. Dizia a Wyatt que também queria mas que teriam de o fazer de maneira diferente. O que ela não entendia era que ele sentia que, se conseguisse que Raven ficasse grávida, ela nunca mais pensava em Eric. Ele mencionava Eric muitas vezes e como achava que Eric ainda queria Raven mas que ele nunca lha daria de volta. Além disso, costumava dizer que ia fazer uma coisa que Eric nunca conseguiu, e que era dar um bebé a Raven. Ela nunca o levou a sério e achava que ele tinha um problema qualquer de infância ou de virilidade que tinha de ultrapassar.

Passaram várias semanas e Wyatt não se calava, e pediu a Raven que marcasse uma consulta com um especialista em fertilidade para os dois. A única opção era recorrer à fertilização *in-vitro*. Ia custar-lhes entre dez mil e quinze mil dólares. Uma vez que os dois queriam tanto ter filhos, pediram um empréstimo e Raven marcou uma consulta.

Naquela altura já Wyatt tinha sido pai e o novo bebé parecia receber a atenção de toda a gente, incluindo a de Raven, mas a mãe do bebé tinha uns ciúmes absurdos de Raven e da relação com Wyatt. Mas Raven tinha-se apaixonado pelo bebé de Wyatt. Chegou o dia da consulta com o especialista em fertilidade. Ele disse-lhes que lhes garantia que seriam pais com aquele método. Embora Wyatt e Raven tivessem empregos medíocres, contraíram grandes dívidas para fazer o sonho dos dois tornar-se realidade.

Dentro em breve, começaram a seguir as orientações do médico, e a equipa médica conseguiu finalmente fertilizar não um, mas três óvulos de Raven com o esperma de Wyatt e criar três embriões. Receberam uma chamada a dizer a Raven que tinha de voltar ao hospital para o transplante. Raven e Wyatt estavam embevecidos por estarem prestes a fazer o impossível.

Quando chegaram ao hospital, Raven foi preparada para transferir a nova vida para dentro dela com a consciência clara de que todos os três embriões eram viáveis e que podiam estar à espera de três bebés dentro em breve.

Wyatt pressionou Raven e ainda não estava satisfeito com o facto de que o esperma dele e os óvulos dela se tivessem tornado em três embriões que agora estavam dentro do corpo dela. Ainda queria ter a certeza de que pegavam, continuando a tentar que ela ficasse grávida enquanto aguardava os resultados. Disse a Raven que queria ter a certeza de que tinha plantado a sua semente para que ela ficasse com ele para toda a vida. Raven achava que Wyatt estava excessivamente obcecado com a gravidez dela.

Chegou o dia da análise ao sangue para determinar se estava grávida com o filho ou filhos de Wyatt. Depois de dar sangue, saíram do hospital e foram para casa, e quando lá chegaram, o telefone tocou. Era o hospital a dar-lhes os parabéns e a dizer a Raven que não só ia ser mãe, mas que estava grávida de trigémeos e, sim, todos os três bebés tinham estavam vivos.

Episódio XXI: O Portão do Inferno

Wyatt ouviu Raven a gritar de júbilo porque tinha acabado de saber por telefone que ia ser mãe.

— Estou grávida! Estou grávida! Vamos ser pais!

Wyatt correu pelas escadas acima para ver se tinha ouvido bem o que Raven disse.

— O quê? Estás a brincar, não estás? Deixa-te de brincadeiras, menina. Brincas demais — disse ele.

Com lágrimas nos olhos, Raven disse que não.

— Não estou a brincar. Estou mesmo de bebé, mas, Wyatt, há um problema.

Ele parou e perguntou qual era o problema.

Raven pôs a sua cara triste antes de desatar a rir, e disse:

— A questão é onde vamos arranjar três berços. São trigémeos.

Wyatt caiu em cima da cama, esfusiante de alegria ao mesmo tempo que abraçava Raven e dizia:

— Estamos finalmente presos um ao outro para sempre.

Raven também abraçou Wyatt porque pensou para si própria que, desta vez, as coisas iam ser diferentes, e ninguém lhe ia tirar o filho. Pelo menos, foi o que ela pensou.

Um dia, Wyatt chegou a casa do trabalho, com que estava frustrado. Sentia que recebia tão pouco, mas que ter três filhos custaria muito dinheiro, e a filha também tinha necessidades. A mãe da menina teve de levar Wyatt para tribunal por causa da pensão de alimentos, e Raven cuidava de que a mãe do bebé recebesse o dinheiro de forma regular.

Durante a reclamação frustrada dele, Raven estava lá em cima e veio ao cimo das escadas para acalmar Wyatt porque estava a falar muito alto e a bater com coisas. Raven era uma pessoa reservada quando se tratava da sua vida e não queria que os vizinhos do apartamento ao lado ouvissem o alvoroço.

Wyatt ficou irritado, achando que Raven não tinha o direito de lhe dizer para se acalmar na sua própria casa, e voou pelas escadas acima. Sem pensar, empurrou Raven. Ao fazê-lo, como estava junto do cimo das escadas, ela perdeu o equilíbrio.

Tentou equilibrar-se e Wyatt viu que a tinha empurrado com demasiada força, e também tentou impedi-la de cair, mas era tarde demais. Sem uma palavra, nem um grito, Raven caiu para trás de cabeça dois lances de escadas e ficou de lado com a cara para cima. Wyatt correu pelas escadas abaixo ao mesmo tempo que gritava o nome de Raven, mas não havia nada a fazer. Raven estava com uma hemorragia abundante e Wyatt pegou nela e levou-a para o hospital.

Os médicos salvaram Raven mas não os seus trigémeos nascituros. Mais uma vez, Raven teve um sonho na palma das mãos mas a vida extinguiu-lho. O médico hospitalizou-a durante três dias, mas durante esse tempo, ninguém viu Wyatt. Raven veio depois a saber que, na noite em que ela esteve no hospital sozinha, ele estava num clube noturno.

Quando Raven já estava melhor, fizeram planos para uma noite num clube. Ao prepararem-se para sair nessa noite, Wyatt disse a Raven como era linda e como ele sabia que todos os homens da cidade o invejavam, e como estava contente por Eric se ter afastado para ela poder ser toda dele. Saíram para o clube, e quando chegaram, ele saiu do carro com Raven e entraram no clube. Ele estava habituado a que ela recebesse olhares persistentes dos homens quando estavam em público. Ela, por sua vez, nunca se via àquela luz. Tinha passado anos sozinha sem receber elogios dos outros, e quando os recebia, só dizia obrigada e afastava-se de cabeça baixa. Era verdade que Wyatt a fazia sentir-se especial, mas os elogios dele faziam-na, por vezes, ter medo, pois pareciam vindos de uma pessoa obcecada.

Naquela noite, no clube, já lá estavam havia cerca de duas horas sem problemas, até que ela teve de ir ao quarto de banho e disse a Wyatt que voltava logo. Quando se dirigia para o quarto de banho, e abriu a porta do das senhoras, viu os braços de um homem esticados de um lado ao outro da entrada e uma fila de senhoras que pareciam estar à espera de poderem ir ao quarto de banho.

Era Wyatt, e a razão por que o quarto de banho tinha ficado tão silencioso foi porque ele tinha ido pelo corredor e bloqueado a entrada à medida que cada senhora saía.

Isso mesmo: bloqueou a porta para que mais ninguém pudesse entrar. Raven ficou fora de si e perguntou-lhe por que havia de fazer uma coisa daquelas, ao que ele respondeu que havia um quarto de banho dos homens a poucos metros dali e que não ia deixar que alguém entrasse para fazer mal a Raven. Esta saiu sem dizer uma palavra a Wyatt e pediu para irem para casa. Todo o caminho de regresso só conseguia pensar no comportamento absurdo de Wyatt.

A partir daquele dia, as coisas ficaram ainda mais bizarras.

Raven tentou reconstruir a relação com o pai mais uma vez após anos de interrupção, mas Wyatt assegurava-se de que nada disso acontecia. Quando Horatio telefonava para falar com ela, ele negava-lhe acesso aos telefones e dizia a Horatio que não estava em casa, embora Raven estivesse sentada mesmo ao lado do telefone. A prepotência tinha-se tornado tal que ela começou a ter medo de Wyatt e a temer pela vida. Em muitas ocasiões, ele disse a Raven que preferia vê-la morta a permitir-lhe que o deixasse por um homem loiro de olhos azuis.

Um dia, estavam a conversar e tiveram a ideia de entrarem os dois para a polícia, e decidiram logo ali ir para a academia de polícia.

À medida que os dias passavam e Wyatt pensava cada vez mais nisso, já não queria que ela fosse para a polícia porque havia lá demasiados homens para o seu gosto. Quando chegou a altura, Wyatt foi para a academia mas recusou-se a permitir que Raven se inscrevesse para entrar.

Depois de as nove semanas de estágio terem terminado, Raven estava casada com um dos mais recentes polícias da cidade, mas não tardaria a ter uma surpresa maior porque a sua vida havia de ir de mal a pior. No dia da formatura, Raven, Wyatt e a família dele e alguns dos novos colegas agentes atravessaram a cidade a pé depois de saírem da cerimónia. Ao passarem por três jovens que estavam numa loja, um deles deu-lhe um piropo, dizendo

— Oh, que bonita que ela é.

Mas o jovem não sabia que tinha dito as palavras erradas acerca da mulher do sujeito errado. Wyatt entrou em ação e imediatamente agarrou o jovem pela garganta e encostou-o à parede da loja. Wyatt respondeu:

— Rapaz, tu não me conheces. Eu mato-te se voltares a olhar para a minha mulher.

Raven ficou parada, sem saber o que fazer. Sentiu pena do jovem e tentou chamar a atenção de Wyatt, chamando-o com voz calma.

— Wyatt, Wyatt, querido. Não faz mal. É jovem e não sabe mais. Deixa-o ir — acrescentou solenemente: — Por favor.

Wyatt deve ter ouvido a voz suave dela, ou talvez percebesse que tinha ido longe demais, ou talvez só tivesse poupado a vida do jovem. De qualquer maneira, soltou o aperto de morte sobre o rapaz, ao mesmo tempo que o corpo do rapaz deslizou para o chão. Raven estava embaraçada e perturbada que o marido se tivesse tornado neste tipo de homem.

O casamento estava agora em dificuldades por causa dos olhos inquiridores de Wyatt, e Raven já tinha começado a ver coisas em sonhos outra vez. Pesadelos que a avisavam de acontecimentos vindouros. Teve um sonho que a perturbou tão gravemente que rezou para descobrir o que lhe estava a tentar dizer. Antes tinha Eliza em quem se apoiar porque a mãe era a sua melhor amiga, mas agora que Eliza tinha partido, Raven apoiava-se cada vez mais na sua fé.

Raven tinha uma amiga que vivia do outro lado da rua de quem se tinha tornado íntima, uma pessoa com quem falava sobre os seus problemas conjugais. Enquanto estava a trabalhar um dia, a vizinha fez-lhe uma chamada perturbadora. Começou a perguntar se podia sair do trabalho e vir para casa. Raven não entendeu por que é que precisava de sair do trabalho, mas a vizinha depressa lhe lembrou que Wyatt tinha recentemente começado a fazer o turno da noite e Raven tinha garantido um emprego num banco local como agente de contas novas.

Ela disse a Raven que queria que viesse para casa já, mas para não ir pela frente.Recomendou-lhe que entrasse pelo acesso de trás. Raven estava confusa e perguntou porquê, ao que a vizinha respondeu:

— Tem de o fazer, e tem de ser já.

Raven pousou o telefone e deu uma desculpa ao gerente quanto à necessidade de sair. O gerente autorizou-a sem hesitar e ela entrou rapidamente no pequeno carro e foi para casa. Ao chegar, fez o que a vizinha disse e foi por trás da casa, mas não estava preparada para o que encontrou.

Ao estacionar e chegar à porta, Wyatt cumprimentou-a. Quis saber por que estava em casa. Raven tentou passar por ele para dentro da sua própria casa, mas ele bloqueou-lhe a entrada, dizendo:

— Volta para o trabalho.

Raven não lhe deu ouvidos. Sabia que se passava qualquer coisa e empurrou-o para passar, e quando tentou dar um passo para dentro da porta, foi cumprimentada por uma mulher. Sim, Wyatt tinha feito o imperdoável: tinha um caso amoroso na sua casa e na sua cama.

O caso resultou na separação de Raven e Wyatt. Ela começou a sentir que a vida estava apostada em lhe fazer mal. Os dois continuaram separados durante cerca de três meses até que Wyatt não conseguiu viver sem Raven e se questionava constantemente com quem ela andava a encontrar-se. Acabou por voltar para casa, e tentaram mais uma vez reconciliar-se, mas não ia durar.

Uma noite, nem uma semana depois de se tentarem entender de novo, ele voltou ao mesmo. Raven e os colegas saíram umas horas, mas ela quis parar numa loja da esquina para comprar cigarros. Era o colega que levava o carro nessa noite, por isso deixaram o carro de Raven estacionado em casa. Ao chegarem à loja, Raven disse ao colega que parasse ali, que ia comprar um refrigerante e fumar um cigarro ali mesmo. Depois de o carro estar parado, ambos viram um carro da polícia no parque de estacionamento, o que não era invulgar.

Raven foi à loja e, ao dirigir-se para o balcão, ficou sem fala quando viu a mulher atrás do balcão. Não estava sozinha.

Houve outra razão para ficar sem fala: quem estava abraçado à empregada da caixa não era senão o próprio Wyatt. Raven tentou ficar calma, mas já não aguentava mais infidelidades de Wyatt. Chegou ao balcão e pediu calmamente um maço de cigarros.

Nenhuma das pessoas que estava por trás do balcão disse uma palavra e Raven tentou não olhar para Wyatt. Este nem mexeu um músculo como se fosse uma boneca de peluche, sentada numa prateleira. A empregada entregou-lhe o maço de cigarros, Raven pagou, virou-se e saiu.

O suplício tinha acabado. Estava farta da loucura dos dias mulherengos de Wyatt. O problema era que Wyatt não estava farto de Raven e ela ia em breve saber até onde Wyatt Adams era capaz de ir.

~ ~ ~ ~

Wyatt estava habituado a que toda a gente obedecesse às suas ordens, sendo agente da polícia, e em casa não deixava que fosse diferente. Os dias passaram e Raven nunca falou do que viu, mas era claro que Wyatt não era estúpido e sabia que ela ia arranjar maneira de o deixar.

Ela saiu do trabalho no dia seguinte, e foi para casa para preparar o jantar para os dois. Wyatt também parecia estar de bom humor, e o casal sentou-se à mesa, dizendo piadas e rindo juntos, imediatamente antes de o humor mudar. Raven disse a Wyatt:

— Uau! Nada mau para cachorros quentes simples, hein?

Ao que Wyatt respondeu:

— É, estes são mesmo bons.

Raven cometeu um erro e disse:

— É melhor comeres o teu depressa, senão ainda to como.

Palavras erradas. Assim que as disse, a cara dele mudou e os olhos arregalaram-se-lhe. Endireitou-se na cadeira e disse:

— Se tocares no meu cachorro, mato-te.

Raven não voltou a pensar na questão e achou que Wyatt estava a brincar quando o disse.

Raven adorava fazer brincadeiras e divertir-se, por isso, partindo do princípio que as coisas estavam bem entre eles, estendeu o braço como se fosse tocar-lhe no prato. Ao fazê-lo, Wyatt levantou o punho e bateu na cara de Raven. Esmurrou-a com tal força que a atirou da sala da frente para a sala de estar, mais de quatro metros e meio.

Raven usava aparelho nos dentes, e o resultado viu-se. O sangue corria-lhe pela cara abaixo e não conseguia saber de onde vinha. Geralmente, quando Wyatt lhe batia, costumava pôr-se de pé junto dela ao mesmo tempo que a pontapeava na cabeça, cara e barriga, chamando-lhe inútil. O inimigo fica sempre acima da sua vítima quando esta está no chão, e Wyatt conhecia o jogo porque via Raven desafiadoramente como presa.

Quando Raven se esforçava por se desviar de Wyatt antes de ele começar a sua rotina de perseguir e espancar impiedosamente a sua presa, ela foi para o quarto. Sendo agente da polícia, ele tinha uma Colt 45 e uma caçadeira Remington 870 no quarto juntamente com o seu rádio do trabalho.

Raven arrastou-se para os pés da cama e conseguiu puxar-se para cima. Foi quando decidiu que nunca mais ia aceitar que ele lhe batesse. Foi buscar a caçadeira Remington 870, carregou-a e sentou-se na ponta da cama. Ela sabia que ele a ia seguir e, desta vez, teria ela o controlo sobre ele.

No passado, tinha ido falar com os superiores dele e tentado pedir ajuda, mas a irmandade dos agentes há-de sempre suplantar o senso comum. Por isso, não havia ajuda para ela. Já tinha ido falar com os pais dele e tentado contar-lhes dos maus tratos de Wyatt, mas eles ignoraram e disseram-lhe:

— Sabes bem que ele não o faz com intenção.

Um dia até deu um passo mais além e falou com a Associação dos Assuntos Internos, mas quando estava ao telefone a falar com eles, Wyatt apareceu e mostrou-se. Espancou Raven no meio da cidade, em plena luz do dia enquanto os Assuntos Internos estavam ao telefone, ouvindo os maus tratos. Por isso, estão a ver, Raven sabia que ninguém a ajudaria. Recusou-se a contar a Horatio sobre Wyatt, porque se lembrava do sofrimento que todos os seus *ex* lhe tinham trazido no passado, e ficou calada e tratou ela própria do assunto.

Mais uma vez, Deus tinha planos mais altos para Raven. Enquanto ela estava sentada na cama à espera do castigo habitual infligido por ele, reviu tudo o que ele lhe tinha feito. Lembrava-se de uma altura em que comprou um par de calções num centro comercial por doze dólares para caminhar depois do trabalho. Quando chegou a casa, ele bateu-lhe e forçou-a a devolvê-los à loja.

A mente de Raven foi inundada por coisas por que tinha passado com Wyatt. Também se lembrou de uma altura em que ele se zangou com ela porque tinha a certeza de que um homem loiro de olhos azuis tinha manifestado interesse por ela. Isto, aos olhos de Wyatt, merecia mais do que um espancamento. Por aquele incidente, o castigo foi despir Raven, pegar nas algemas e prendê-la ao frigorífico. Ali a deixou três dias sem poder ir ao quarto de banho, sem comida nem água. Não lhe deu nenhum alimento naqueles três dias.

Doutra vez, ficou zangado porque Raven chegou a casa dez minutos mais tarde, e ele achava que devia ter estado a traí-lo com o homem loiro de olhos azuis. Para Wyatt, o castigo tinha de ser inusitado. Esperou que ela chegasse a casa e que entrasse pela porta, agarrou-a e esbofeteou-a algumas vezes, despindo-a e atirou-a para a rua. De seguida, fechou a porta à chave, deixando-a ao frio, com fome e nua toda a noite.

Depois destas recordações de horrores lhe invadirem a mente enquanto esperava que Wyatt entrasse pela porta, aconteceu um milagre, e, pela primeira vez nos três anos em que estiveram casados, ele não a seguiu. Raven acabou por adormecer e Wyatt foi-se embora fazer o seu turno da meia-noite. Foi o melhor para todos porque, antes de o sol nascer, Raven acordou num estado de espírito diferente.

Levantou-se, olhou-.se ao espelho e disse em voz alta para o espelho, como se estivesse a falar consigo própria:

— Não posso continuar nisto. — Olhou para a boca, viu que estava rasgada e disse: — Não, NÃO vou tolerar mais isto.

Uma mudança estava prestes a operar-se, e pela primeira vez, ela ia dar passos para resolver os seus próprios problemas. Ela sabia que ele ia sair e que dentro em breve estaria em casa. Correu para o quarto de banho, lavou a cara, pegou na escova de dentes, vestiu a T-shirt, calças de ganga e sapatilhas, pegou na carteira e nas chaves e saiu pela porta fora pela última vez, pelo menos era isso que pensava. Foi a um telefone público e fez uma chamada antes de se fazer à estrada. Telefonou a Horatio e disse:

— Pai, preciso de dez dólares e por favor, não me perguntes para quê. Explico depois.

Horatio conduziu quatro horas só para lhe trazer os dez dólares.

Ela pegou no dinheiro e meteu nove dólares de gasolina no carro e usou um dólar para comprar um maço de cigarros. Entrou novamente no carro e partiu para o pôr-do-sol sem pensar duas vezes. Tinha tomado uma decisão: para estar mal podia estar sozinha, e nunca mais ia permitir que os maus tratos continuassem.

Episódio XXII: Debaixo do Nariz

Raven tinha decidido que estava farta de ser o saco de boxe de toda a gente, ao partir sem rumo. Temia que sair da sua cidade significasse perder o emprego no banco. Decidiu tirar uns dias, afastar-se e arranjar um plano, além disso, sabia que assim que Wyatt descobrisse que ela tinha desaparecido, ia andar à procura dela.

Depois do quarto dia em Tennessee, Raven lembrou-se que tinha uma velha amiga da universidade, que tinha uma irmã que vivia na cidade onde ela trabalhava. Telefonou à amiga e contou-lhe a situação com Wyatt. A amiga disse-lhe para ir para o apartamento da irmã e podiam as duas partilhar a renda, o que lhe permitia ficar lá. Raven voltou para a cidade e foi para o apartamento da irmã da amiga, não sabendo que Wyatt andava numa correria desvairada, e que tinha toda a força policial em todas as quatro esquadras à procura dela.

Raven chegou, nessa noite, ao apartamento da irmã da amiga. Aparentemente a antiga colega de universidade já tinha telefonado à irmã e explicado tudo sobre aquilo por que Raven estava a passar.

Toda a gente se pôs à vontade para passar a noite, e mais tarde alguém sugeriu sair para tomar umas bebidas. Disseram a Raven que tinham um lugar onde gostavam de ir e que sabiam que os agentes da polícia o não frequentavam. Esta informação fez Raven sentir-se mais à-vontade e todos concordaram em sair.

Decidiram levar o carro de Flynt Barnes, que era amigo da irmã com quem Raven ia passar a viver, por saberem que Wyatt não conhecia o carro dele e nem a ele. E todos acharam que Raven estaria segura.

No clube, Raven nem acreditava quanto se estava a divertir. Sentia-se livre, mais livre do que alguma vez sentiu, e liberta de problemas, de *ex* e de dramas. Por volta das três da manhã, voltaram todos para o apartamento. Quando chegaram lá, Tamara foi para o sofá grande e adormeceu, e o amigo de Flynt foi para casa. Raven decidiu deitar-se no chão e ver televisão, e pouco depois de começar a ver um programa, Flynt veio ter com ela e deitou-se no chão ao lado dela.

Naquela noite, enquanto Raven estava ali deitada a pensar sobre tudo o que lhe tinha acontecido, ficou esmagada pelas emoções e as lágrimas corriam-lhe pelo lado da cara. Flynt notou que Raven estava a chorar e, com a mão, limpou-lhe suavemente a cara, abraçou-a pela cintura e disse-lhe suavemente:

— Agora estás bem. Acabou. Fecha os olhos e descansa a mente.

Flynt disse-lhe que ia ficar ali aquela noite e que não sairia do seu lado. Este foi o início de uma coisa maior, porque Raven sentia o espírito dele quando estava deitado ao seu lado, e para ela, os seus atos de preocupação eram genuínos.

Talvez precisasse que outra alma sentisse o sofrimento em que ela estava e lhe enchesse o vazio que tinha no coração. Ela soube que tinha de deixar Wyatt para sempre.

~ ~ ~ ~

Raven voltou do trabalho uma tarde e o grupo decidiu jantar juntos no apartamento de Raven e Tamara. Os homens eram bons cozinheiros, portanto ofereceram-se para trazer a comida e as raparigas faziam o resto. Depois do jantar naquela noite, toda a gente ficou a conviver, a ouvir música e conversar e depois...

Truz, truz, truz. Tamara foi atender a porta, mas antes de o fazer, decidiu olhar pelo óculo. Quando olhou para fora, deu um salto para trás e ficou sem respiração.

Virou-se e estava pálida. Olhou para toda a gente e mexeu os lábios sem fazer qualquer som, e disse:

— É ele.

Toda a gente se endireitou rapidamente ao mesmo tempo que Flynt fazia a pergunta.

— Quem é ele?

Tamara respondeu:

— Wyatt.

Este estava a bater à porta com tanta força que se ouvia em todo o complexo. Pum. Pum. Pum. Bateu na porta com força ao mesmo tempo que gritava:

— Raven, sei que estás aí dentro. Só quero falar contigo. Temos de falar sobre isto.

O amigo de Flynt rapidamente sussurrou:

— Não, Raven. Não faças isso. É um truque.

Flynt concordou e disse a Raven:

— Por favor, não o faças. Não vás lá fora.

Tamara afastou-se da porta e foi para junto de Raven, agarrou nela, colocou-lhe uma mão no ombro outra no peito e disse:

— Não, Raven, não confies nele. Está a mentir. Não saias.

O que não sabiam era que Raven continuava apaixonada por Wyatt, e tinha esperança e rezava para que ele mudasse. Raven afastou-se de Tamara quando Wyatt batia na porta incessantemente, chamando Raven e suplicando que ela falasse com ele.

Raven acreditou que Wyatt só queria falar com ela. Lá no fundo, sabia que algum dia iam ter de falar. O problema era que toda a gente que estava no apartamento sabia que Wyatt estava a ter dificuldade com a separação e ouviam o desespero na voz dele quando gritava por Raven.

Raven passou por toda a gente enquanto apelavam para que não abrisse a porta, mas apesar dos gritos de «Não tires a corrente», ela tirou-a e, ainda nem estava aberta, Wyatt deu um empurrão à porta e entrou.

Deitou rapidamente a mão a Raven e puxou-a para fora do apartamento, agarrando-a como se fosse uma boneca de trapos, e depois pô-la ao ombro. Raven gritava ao lutar contra o agente enorme e poderoso, mas foi em vão. Wyatt, que fazia *body-building*, passava todo o tempo livre a preparar o corpo para o seu trabalho na polícia. A pequena estrutura corporal dela não estava à altura da dele.

Desceu três lances de escadas com ela aos ombros, enquanto ela lutava e gritava, suplicando:

— Por favor, Wyatt não, por favor, santo Deus, não.

Quando meteu Raven no carro, toda a gente no complexo já tinha sido alertada. Todos olhavam, impotentes enquanto ele a segurava no carro, com ambos os pulsos dela numa mão e conduzia com a outra. Os gritos ouviam-se a ecoar pelo parque de estacionamento, ao mesmo tempo que eles arrancavam a toda a velocidade e desapareciam.

A colega de apartamento e os amigos de Raven chamaram o 112, outros cidadãos do complexo de apartamentos estavam a fazer a mesma coisa. Wyatt chegou à casa que os dois tinham partilhado, parou e arrastou Raven do carro pelas pernas. Raven continuava a tentar defender-se de Wyatt, mas ele tinha-a bem presa e não se conseguiu escapar. Puxou Raven pela porta da frente enquanto os vizinhos olhavam tão impotentes como os do complexo de apartamentos de onde Raven tinha sido raptada. Ele fechou a porta à chave e desceu os estores. Raven ficou aterrorizada quando viu Wyatt vir para ela. Correu pela cozinha, para a entrada do quarto.

Wyatt voou para Raven e placou-a como no beisebol, fazendo-a cair junto da beira dos pés da cama. Ela só viu raiva nos olhos dele quando ele lhe disse:

— Minha menina, nunca me vais deixar, isso te posso garantir.

Quanto mais Raven tentava empurrar Wyatt de cima dela, mais ele a esbofeteava e esmurrava.

Parecia ter prazer em ver Raven a tentar sair debaixo dele já que se tinha atravessado em cima do corpo dela, prendendo-a. Wyatt levantou-se e agarrou a cara de Raven e pô-la ao nível dos olhos dele:

— Nenhum outro homem pode ficar com o que é meu.

Depois despiu Raven e violou-a. Sempre que ela gritava por ajuda, Wyatt socava-a na cara e dizia-lhe:

— Tu és a minha mulher. Posso fazer o que me apetecer.

Sempre que ela gritava o quanto o odiava, ele só sorria e cada vez que ela tentava sair debaixo dele, esbofeteava-a com mais força e dizia-lhe:

— Não, não vais a lado nenhum. És minha.

Raven gritava por ajuda, e por instantes, parecia que estava no mundo sozinha, mas quando estava prestes a desistir, ela viu. Começou a ver luzes azuis do lado de fora da janela enquanto Wyatt a violava. Ouviu então as sirenes, que pareciam soar mais alto do que os gritos dela. Começou a gritar por ajuda outra vez. Alguém tinha ouvido e visto Wyatt a raptá-la, e houve inúmeras chamadas que chegaram ao 112 ao mesmo tempo. Então, a polícia foi enviada para o local. O problema agora era que não era só a polícia que estava à porta de Wyatt, mas o seu chefe e muitos colegas com um megafone. Levantou-se, apertou as calças, puxou Raven para fora da cama e atirou-lhe uma toalha.

O chefe da polícia usou o megafone do carro da polícia e disse a Wyatt para sair e soltar Raven, mas Wyatt não lhe dava ouvidos. Nem pensar. Agarrou Raven pelo braço e arrastou-a para a cozinha para poder espreitar para fora pela janela e ver quem lá estava.

O chefe continuou a ordenar a Wyatt que fizesse o que lhe era pedido e que se lembrasse de como devia fazer o seu trabalho, e que não devia arriscar o seu emprego por causa disto. Wyatt partiu um copo no chão e apanhou um bocado grande com a mão direita ao mesmo tempo que puxava Raven para ele e a empurrava contra a parede junto da porta da frente.

Encostou o vidro partido ao pescoço dela. Ao mesmo tempo, ouviu a voz do seu supervisor a chamá-lo para baixo outra vez, dizendo-lhe que deixasse Raven sair e salvasse a sua carreira. Wyatt cravou um olhar de morte nos olhos de Raven, ao encostar a testa dele à dela e numa voz profunda e angustiante, sussurrou-lhe:

— Amo-te tanto que prefiro ver-te morta do que com outro homem.

Raven convenceu-se que aquele homem estava prestes a matá-la para a impedir de o deixar. Começou a suplicar pela vida, dizendo-lhe:

— Querido, por favor não faças isto. Não temos de ser assim.

A única coisa que sabia era que precisava de sobreviver àquela noite, e para o fazer, teria de convencer Wyatt que havia uma possibilidade de ficarem juntos.

O chefe de Wyatt fez um último pedido para Wyatt libertar Raven sem lhe fazer mal, e, desta vez, Wyatt caiu em si. Lentamente deixou o vidro partido cair-lhe ao lado, ao mesmo tempo que as lágrimas lhe caíam pelas faces abaixo. O aperto tinha-se soltado um pouco e começou a acariciar o braço de Raven e a dizer:

— Não te posso perder. Amo-te, Raven. Não entendes.

Soltou Raven. A irmandade azul protegeu-o mais uma vez, e não foi feita queixa.

PARTE VII: Agora, Para Que Lado Vou ?

Episódio XXIII: Senhor, Ouvi As Minhas Súplicas

Tendo sobrevivido por um triz ao ataque à sua vida levado a cabo por Wyatt, Raven saiu da casa que tinham partilhado como casal, perturbada, em lágrimas e abalada, mas ainda viva. Aparentemente a sua colega de apartamento, Tamara, e os dois jovens tinham vindo para onde Wyatt tinha Raven como refém durante o impasse com a polícia. Esperaram pacientemente à distância e num local seguro para saberem o resultado do confronto.

Raven deixou a cena e voltou para o apartamento com os amigos, mas, de alguma maneira as coisas nunca mais seriam as mesmas para ela.

~ ~ ~ ~

Passaram meses e Raven estava agora numa relação com Flynt Barnes e acabaram por ir viver juntos num apartamento T1 no mesmo complexo. À medida que o tempo passava, aquela relação começou a ter semelhanças com as relações passadas de Raven, porque depressa se tornou violenta e Raven já não estava feliz com Flynt. Também ele se tinha tornado dominante, possessivo e extremamente combativo. Raven via a relação como sendo tóxica e já tinha começado a pensar nas coisas e no seu futuro a uma luz diferente.

A Linhagem Bronze da Fénix

Uma noite Raven ouviu falar de um jogo de futebol universitário que estava a acontecer na cidade onde vivia. O jogo era contra a universidade que ela e Wyatt tinham frequentado.

Raven e algumas das suas antigas amigas da universidade viviam no mesmo complexo de apartamentos e tinham começado a andar juntas. Todas tinham decidido ir ao jogo para apoiar a velha *alma mater*, que significava a velha universidade ou escola em que se andou.

Toda a gente estava empolgada com a grande noite do jogo uma vez que era o mais importante de todo o ano. Quando a noite do jogo chegou, toda a gente parecia estar a divertir-se muito e uma das amigas de Raven notou que Wyatt, ele mesmo, estava sentado a pouca distância do grupo.

Raven e Wyatt não se viam há bastante tempo. Embora tivessem intenção de meter os papéis do divórcio, ainda estavam apaixonados um pelo outro. Não interpretem mal, Raven e Wyatt eram pessoas inteligentes, boa gente, o problema era apenas que não eram um para o outro.

Wyatt detetou Raven como um leopardo sente a presa, quando ela ia ao bar buscar bebidas, e rapidamente se dirigiu para ela. Começaram a conversar, e via-se, ainda que Raven soubesse do feitio de Wyatt, que ela gostava dele e tinha dificuldade em ignorar o seu charme. Quando a conversa terminou, Raven voltou para juntos das amigas, e a noite prosseguiu sem drama.

Não obstante uma das amigas de Raven, Lula, ter dito a Raven que sabia que Wyatt ainda gostava dela, uma aproximação podia ser arriscada. Raven ouviu o comentário de Lula mas não fez caso. Obviamente, Lula sentiu qualquer coisa que Raven — logo ela — não detetou, e que era uma situação perigosa.

À medida que a noite chegava ao fim, ela e as amigas fizeram uma última paragem antes de voltarem para os seus apartamentos, mas Raven não sabia que Wyatt as tinha seguido.

Quando as raparigas pararam no parque de estacionamento, Wyatt fez o mesmo. Elas saíram do carro e foram para as escadas para os seus apartamentos. Nesse momento, Wyatt chamou o nome de Raven. Tenha o leitor em mente que Raven ainda não tinha esquecido Wyatt, e que não tinha aprendido que ela e Wyatt queria dizer problemas.

Raven disse às outras raparigas para irem andando porque ela ia ver o que se passava com Wyatt. Os dois ficaram junto do carro a falar. Raven baixou imprudentemente a guarda, e sem aviso, Wyatt mais uma vez a agarrou e começou a confessar o seu amor profundo e apaixonado por ela. Raven não queria que Wyatt lhe tocasse ainda que quisesse ouvir o que ele tinha para dizer. Quando a agarrou, ela retirou o braço. Foi isto que fez Wyatt começar, e sem pensar, prendeu Raven com as duas mãos e atirou-a para cima da capota do carro.

A Linhagem Bronze da Fénix

Ela lutava desesperadamente para se libertar do aperto de Wyatt enquanto lhe dizia para sair de cima dela, o que parecia dar mais força a Wyatt. E, de repente, Wyatt pegou na cabeça de Raven e bateu-a contra a capota do carro, ao mesmo tempo que confessava o seu amor eterno por ela.

Os residentes dos apartamentos ouviram a agitação e vários já tinham chamado a polícia para uma cena de violência doméstica, que parecia estar a ter lugar no parque de estacionamento.

Entretanto, ela esforçava-se por levantar a cabeça que Wyatt esmurrava brutalmente. Quando viu o sangue a correr-lhe do ouvido esquerdo, abrandou a pancada o suficiente para ela se libertar e correr para os apartamentos.

Correu o mais depressa que pôde, pedindo ajuda simultaneamente. Conseguiu chegar à porta de Lula. Ouvindo Raven bater desesperadamente na porta, Lula depressa abriu a porta, puxou Raven para dentro e fechou-a à chave outra vez.

Lula começou a examinar Raven à procura de ferimentos. Antes de poderem determinar a extensão das lesões, houve uma pancada forte na porta. Era Wyatt. Ele tinha vindo atrás dela sem que ela o visse, e agora o seu atacante estava à porta. Lula ouviu-o a gritar o nome de Raven e a martelar-lhe na porta. Disse a Raven para se não mexer nem dizer nada.

Lula respondeu a Wyatt, dizendo-lhe que deixasse de lhe bater na porta e que Raven não o queria ver. Ele respondeu-lhe que o que Raven queria não interessava, que ia vê-la de uma maneira ou de outra.

Ela soube então que as duas estavam numa situação difícil. Foi à carteira e tirou uma arma de fogo pequena de senhora. Apontou para a porta e disse a Wyatt:

— Sai-me da porta. Sai já.

Wyatt sempre tinha sido teimoso e pensava que tinha o controlo das coisas por ser polícia. Com o pé, desfere um pontapé na porta. Lula deu um passo atrás e disse:

— Wyatt, sai da minha porta. Tenho uma arma e vou usá-la se não te fores embora, e já.

Wyatt e Lula conheciam-se desde os tempos da universidade, e quer fosse o facto de os vizinhos terem chamado a polícia ou por Lula o ter avisado que tinha uma arma, Wyatt decidiu ir-se embora. Raven soube naquela noite que Wyatt havia de a encontrar um dia e matá-la. Já não estava disposta a pôr outras pessoas em perigo.

Episódio XXIV: Sonho A Cores

Agora que Raven finalmente compreendia que nunca estaria segura se Wyatt tivesse acesso a ela, não teve escolha senão rezar a DEUS por causa dos seus problemas. Sentou-se uma tarde com Lula, e ambas as raparigas analisaram tudo o que tinha acontecido na relação dela com Wyatt, e como as coisas se tinham tornado tão perigosas para ela. Com tudo o que tinha passado, Raven tinha ido ao psiquiatra para a ajudar a resolver a sua vida desajustada, especialmente desde que Eliza tinha morrido. E Raven estava sozinha. O que ele lhe disse foi que, se se afastasse de toda a gente, ela talvez percebesse que não queria ninguém na sua vida por uns tempos.

Raven tomou o conselho do médico a peito e falou com Lula sobre ele, mas esta tinha uma opinião diferente. Raven tinha-lhe dito que acreditava que era demasiado boa para os homens que lhe apareceram na vida; que achava que se dava demasiado a eles e que eles se aproveitavam dela. Lula não concordou. Disse-lhe que o que tinha de acontecer era que não devia parar tudo o que estava a fazer por causa de um homem, mas mudar a pessoa para quem o faz. Que devia encontrar alguém que a merecesse e que apreciasse as coisas que ela fazia por eles.

Tudo começava a fazer sentido para Raven.

Depois de passar algumas semanas a pensar profunda e longamente sobre tudo o que já lhe tinha acontecido, pensando na perda de Eliza, na sua relação tensa com Horatio, em todas as relações falhadas e maus tratos que tinha sofrido, Raven tomou uma decisão.

Foi uma decisão drástica mas importante. Queria ver a sua velha amiga Megan que estava na sua terra natal, e precisava de ver o pai. Portanto planeou uma viagem. Ia levar quase quatro horas para ver Megan e o pai, mas primeiro queria passar algum tempo com Megan. Telefonou-lhe e disse-lhe que estava a caminho de casa para passar o fim-de-semana, e Megan concordou em encontrar-se com ela. Conduziu pela estrada solitária e teve quase quatro horas para pensar. Quando chegou junto de Megan, sabia bem lá no fundo o que tinha a fazer. Encontraram-se num pequeno café na cidade, que era um dos sítios preferidos de Raven. Enquanto estavam sentadas a falar e a rir, Raven anunciou:

— Meg, vou-me embora.

Megan foi apanhada de surpresa e disse:

— Vais-te embora? Mas acabaste de chegar.

Raven respondeu:

— Não, tonta. Quero dizer que vou sair deste estado.

Megan estava estupefacta e nem tinha a certeza de ter ouvido bem. Raven olhou para Megan e disse:

— Então, menina tonta, diz qualquer coisa — ao mesmo tempo que sorria satisfeita consigo própria.

Megan olhou para Raven e disse:

— Não achas que é um pouco aquela coisa do Wyatt?

Raven disse-lhe:

— Não, não vou deixar este estado por causa de Wyatt: é por causa de mim.

Tentou explicar a Megan que precisava de se encontrar e voltar a tomar as rédeas da sua vida. Sentia que nunca tinha tido verdadeiramente controlo sobre o seu próprio destino e que tinha perdido o domínio das coisas, que tinham escalado para um estado de desconforto, inquietude e com demasiados conflitos. Megan olhou para Raven e perguntou para onde ia. Raven respondeu sem hesitação:

— Para as forças armadas.

Megan sentou-se para cima na cadeira, virou a cabeça para Raven e disse com uma expressão estranha e confusa:

— Vais fazer o quê?

Raven respondeu-lhe outra vez que ia para a vida militar. Megan ficou em choque, porque não acreditava que, com a idade que as duas tinham, Raven pudesse sequer perder tempo com essa ideia.

Tinham ambas vinte e oito anos de idade.

Megan lembrou a Raven:

— Tu não consegues acompanhar todos aqueles adolescentes. Sabes que a maior parte das pessoas que vai para as forças armadas está a acabar de sair do ensino secundário, e não estamos nessa idade. Não somos adolescentes.

De qualquer maneira, esta conversa não inquietou Raven. Sempre tinha sido uma mulher de vontade forte, teimosa e tenaz, e quando metia uma ideia na cabeça, não havia quem lha tirasse.

Raven sabia que tinha de falar a Horatio da sua decisão e esperava que ele ficasse orgulhoso dela por fazer aquela escolha. Ele já tinha dito a Raven que acreditava que ela tinha de sair da cidade; que Wyatt não ia descansar enquanto não a matasse. Horatio achava que Wyatt tinha problemas mentais e temia pela segurança de Raven. Embora Megan não gostasse da ideia, não tinha alternativa senão apoiar a decisão de Raven e esperar que fosse o melhor para a amiga. Concordou em ir com ela para dar a notícia a Horatio, mas primeiro Raven tinha de fazer uma paragem que queria fazer.

Havia uma senhora idosa na cidade que tinha nascido com um dom especial. Tinha o dom da precognição: alguém que consegue ver futuros acontecimentos. Raven estava curiosa por ver o que a idosa tinha a dizer sobre o seu futuro. As raparigas arrancaram para casa da senhora para obterem uma leitura para Raven. Ao pararem em frente à casa, Raven viu uns objetos estranhos no alpendre da frente e Megan disse a Raven:

— Talvez devêssemos dar meia volta e ir embora.

O alpendre estava enfeitado com carcaças de animais embalsamadas na parte da frente e junto da porta. As raparigas entraram pela porta da frente, e foram cumprimentadas por uma idosa encantadora. A mulher parecia sorrir de uma maneira autossatisfeita como se já estivesse à espera delas. Caminharam até ela e apresentaram-se.

A senhora olhou para Raven e disse:

— Pois, tenho estado à sua espera.

Isto apanhou as duas amigas de surpresa porque só tinham decidido vir duas horas antes, então, como podia ela saber que iam chegar? A senhora convidou Raven a sentar-se a uma mesa que tinha preparado para a leitura. Relutantemente, Raven puxou uma cadeira, assim como Megan. A idosa pegou na mão de Raven e começou a passar-lhe os dedos pelas linhas da palma da mão.

Disse a Raven que o seu futuro estava prestes a mudar e que havia um homem que traria mudanças positivas à sua vida. Continuou, dizendo que ia conhecer aquele homem muito brevemente. Sendo curiosa, Raven perguntou à senhora como saberia quem era o tal homem. Ela disse-lhe que ele ia usar vincos em tudo o que usava e que seria alto, escuro e muito bonito e bem arranjado.

Parecia estranho para Raven e riu-se porque tinha ouvido aquela expressão só na televisão e em filmes, e toda a gente conhece um homem alto, escuro e bonito nos filmes.

A idosa fez Raven parar abruptamente de rir porque lhe disse:

— Vai conhecê-lo porque ele vai colocar-lhe um anel de dois quilates no dedo.

E disse-lhe que aquele homem seria o pai dos seus três filhos.

Para Raven este era o maior disparate que já tinha ouvido, porque já sabia que não podia ter filhos. Sabia que a idosa não sabia o que estava a dizer e não era fiável.

Quando terminou, Megan estava curiosa quanto à leitura de Raven e, então, falaram e riram-se daquilo tudo, a caminho de casa de Horatio, que pareceu ficar contente por ver a filha e acolheu ambas as raparigas de braços abertos.

Entraram todos em casa e sentaram-se com uma expressão desatinada na cara. Horatio notou que as raparigas tinham aspeto de quem estava a preparar alguma partida, e perguntou:

— O que andam a fazer que estão a sorrir de orelha a orelha?

Megan estava ansiosa por ver a reação de Horatio à decisão de Raven e depressa anunciou:

— Rave tem uma coisa para lhe dizer, não tens, Rave?

Raven tinha planeado dizer a Horatio mas queria esperar até um pouco mais tarde na visita, mas já que Megan não conseguiu ficar com a boca calada, decidiu por que não dizer-lhe logo?

Olhou para Horatio e disse:

— Pai, tenho uma coisa para te dizer. Decidi ir para as forças armadas.

Raven esperava ver um olhar de agrado na cara do pai, mas ele disse:

— O quê? Estás maluca? Ninguém vai para as forças armadas em tempo de guerra.

Estão a ver, os Estados Unidos tinham entrado numa campanha chamada «Tempestade no Deserto», que começou no dia um de agosto de mil novecentos e noventa, e Raven já tinha decidido no final de junho tirar uma licença sem vencimento. Horatio ficou horrorizado que a filha escolhesse fazer tal coisa numa altura daquelas.

Horatio tinha servido durante a Segunda Guerra Mundial e sabia que ela podia ser chamada para pôr a vida em jogo. Ele queria que ela se afastasse de Wyatt, mas mandá-la para a guerra não era bem o que tinha em mente.

Ficou irritado, e com voz de trovão, disse a Raven:

— Bolas, Raven, quanto mais velha, mais burra. Ninguém no seu juízo perfeito se inscreve na vida militar em tempo de guerra.

Aquela não era a reação que ela esperava do pai, e mais uma vez, em vez de lhe dizer que estava orgulhoso dela, insultou-a. Desta vez, Raven não discutiu com Horatio. Pôs-se de pé, olhou para Megan e disse-lhe para se irem embora.

Se Horatio insultou Raven intencionalmente com as suas palavras duras, ninguém saberia nunca, mas aquela declaração atingiu Raven em cheio, como uma faca. Quando Megan e Raven saíram da porta, ela estava mais determinada do que nunca a ir em frente, inscrever-se, fazer o juramento e ganhar o seu lugar na Força Aérea dos Estados Unidos como soldado, tal como a mãe, Eliza, o pai, Horatio e o avô, Chapman, fizeram no exército tantos anos antes. Nada nem ninguém a ia impedir. Não sabia que toda a sua vida ia conduzi-la ao destino e acontecimento que havia de mudar o curso da sua vida para sempre.

Episódio XXV: A Oração do Anjo Azul

Sem hesitação, Raven e Megan saíram da casa de Horatio e voltaram para a cidade porque Raven tinha umas coisas para fazer. Uma dessas coisas era encerrar em paz a relação com Flynt Barnes. Na sua opinião, a relação não estava a resultar para nenhum dos dois, e queria que ele soubesse que ela tinha decidido entrar para a força aérea, e que estava de partida. O que não ia fazer era dizer a Wyatt. Sabia que ele não ia ficar a vê-la ir sem fazer nada; ele não ia permitir-lhe partir sem luta.

Raven queria voltar ao seu antigo lugar preferido, para visitar a sua antiga colega de apartamento e amigos da universidade e encontrar-se com o seu recrutador. Então, partiu para a longa viagem. Enquanto conduzia pela estrada fora, contando com uma viagem de quatro horas, a memória passou em revista as razões que a tinham trazido até esta decisão que lhe ia mudar a vida. Pensou numa conversa que ela e Wyatt tinham tido algum tempo antes quando ele lhe disse que a razão por que tinha casado com ela era porque sempre tinha querido casar com uma Havaiana, com uma bela pele e cabelo comprido, e para ele, Raven encaixava-se nesse perfil e tornava-lhe o sonho realidade.

Ela lembrou-se de como essa declaração a tinha feito sentir usada, e finalmente percebeu que o amor não fazia parte daquela equação conjugal. Só o seu aspeto contava para Wyatt. Ele não sabia o significado de amar.

Esta constatação magoou Raven porque ela amava Wyatt, mas os maus tratos físicos, verbais e mentais tinham deferido o amor para um lugar recôndito e quase esquecido. Preferia estar sozinha do que ser uma boneca na prateleira para gáudio dos olhos de um homem qualquer.

Raven passou pelas casas de toda a gente para lhes contar a sua decisão. Todos ficarem empolgados por ela. Quer dizer, exceto Flynt.

Raven encontrou-se com um recrutador e fez tudo o que era exigido para entrar para as Forças Armadas. Até teve de ter uma autorização porque estava no limite da idade. Raven tinha-se inscrito para se tornar um membro orgulhoso das Forças Armadas dos Estados Unidos, e partiu no dia onze de dezembro de mil novecentos e noventa. Agora estava feito. Raven tinha acabado de dar um novo passo na direção certa, e sabia que, com a rigidez da disciplina militar e segurança na base, nunca mais ia ter de se preocupar com Wyatt.

~ ~ ~ ~

Uma das regras para entrar na vida militar era que o recruta passasse a última noite num hotel antes de se tornar membro ativo ao serviço. Por isso, na noite antes de partir, foi o que Raven fez.

A Linhagem Bronze da Fénix

Naquela noite, não conseguindo dormir, pôs-se de joelhos, lavada em lágrimas quando se lembrou que a vida lhe tinha desferido tantos golpes que estava destroçada, cheia de nódoas e vazia por dentro. Começou a rezar como nunca tinha rezado antes. Virou-se para DEUS, totalmente oca, com lágrimas nos olhos como um frágil pedaço de cristal de onde tinham tirado toda a água, mas ainda estava húmido das gotas de lágrimas. Falou com DEUS e disse:

— Senhor, venho junto de Ti vazia, sem mais nada para Te dar. Estou quebrada, exausta e vencida. Por isso, meu Senhor, venho perante Ti e peço-Te para um dia me mandares alguém que me ame metade do que eu sou capaz de o amar, e nunca o abandonarei. Peço isto em nome do Pai do Filho e do Espírito Santo. AMEN.

Raven voltou para a cama nessa noite, assustada, cansada e sendo apenas uma concha de si própria. E adormeceu.

No dia seguinte, meteu-se no avião, deixando a sua vida anterior para trás, sem ter a certeza do que amanhã lhe traria. Mas tinha a certeza de uma coisa: o que quer que tivesse guardado para ela, ia fazer-se gente e enfrentá-lo sozinha. O seu plano era chegar a tenente, e depois de ter completado esta missão, ia finalmente adotar uma criança e ser mãe solteira, porque já não estava disposta a sofrer às mãos dos outros, nem aceitar maus tratos só para ter um companheiro.

O avião aterrou e Raven encontrou-se num mundo que nunca tinha visto, composto de centenas de jovens adolescentes, enquanto ela estava com vinte e nove anos.

Viu recrutas a correr do ponto A para o ponto B por toda a base, ao mesmo tempo que ouviu uma voz forte e detestável berrar:

— Recrutas, formar!

Aquilo estava prestes a levar Raven a um novo nível de autodisciplina, e depressa ia ficar a saber que já era uma grande candidata à disciplina.

Passaram alguns dias, e Raven era agora recruta. Os instrutores andavam à procura de músicos. As pessoas referem-se a um Instrutor de Treino Militar (também conhecido como Instrutor) como IT. Raven tinha tocado toda a sua vida, por isso os ITs tiraram Raven do seu esquadrão normal e colocaram-na no United States Drum and Bugle Corps. Raven aprendeu a tocar todos os instrumentos, exceto a guitarra, ao longo da sua carreira musical.

O novo instrumento que lhe estava atribuído eram agora tambores de aço usados nas marchas, que podiam pesar mais de vinte e cinco quilos. Raven estava à altura do desafio embora ela só pesasse cinquenta e cinco quilos. O engraçado é que Raven não se importava porque gostava de música e aquilo era um mimo para ela.

Cada dormitório tinha um chefe de dormitório. Os chefes de dormitório tinham a responsabilidade de garantir que todas as ordens eram cumpridas e que todos os requisitos eram satisfeitos na ausência dos ITs. Dizia-se que a maior parte dos chefes de dormitório não faziam muitos amigos porque eram os responsáveis do esquadrão, mas não foi este o caso de Raven.

Quando chegou ao seu esquadrão, tinham colocado uma jovem como chefe de dormitório, mas dentro de uma semana, foi afastada porque achavam que não tinha as qualidades de uma líder. Quem seria a substituta que iam escolher?

Depois de os instrutores ponderarem as perspetivas do esquadrão de Reese, acharam que já sabiam quem tinha as qualidades que o regime militar precisava para ser responsável por aquele esquadrão: Reese. Isso mesmo. Raven Reese estava a ser colocada na posição de chefe de dormitório das mulheres que pertenciam ao Drum and Bugle Corps. As palavras de Horatio tornaram-se realidade. Antes de ela partir para entrar para as forças armadas, Horatio disse a Raven que quando lá chegasse, iam dar-lhe a responsabilidade de certas coisas.

Raven Reese ia finalmente rir por último daqueles que a tinham ridicularizado e evitado ao longo da sua vida, chamando-lhe inútil, estúpida, fraca e burra.

Agora a mesma mulher que tanto tinha sofrido às mãos dos outros era a mesma que as Forças Armadas dos Estados Unidos acreditavam que tinha a capacidade para liderar o seu esquadrão de recrutas até à vitória do juramento de bandeira.

Raven estava ansiosa por telefonar para casa e dizer ao pai que tinha razão. A propósito, seria a primeira vez na vida que Raven dizia ao pai que tinha razão fosse no que fosse. Então, aquele ia ser um momento para ser lembrado pelos dois.

As semanas passaram e as coisas tornaram-se mais duras, mas Raven Reese conseguiu aguentar não só as suas novas responsabilidades como chefe de dormitório mas também os seus deveres como recruta. À medida que as últimas semanas de formação chegavam ao fim, foi chamada ao departamento de pessoal, onde foi informada de que havia um erro administrativo que tinha sido feito relacionado com o seu posto.

Disseram-lhe que o seu recrutador devia tê-la admitido como tenente mas que lhe tinham dado o posto errado.

Explicaram-lhe que iam fazer a correção logo que a sua formação técnica acabasse.

Ser tenente tinha sido o sonho de Raven desde sempre.

Embora Raven estivesse agora naquele novo mundo da formação militar, ela continuava com a mesma oração que tinha feito antes de vir para o serviço militar e nunca se esqueceu de incluir DEUS nas suas preces diárias.

Naquele período, tinha tido algumas surpresas do seu esquadrão. Dizem que os chefes de dormitório não são muito populares e em toda a sua vida tinha tido problemas com as mulheres que se recusavam a permitir-lhe fazer parte do seu círculo de amigos, mas as coisas tinham mudado. Tinha finalmente encontrado um lugar para a sua personalidade.

~ ~ ~ ~

Quando chegou a hora de desligar as luzes, e com toda a loucura do quartel depois de um dia inteiro de exercício e outros deveres, Raven esqueceu-se de preparar o seu cacifo, uniforme e botas para a inspeção. Adormeceu involuntariamente atravessada na cama do beliche, e entretanto, todas as outras andavam numa azáfama a acabar as últimas tarefas, que Raven lhes tinha distribuído. Ninguém a acordou uma vez que estava cansada das atividades do dia. Toda a gente foi para a cama quando as luzes se apagaram. Estava tudo tranquilo e em silêncio até que a porta se abriu subitamente e a luz se acendeu, e uma voz masculina profunda berrou:

— Pessoal, levantem esse corpo miserável e fora da cama.

Havia três ITs à entrada de braços cruzados e em posição à vontade. Um esquadrão de mulheres assustadas apressou-se a sair da cama abruptamente. Raven pensou que estava a sonhar e levou-lhe algum tempo a acordar, mas quando o fez e viu os ITs, saltou para se pôr em sentido. Mas esperam, também lhe veio à mente que se tinha esquecido de se preparar para a inspeção naquela noite. Só conseguia pensar que estava perdida.

Os cacifos estavam todos fechados como é do regulamento do quartel por segurança, por isso não conseguia ver para dentro do seu, mas sabia que os ITs iam ver o dela, mesmo que não vissem mais nenhum. Afinal, era ela a chefe de dormitório e devia dar o exemplo. Quando os ITs fizeram a ronda, abriram alguns cacifos à bruta, e tiraram gavetas de roupa interior para fora, puxaram botas para inspecionar o que a Força Aérea chamava um 341.

Um 341 é a forma usada para documentar as discrepâncias. Qualquer recruta com senso comum sabia que nunca queria que lhe fosse aplicado um 341. Raven começou a encolher-se à medida que os ITs se aproximavam do seu cacifo porque sabia que, se abrissem a porta, para ela o jogo acabava. Ao chegarem ao seu cacifo, um dos ITs parou mesmo junto de Raven e puxou o boné dele para cima da cara ao olhar para ela e disse:

— Recruta, o seu cacifo, certo?

Raven disse que sim e o outro IT deitou a mão ao manípulo enquanto Raven engolia em seco. Quando a porta se abriu, os olhos de Raven saltaram-lhe das órbitas porque não estava preparada para o que ia ver.

Os seus uniformes estavam impecavelmente pendurados, a gaveta de roupa interior tinha sido dobrada na perfeição e as botas, bem, as botas brilhavam tanto que as podia ter usado como espelho para pôr o batom de que tanto gostava quando estava à civil. Como podia ser? — pensou Raven para si própria enquanto os ITs passavam para o cacifo seguinte.

Raven olhou em volta para o seu esquadrão, sem mexer a cabeça, apenas os olhos, ao mesmo tempo que se mantinha em sentido, e ao fazê-lo, começou a receber piscadelas de olho de cada membro da sua unidade. As piscadelas fizeram o coração derreter-se-lhe. Deu conta de que todo o seu esquadrão se tinha chegado à frente e feito o que nenhuma pessoa na sua vida tinha feito por ela: protegeram-na.

Aquelas eram estranhas completas que se juntaram por decisão das forças armadas, e dentro de semanas, tinham-se unido para proteger uma das delas, alguém que não era só uma das delas mas de quem recebiam ordens.

Depois de os ITs saírem e toda a gente ter passado na inspeção, todas se juntaram à volta da cama de Raven. Esta perguntou quem tinha feito aquilo por ela. Queria agradecer-lhe por a apoiar quando estava tão cansada. Em vez de uma pessoa se chegar à frente, foi o grupo todos de mais de vinte mulheres, que todas disseram simultaneamente, e com vozes erguidas e sorrisos:

— Fomos nós.

A colega de quarto do hospital tinha dado a Raven a alcunha de Roxo, quando era pequena. Parecia que os seus ITs e esquadrão tinham ressuscitado o nome, ainda que não soubessem que o tinha em criança. Parece que toda a sua vida tinha emanado a cor *roxa* como aura e continuava a fazê-lo para onde quer que fosse.

Assim, o esquadrão disse a Raven:

— Roxo, sabíamos que estavas tão cansada, e fazes sempre coisas especiais para nós, por isso quisemos fazer uma coisa especial para ti porque achamos que és uma das chefes de dormitório mais simpáticas que há por aí.

O coração e personalidade de Raven, que afastava toda a gente da sua vida lá fora, era a mesma personalidade que estas mulheres achavam amável. Raven adorava o seu esquadrão feminino e teria feito qualquer coisa para as ajudar. Via-as como as irmãs mais novas que nunca teve, e aquela nova família significava tudo para ela.

Chegou o dia de jurar bandeira, e embora toda a gente tivesse família e amigos que vieram de avião de muito longe para os apoiar naquele dia, Raven não tinha lá ninguém para ela. Mas recebeu a sua fita de fim de formação com o mesmo orgulho que qualquer outra com família lá.

Sentia que tinha acabado de realizar o impossível, uma vez que muitos lhe diziam que era simplesmente velha demais para competir contra adolescentes acabados de sair do ensino secundário. Como de costume, Raven via as coisas de outra maneira, e o que viu foi que não competiu *contra* adolescentes muito mais novas do que ela: tinha competido *com* elas. Naquele dia, tinha ganho não só novas amigas mas uma nova perspetiva sobre a sua vida, e aprendeu que se é Deus que nos põe nas situações, Ele vai, com certeza, conduzir-nos através delas. Sentia que, ao contrário da crença habitual, ela tinha feito o impossível mas que não estava sozinha.

Após o fim da formação, Raven foi para o seu posto de serviço seguinte, que era uma escola de formação técnica em Sawicki, Colorado. Quando chegou, abriu-se-lhe um novo mundo. Um dia, Raven foi para uma aula e ficou doente. Em pequena, tinha um sistema imunitário frágil e estava frequentemente doente. Eliza dava-lhe rebuçados da tosse para a ajudar a dormir à noite, mas o efeito secundário foram cavidades devido ao excesso de açúcar. Também teve problemas com os dentes pelas mesmas razões, e naquele dia, quando adoeceu, foi por causa de um dente. Quando chegou à aula, começou a ter uma pungente dor de dentes. O instrutor deixou-a sair para ir ao dentista, mas antes de lho arranjarem, o dente partiu-se-lhe na boca. As aulas eram diárias e Raven ficou de cama três dias, o que a fez atrasar-se nos estudos.

Quando já estava bem para regressar às aulas, os instrutores decidiram que tinha de ter aulas individuais para se pôr a par.

Mandaram-na descer o corredor para uma sala de aula onde ia receber explicações individuais. Dirigiu-se para o fundo do corredor e sentou-se numa cadeira. A porta abriu-se e um homem entrou.

Não era um homem qualquer, porque imediatamente lhe chamou a atenção ao entrou na sala. Era muito alto, lábios finos, a ponta do nariz mais engraçada que ficava na perfeição entre os olhos mais bonitos que Raven já tinha visto. As feições eram diferentes dos homens que já tinha visto. Para ela, ele era mais do que bonito. Era absolutamente sensual.

Ao entrar e sorrir, Raven ficou hipnotizada por um sorriso que parecia tão em paz. O instrutor dirigiu-se para a mesa e puxou uma cadeira, abriu o livro e começou a dar a Raven as aulas que tinha perdido. O que aconteceu foi que embora aquele homem estivesse a ensinar Raven, ela não conseguia concentrar-se em nada do que ele dizia e, mentalmente, ouvia a sua voz macia e suave e a maneira como cada palavra que ele dizia soava. Por uma razão qualquer, não conseguia tirar os olhos dele, quer dizer, até que ele levantava os olhos dele para ver se ela estava a compreender o que ele lhe dizia, e Raven baixava-os rapidamente como se tivesse ouvido tudo o que ele tinha dito.

Ela também notou que, quando ela baixava os olhos, ele olhava para ela enquanto falava, e Raven sentiu arrepios pela coluna abaixo. O que estava a acontecer-lhe? Por que estava tão intrigada com aquele homem? Por que é que ficava tão confusa com ele?

Tentou recompor-se e fazer o que lhe tinham mandado, mas o seu estado mental estava menos do que estável porque não se conseguia concentrar-se nem um momento noutra coisa que não fosse ele.

Aquelas aulas duraram uma semana, e todos os dias Raven se deparava com o mesmo cenário: com ele a apanhá-la a olhar ele e ela a apanhá-lo a ele.

No fim da semana, as aulas acabaram, mas Raven não conseguia tirar o sujeito da cabeça. Nos dias seguintes, durante os intervalos passeava nos corredores, esperando vê-lo. Entretanto, ela continuava a fazer a mesma oração, pedindo um companheiro, todas as noites incansavelmente. E todos os dias se levantava com uma nova oportunidade na vida. Passou outra semana e começou a acreditar que nunca ia voltar a ver o instrutor e que estava na hora de seguir em frente para a fase de formação em serviço do curso.

Quando se dirigia para o edifício previsto no primeiro dia de formação em serviço, chegou e juntou-se com os colegas. Todos iam ficar a saber onde seriam colocados e a quem seriam atribuídos para o resto da formação.

Enquanto Raven estava a conversar com os colegas militares, desviou-se para fazer uma pausa. Foi então que ficou abalada como se tivesse sido atropelada por um camião de dez toneladas. Quando estava no terraço lá fora a olhar para o outro lado da base, deu conta de que era dia de S. Valentim, e toda a gente parecia ter alguém especial na sua vida exceto ela. Era certo que tinha muitos homens que gostavam dela, por várias razões, mas nenhum a amava incondicionalmente, e nenhum tinha grande importância na vida dela.

Ali estava, tentando não deixar as lágrimas cair-lhe pela cara abaixo pois estava de uniforme e não queria parecer branda nem fraca. Percebeu que já conseguia recompor-se e voltar para dentro porque não tardava que os instrutores e postos de trabalho fossem atribuídos e não queria chegar atrasada. Na vida militar, se se chegar quinze minutos mais cedo, está-se atrasado. Por isso, chegar atrasada não era opção.

Entrou mas depressa percebeu que o rímel estava borrado e foi para o lava-loiças da área aberta da cozinha para lavar as mãos e a cara.

Quando chegou ao lava-loiças para se lavar, estava um homem a pôr as mãos debaixo da torneira aberta ao mesmo tempo sem sequer darem conta um do outro. E depois levantaram os olhos um para o outro. Bem, foi um milagre porque o homem era o mesmo instrutor de quem tinha andado à procura em toda a base. Ele sorriu e começou uma conversa com Raven exatamente quando estava na hora de saber quem era o seu instrutor.

Começaram a chamar os nomes dos alunos e dos instrutores a quem tinha sido atribuídos. Quando chegaram ao nome de Raven disseram:

— Reese, foste atribuída à turma de Reid.

Bem, Raven deu um passo para fora da fila, e apontaram para o instrutor a quem ela estava atribuída. Pensou que estava a sonhar porque o seu instrutor era, nem mais nem menos, do que Casey Reid. Foi ele que lhe deu as explicações privadas umas semanas antes, aquele de que ela percorria os corredores à procura, e aquele com quem tinha acabado de partilhar uma sessão de lavagem de mãos.

Uma vez na vida, Raven sentiu que o destino lhe tinha finalmente distribuído uma boa mão, enquanto foi para junto do seu novo instrutor. Um dia, Raven estava lá fora no terraço com outra colega, fazendo uma pequena pausa para fumar quando Casey apareceu para fazer o mesmo. Viram-se e Casey perguntou a Raven se tinha sangue de nativo americano. Raven respondeu:

— Tenho, sim. E tu? Porque me parece que sim também.

Casey respondeu rapidamente que era isso que lhe diziam.

Raven ficou a olhar para Casey alguns minutos, e depois deu conta que sabia. Lembrava-se de uma coisa que Horatio lhe tinha dito antes de sair de casa. Tinha-lhe dito que ia conhecer o futuro marido nas forças armadas. Raven pensou na única pergunta que fez ao pai quando ele fez aquela declaração:

— Pai, como é que eu saberia se conhecesse essa pessoa? Como saberia que era ele?

Lembrava-se do que ele lhe tinha dito com sete pequenas palavras:

— Oh, acredita que o teu coração to dirá.

Raven voltou à realidade, pois estava num torpor, e olhou para a colega e disse em voz baixa:

— É ele. Aquele é o tal.

A colega pensou que Raven tinha perdido o juízo, e perguntou em confirmação:

— É quem?

Raven apressou-se a responder:

— Aquele é o homem com quem vou casar.

Mas depois a colega respondeu com uma voz cortante e sarcástica:

— Menina, é quem? Tonta, nem sequer sabes o nome dele.

Raven respondeu:

— Posso não saber, mas sei que é o tal. É o meu coração que mo diz.

Dentro de três dias, Raven recebeu uma mensagem de Reid, convidando-a para sair com ele. Era uma nota escrita à mão e metida sorrateiramente na mão de Raven, quando Reid passava por ela um dia no trabalho. Ela saiu despercebida para o quarto de banho para ler o que ele tinha escrito. Não fazia ideia para onde ia tudo aquilo, mas não se importava se Reid fizesse parte da viagem.

Raven aceitou o convite de Reid e marcaram uma noite romântica num clube de jazz. Reid era vocalista e tinha uma voz de ouro puro. Tinha uma voz tão magnífica que todos lhe chamavam o «Instrutor Cantor». Quando chegou o dia de Casey e Raven saírem para a noite, Raven apostou tudo. Foi à cidade e comprou o vestido de noite mais elegante que o dinheiro dela podia comprar e assegurou-se de que tinha sapatos a condizer. Afinal, era filha da mãe dela, e Eliza não faria nada diferente.

Passou mais de três horas a arranjar o cabelo só para aquela noite. Poder vestir-se para aquela noite era um mimo. Todas as mulheres usavam azul na Força Aérea como uniforme. Raven passou horas a preparar-se para aquela saída embora tivesse desistido dos homens por causa do seu historial de infortúnios, mas de alguma maneira, Casey era diferente porque o seu coração lhe dizia que era único. Naquela noite, Raven vestiu-se e chegou ao átrio para esperar por um táxi que a levasse ao sítio onde ia encontrar-se com Casey. Quando saiu toda a sua altura de um metro e sessenta e sete estava emoldurada num vestido de noite preto e curto, coberto de lantejoulas, sapatos de salto alto a condizer, e como a mãe, usando meias escuras que lhe punham em destaque as suas longas pernas bem-feitas. Não é de somenos importância dizer que, para provar que Raven era filha da sua mãe, usou o seu caraterístico batom vermelho vivo para rematar.

Quando o táxi parou na base militar e Raven entrou no carro, disse ao condutor que tinha recolher obrigatório e que tinha de estar de regresso à base antes da meia-noite, senão seria considerada ausente sem licença. E lá foi encontrar-se com o seu príncipe encantado no clube de jazz.

Quando o táxi parou, Raven saiu nervosamente por não ter a certeza do que a noite lhe traria, e esperava que Casey a reconhecesse quando a visse. Sempre a tinha visto de uniforme militar, mas naquela noite ia ver o que estava por trás do uniforme militar.

Casey pareceu diferente a Raven naquela noite, e deu conta de que ele estava ainda mais atraente do que ela pensava. Ambos se deslocaram rapidamente para uma mesa, e foi como se mais ninguém estivesse no clube, exceto Raven e Casey. Ficaram tão envolvidos um com o outro, que se esqueceram totalmente das horas.

Falaram e riram durante todo o tempo antes de serem abruptamente interrompidos. A base de Raven e Casey ficava a trinta minutos de distância. Por isso, Raven devia ter deixado o clube até às onze e vinte e cinco para ter a possibilidade de chegar a tempo. A interrupção abrupta foi o dono do clube a informar Raven que o táxi estava à espera dela. Olharam para os relógios e eis que eram onze horas e quarenta e cinco da noite. Era um problema.

Raven ficou nervosa, saltou da mesa e correu para a porta. Depois lembrou-se que queria um beijo, por isso correu para trás para Casey e roubou um rapidamente. Correu para a porta e exatamente quando tentava meter-se no carro de qualquer maneira, o sapato voou. Não tinha tempo para tecnicidades e o condutor continuou em frente. O truque era chegar antes de o relógio dar a meia-noite e já não tardava. Avançaram a toda a velocidade e felizmente Raven tinha feito grandes amigas no dormitório porque iam ser elas que a podiam salvar naquela noite.

O táxi parou perto da área que permitia a Raven sair disparada para o dormitório sem ser descoberta. O problema era que as portas do dormitório se fechavam automaticamente à meia-noite e Raven não podia entrar.

Bem, até que um admirador secreto da base a viu em pânico a tentar entrar e a salvou, abrindo-lhe a porta discretamente. Era meia-noite e um quarto, e ironicamente, a única pessoa que gostava de Raven, que só o via como amigo, foi a pessoa que lhe salvou a carreira naquela noite.

Nem Raven nem Casey tinham maneira de se contactarem porque nenhum sabia onde o outro vivia. Embora não fizessem ideia de onde estavam, o destino ia desempenhar um papel no caso amoroso que estava prestes a começar. Passaram três dias e Raven não sabia de Casey, e nesta altura já estava a sentir-se usada mais uma vez. Olhava para o telefone e tornou-se um *zombie*. Recusava-se a comer. Não queria dormir, e a única coisa que fazia era chorar, porque sentia que nunca devia ter acreditado que a vida lhe pudesse dar nada de bom, incluindo amor.

Durante todas aquelas semanas de formação, continuou a fazer a mesma oração todos os dias. Esperava que trouxesse algo diferente, mas desta vez DEUS ouviu a oração do seu anjo. Porque o telefone tocou. Era Casey e precisava de dizer a Raven por que é que não tinha telefonado nos três dias passados. Disse que ela o assustava.

Disse-lhe que nunca tinha tido aquele tipo de sentimentos, e que não tinha a certeza de como lidar com eles, mas que já estava confiante. Raven já sabia como ela se sentia, por isso, havia uma última coisa que precisava de fazer. Pousou o telefone e imediatamente fez duas últimas chamadas para concluir assuntos pendentes. Telefonou a Flynt e depois a Wyatt e o que lhes disse, desencadeou tudo.

Pôs a ambos a questão para a qual ela sabia a resposta, mas tinha de o ouvir da boca deles.

Perguntou a cada um deles se ela voltasse para o estado, onde é que isso deixaria a relação deles? A resposta foi a que ela precisava e queria ouvir: «Não sei». Ela respondeu a ambos:

— Pois, eu sei. Então, para que saibas, não volto e tem uma grande vida.

Todas as pontas soltas estavam agora atadas, e telefonou a Casey para lhe dizer que era toda dele, tanto o coração como a alma. Oh, lembram-se do sapato de salto alto que voou do pé de Raven no clube pouco antes da meia-noite? Ora, foi nem mais nem menos o Príncipe Encantado que o recuperou e lho devolveu. Não só encontrou o sapato como também descobriu a princesa a quem o sapato pertencia. Raven compreendia agora que o seu príncipe não ia vir num cavalo branco. Ia usar aquele uniforme azul da Força Aérea.

Pela primeira vez na sua vida, sentia que estava agora no caminho certo e que Deus não a tinha esquecido nem abandonado. Só tinha outros planos. Acreditava que as suas orações por alguém que a amasse tanto quanto ela era capaz de o amar tinham finalmente sido escutadas. Pensou que Casey podia ter sido lento a reagir depois do seu primeiro encontro, mas estava agora a seguir em frente a toda a velocidade e não havia retorno para nenhum dos dois. Nenhum dos dois tinha a certeza de onde tudo aquilo ia parar, mas fosse o que fosse, estariam lá um para o outro. Raven sabia agora que DEUS podia nem sempre vir quando se queria que viesse, mas sabia com segurança que chegaria sempre a tempo.

Casey e Raven começaram a passar todos os momentos acordados juntos, e o amor entre eles era inegável e tornava-se incansável para dois anjos de Deus que tinham finalmente voado para as asas um do outro.

Dallas P. Elkheart

Episódio XXVI: Ouija? O Quê? Não Estou Sozinha

A formação de Raven estava quase a chegar ao fim e aconteceu outro milagre. Raven devia ser mobilizada assim que acabasse a formação para servir no apoio à Operação Tempestade no Deserto. Uns dias antes de terminar a formação, acabou a guerra. Isto queria dizer que não tinha de ir para uma zona de conflito. Casey ficou encantado e fez planos.

Ele estava estacionado na base em Sawicki, Colorado, mas quando a formação acabasse, Raven teria de voltar para a sua base original no Mississippi. Isto significava que os dois ficariam separados e podiam nunca mais se ver. Não podia acontecer. Casey e Raven já se tinham apaixonado profundamente. Ele decidiu que ia pedir para ir para uma base próxima da dela para evitarem estar separados e Raven achou que era um dos atos mais generosos que um homem podia fazer por uma mulher. Dito isto, Raven tomou a decisão que, uma vez que estava na vida militar havia muito menos tempo do que Casey, seria ela a pedir para mudar para a base dele.

O céu tinha alguém muito atento a tomar conta destes dois. Raven conseguiu ver o pedido satisfeito e os dois iam agora ficar juntos. Casey ouviu a notícia, e tinha uma pequena surpresa para ela.

Embora Raven não o soubesse, ele queria ter a certeza de que ela tinha um teto por cima da cabeça, e um lugar seguro onde fechar os olhos quando estava nos seus braços. No dia cinco de março de mil novecentos e noventa e um, exatamente um mês e um dia depois de os seus olhos de encontrarem pela primeira vez, Casey pediu a Raven para vir falar com ele no seu novo apartamento. Quando o táxi chegou, Casey foi ao encontro dela lá fora no parque de estacionamento, cumprimentando-a com um abraço e um beijo amoroso.

Acompanhou Raven à porta, e ao abri-la, Raven ficou espantada quando ele disse:

— Ora, o que achas?

Raven ficou à entrada sem respirar, olhando em volta do pequeno apartamento T1, e disse:

— Oh, meu Deus. Adoro-o!

O que veio a seguir mudou tudo quando Casey disse a Raven:

— Ora, ainda bem. Sei que gostas de lareiras e, uma vez que arranjei isto para nós, esperava que gostasses.

Tudo parou. Raven não acreditava no que tinha ouvido. Adorava lareiras porque nunca cresceu com uma no sul, e parecia estar hipnotizada por elas.

A Linhagem Bronze da Fénix

Adorava ver as cores azuis, dourados, vermelhos e laranjas do fogo e perdia-se nas chamas calmantes. Aquele homem, Casey Reid, que só ainda a conhecia havia um mês, estava disposto a ajustar a sua vida e mudar de casa para estar com ela. Tinha-se dado ao trabalho de arranjar um apartamento não só para ele, mas para os dois. Raven ficou ali abraçada a Casey, com o coração inundado de alegria, amor e um sentimento gratificante de pertença pela primeira vez na vida.

Raven tinha finalmente encontrado um homem que era a sua alma gémea e estavam ansiosos por começar a vida juntos na sua casa.

Depois de cerca de duas semanas, Casey continuava o seu curso na escola de liderança, e Raven tinha arranjado um trabalho em parte-time fora da base numa empresa. O plano era ajudarem-se um ao outro a livrar-se das dívidas, para que, quando a nova vida começasse, eles se pudessem concentrar rigorosamente no futuro e não no passado.

Casey tinha sido casado também, mas tinha-se separado da mulher poucos meses antes de conhecer Raven, e esta ainda não estava separada de Wyatt. Nenhum tinha metido os documentos para o divórcio porque não sabiam exatamente o que queriam naquela altura. As coisas tinham agora mudado e Raven e Casey compreendiam que se queriam um ao outro e sabiam que o lugar deles era nas asas um do outro. ~ ~ ~ ~

Os sonhos de Raven à noite tinham-se agora tornado abertamente visões, e estavam a ficar mais poderosas do que nunca. Mas Casey ainda não sabia das capacidades ou dons de Raven. Uma manhã Raven acordou cheia de medo. Levantou-se de um salto, saiu da cama e correu para a sala de estar onde Casey estava a pé e a ver televisão, mas não o canal de notícias.

Ela disse para Casey:

— Oh, meu Deus, um avião acabou de explodir e há corpos por todo o lado.

Casey ficou a olhar para ela, porque não tinha a certeza do que ela queria dizer. Pensou que talvez tivesse tido um pesadelo e o estivesse a informar sobre ele. Não era nada disso. Raven tinha acabado de ver a sua primeira catástrofe nacional. Pediu a Casey para pôr a televisão no canal de notícias. Ao mudar de canal, e dentro de meia hora, lá estava. Um avião tinha acabado de explodir com duzentas e trinta e duas pessoas a bordo, e não havia sobreviventes. O que tinha visto foi a explosão de um avião no momento em que ocorreu, mas antes de o facto ser conhecido publicamente. O que ela não sabia, e talvez alguém devesse ter avisado Casey, era que as suas visões iam tomar proporções maiores, que o seu dom se ia soltar na sua capacidade máxima, e que ninguém ia poder controlá-lo.

Uma tarde por volta das sete, Casey e Raven tinham regressado do trabalho, e depois do jantar foram a uma loja onde acharam que podiam arranjar uns jogos engraçados para fazer juntos.

Encontraram alguns jogos antigos e familiares que tinham feito a alegria de muitas famílias americanas, como o jogo *Operação*, um baralho de cartas e damas.

Ao caminharem mais para baixo no corredor, viram outro jogo chamado Ouija. Devia ser um jogo de crianças, ou pelo menos era isso que Casey e Raven pensavam… Mas como aqueles dois estavam enganados!

Ao passar pelo tabuleiro de Ouija, Raven parou e perguntou a Casey:

— Olha para este jogo. Que jogo é este?

Casey respondeu que não sabia muito sobre ele mas disse a Raven que parecia divertido, por que não trazia um?

Raven pegou numa caixa com o jogo dentro, mas sentiu um ímpeto estranho, e não quis aquela caixa. Quis uma diferente com o mesmo jogo. Casey quis saber por que é que ela não tinha querido o outro jogo, o que se passava com a caixa que tinha na mão?

Mas Raven era persistente e quis mesmo a outra caixa. Foram para a registadora da frente e colocaram tudo no balcão, mas havia qualquer coisa terrivelmente errada ali.

De facto, Raven estava tão fixada na outra caixa que pediu a toda a gente para esperar um pouco. Pegou na que estava em cima do balcão e voltou para trás para devolver aquela e trazer a outra. A pergunta que Casey agora fazia era: Porquê? Por que era tão crucial para Raven ir buscar a outra caixa, e qual era a diferença? O que não sabia depressa ia descobrir da maneira mais dura.

Casey e Raven foram para casa e arrumaram tudo, exceto o tabuleiro de Ouija. Raven virou a caixa para ler o que estava atrás antes de a arrumar. Ambos notaram que continha um aviso no rótulo: «Não jogue este jogo sozinho». Depois de ler o aviso na caixa, Casey ficou preocupado, portanto disse a Raven:

— Querida, vamos acordar que não jogamos a menos que estejamos juntos, está bem?

Ela concordou e arrumaram o jogo. À noite, costumavam fazer jogos diferentes todos os dias para passar o tempo de irem para a cama.

Uma noite experimentaram o jogo novo. Raven tirou o tabuleiro para fora. Sentaram-se os dois, montaram o jogo, depois leram as instruções e começaram a jogar. A maneira como se joga é usando um pequeno pedaço de madeira chamado prancheta.

A prancheta é colocada em cima do tabuleiro e as pontas dos dedos de uma pessoa são colocadas levemente sobre a prancheta. Depois fazem-se perguntas ao tabuleiro. A prancheta deve mover-se sem esforço e se assim for, então alguma coisa, e não alguém, é a razão por que se mexe. Raven e Casey sentaram-se para jogar, e ela decidiu que seria a primeira a fazer uma pergunta porque tinha algumas que estava ansiosa por fazer.

Começou por perguntar ao tabuleiro sobre ela e Casey, e se ficariam juntos. A prancheta começou a mover-se para o lugar do «sim» e foi aí que parou. Voltou a perguntar-lhe quanto tempo iam ficar juntos e ele soletrou «para sempre».

Raven riu-se porque tinha a certeza de que era Casey que estava a mover a prancheta com as mãos e estava a tentar ser engraçado. Disse a Casey:

— Para. Deixa de mover a coisa.

Casey respondeu:

— Não fiz nada. Deves ter sido tu que o moveste.

Decidiu fazer uma pergunta que ninguém sabia porque ainda não tinha contado a Casey. Perguntou então ao tabuleiro:

— Qual era o meu nome de nascimento, se és assim tão esperto?

O tabuleiro deixou-a perplexa ao começar a soletrar lentamente: «Bella».

Raven tirou as mãos, deu um salto para trás e disse a Casey:

— Muito bem, espertalhão. Não tem graça nenhuma.

Casey perguntou:

— De que estás a falar? Não fiz nada. E além disso, nunca me disseste isso. Estava certo?

Raven ficou sentada com cara de pau pois não acreditava como o tabuleiro tinha acertado com o nome dela.

Pausou por instantes, e depois colocou as mãos no tabuleiro outra vez, dizendo a Casey:

— Anda lá. Tenho outra pergunta.

Então, Raven perguntou ao tabuleiro:

— Quantos filhos vamos ter, o Casey e eu?

A prancheta deslocou-se para o número três e parou.

Raven tirou as mãos do tabuleiro e disse:

— Estás a ver? Eu sei que está a mentir porque não posso ter filhos.

Casey fez ele próprio o teste com uma pergunta que ele sabia que ainda não tinha dito a Raven:

— Qual era o nome de solteira da minha mãe?

A resposta que recebeu deixou-o atónito:

— Martin.

Casey nem acreditava uma vez que nunca tinha dito a Raven o nome de solteira da mãe. Estava certo.

Os dois ficaram um pouco assustados e pararam por aquela noite. Quem saiba alguma coisa sobre tabuleiros de Ouija deve saber que nunca se para este jogo sem dizer adeus, mas eles não sabiam, por isso não houve despedidas. Este ia ser o seu segundo erro, já que o primeiro foi quando compraram o tabuleiro. O tabuleiro de Ouija é tudo menos um jogo como depressa iam entender. Não o sabiam mas o tabuleiro é usado como oráculo para obter informação sobre o futuro. Passaram vários dias antes de tentarem jogá-lo outra vez. Mas uma noite foram buscá-lo.

Desta vez, Casey tinha um exame dentro de dois dias e estava curioso sobre o resultado. Sentaram-se e fizeram mais perguntas. A primeira coisa que Casey perguntou foi:

— Quanto vou ter no meu exame esta semana?

O tabuleiro foi rápido a responder com números desta vez, e deu 96.

Casey ligou pouco à resposta do tabuleiro. Quando chegou a data do exame e recebeu o resultado, correu para dizer a Raven o que tinha tido no teste.

Depois de saber o resultado, ficou preocupado com Raven porque estava agora a começar a acreditar que havia qualquer coisa do outro mundo com o jogo. Telefonou a Raven e quando ela atendeu, a primeira coisa que lhe saiu da boca foi:

— Então, que nota tiveste?

Casey hesitou inicialmente, e depois declarou:

— Passei. Tive 96.

Tanto Casey como Raven ficaram calados, e depois Casey disse a Raven:

— Temos de falar, mas não em casa.

Casey tinha começado a acreditar que qualquer coisa ouvia todas as suas palavras durante as suas conversas pessoais, e isto preocupava-o seriamente. Passaram quatro dias e as coisas tinham ficado um pouco sinistras no seu novo apartamento. Havia coisas que apareciam mudadas. As chaves desapareciam e depois reapareciam, os copos e chávenas apareciam noutro lugar.

Tinha-se tornado assustador. Acordavam a meio da noite e sentiam qualquer coisa no quarto, mas não viam nada. Sentiam a presença ali junto à cama ao dormir ou acordar.

Casey tinha sido educado na igreja e tinha alicerces espirituais, tal como Raven, mas era mais entendido em espiritualismo do que Raven naquela altura. A sua intenção era descobrir se era apenas um jogo ou se tinham ali uma situação difícil.

Quando Casey tirou o tabuleiro, também tirou outra munição, a Bíblia. Sabia como ia determinar o que tinham em mãos. Queria descobrir em que é que tinham tropeçado. Raven perguntou ao tabuleiro:

— Quem és tu?

O tabuleiro respondeu:

— CJ

Raven perguntou então;

— Onde estás?

O tabuleiro respondeu:

— No inferno.

Casey a Raven ficaram alarmados e ela perguntou:

— Estás morto?

Ele respondeu:

— Sim.

Raven perguntou:

— Como morreste?

O tabuleiro respondeu:

— Acidente de carro.

Raven, sendo Raven, não podia ficar só com a informação suficiente, por isso saiu com a grande pergunta que se arrependeu de ter feito. Perguntou ao tabuleiro:

— Onde morreste?

Como se ela quisesse ou precisasse mesmo saber, mas perguntou.

O tabuleiro respondeu, então:

— Lá fora em frente do apartamento.

Raven ficou pregada ao seu lugar, quieta, e olhando para Casey.

Depois foi a vez de Casey, que elevou o nível mais um degrau e as coisas assumiram uma magnitude completamente nova. Começou com uma pergunta que aparentemente perturbou o tabuleiro quando perguntou:

— Conheces o Miguel?

Parou tudo. A prancheta deixou de se mover e até se recusou a sair do sítio. Casey perguntou então:

— Sabes, o teu irmão, o arcanjo Miguel?

Parece que não era aquilo que o tabuleiro queria ouvir, e Casey percebeu que já não era um jogo, já não estavam a jogar. Tinham ali uma entidade e estavam a lidar com o mal.

No dia seguinte, Casey disse a Raven para não tocar no jogo a menos que ele estivesse lá. Nessa tarde, depois do jantar, foram para o quarto e sentaram-se na beira da cama. Raven tirou o jogo porque Casey queria saber se ia responder a uma pergunta desta vez sobre Miguel Arcanjo. Ela abriu o tabuleiro, e ao começar a fazer perguntas, as coisas ficaram piores.

O tabuleiro fê-los saber que CJ queria Raven e que só tinha desprezo por Casey. O facto é que Casey era demasiado espiritual para ele e via em Casey um rival e um obstáculo. Ele sabia que Casey faria o que fosse preciso para proteger Raven e a si próprio das garras do mal e o tabuleiro não suportava isso.

Quando Raven e Casey estavam sentados na beira da cama, perplexos com o que o tabuleiro tinha soletrado, aconteceu uma coisa estranha. Casey estava sentado do mesmo lado da cama que Raven, e sem saber como, caiu para trás e adormeceu profundamente. Raven percebeu que tinha acontecido alguma coisa a Casey. Tentou em vão acordá-lo. Abanou-o, gritou-lhe o nome, até o puxou pelo braço, mas não se mexeu. Era uma versão masculina de Branca de Neve posta em eterno descanso. Raven ficou sentada por instantes a tentar encontrar maneira de acordar Casey. Continuava com o tabuleiro e a prancheta no colo ao perguntar à entidade onde estava CJ naquele momento. Para sua surpresa, soletrou:

— Perto.

Raven começou a olhar em volta como se achasse que sentia alguém no quarto com ela, e não era Casey.

Raven fez então uma última pergunta ao tabuleiro, arriscando-se a ouvir a resposta:

— O que queres dizer que estás perto? Perto como?

Não estava preparada para a resposta que recebeu:

— Muito perto.

Quando olhou em volta para a direita, viu Casey, mas quando olhou para a esquerda foi estonteante.

O que viu foi a forma de um traseiro mesmo ao lado dela, do lado esquerdo da cama. A entidade estava agora sentada mesmo ao seu lado. Raven perdeu a cabeça, atirou com o tabuleiro e a prancheta para o outro lado do quarto ao mesmo tempo que saltava da cama em pânico. Nessa altura, Casey acordou abruptamente e foi o fim de tudo. Tinham posto ponto final no jogo.

Raven e Casey sabiam agora que o que tinham tido ali era uma verdadeira entidade e força invisível e perigosa. O que começou como um jogo tinha-se tornado numa ameaça às suas almas e tinham de tomar medidas imediatas e rápidas.

No dia seguinte, Casey disse a Raven para não discutirem nada em casa. Durante dois dias, à noite, sentavam-se no carro para conversar sobre como tratar do assunto. Raven tinha medo que a entidade tentasse fazer mal a Casey porque queria Raven por qualquer meio necessário. Precisavam de procurar ajuda externa de um padre ou de alguém que compreendesse o que eles acidentalmente tinham evocado. Fizeram uma chamada a Ariel Books. Era uma livraria real, mas não era uma livraria qualquer. Tinha uma especialidade em cristais, joias, óleos diferentes, ervas, incensos e livros da nova vaga. Aquilo em que eram mais especialistas era em mediunidade. Precisavam de um médium porque eles conseguem identificar coisas escondidas que os sentidos normais não conseguem.

Ao irem para a livraria, Casey e Raven tiveram de determinar como lhes dizer o que tinha acontecido e de que é que precisavam. Quando chegaram, saíram do carro e entraram na loja.

Ao passarem na porta da frente, pararam para ver para que lado deviam ir. Quando deram conta, uma senhora saiu de uma sala de trás e disse alto e bom som para todos ouvirem:

— És tu.

Repetiu-o, mas olhou diretamente para Raven e disse:

— Foste tu que abriste a porta.

Continuou, dizendo a Raven que ela tinha o dom e que o tabuleiro tinha usado o dom dela para entrar neste espaço de tempo. Raven sabia que tinha qualquer coisa mas não fazia ideia do que era, e agora sabia.

Parece que tinha nascido com o dom da precognição que é um dom que DEUS dá a uns e não a outros, que lhes permite ter a perceção de um acontecimento antes de acontecer. Estava também a desenvolver uma segunda visão, já que via agora coisas que outros não viam. A entidade usou o poder de Raven para se manifestar em energia, energia suficiente para ter força para mover objetos e até fazer mal a alguém. Era imperativo que detivessem aquela coisa antes de se tornar ainda mais forte.

Raven e Casey tinham feito uma pesquisa na biblioteca pública e o que encontraram era assustador. Souberam de um casal, Ed e Lorain Warren, que também tinham nascido com aquele dom. Ele era um conhecido demonologista, e Lorain era mesmo médium.

A Linhagem Bronze da Fénix

Ambos tinham escrito documentários sobre tabuleiros Ouija e o poder que têm de fazer aparecer espíritos demoníacos.

As entidades costumam encontrar alguém nascido com um dom sobrenatural para lhes aceder através do tabuleiro Ouija. Raven e Casey não sabiam disto quando compraram o jogo. A médium disse-lhes o que tinham de fazer para se livrarem do hóspede indesejado.

Ia ter de ser Raven a mandá-lo embora para o sítio de onde veio, uma vez que era ela que tinha o dom que o espírito tinha absorvido e usado para se manifestar. Precisava de fazer um exorcismo para se livrar daquela entidade do mal.

A médium explicou a Casey que não podiam simplesmente deitá-lo no lixo. Ela disse:

— Ele ia agarrar-se à pessoa que o encontrasse.

Iam precisar de água benta e sal. Raven ia ter de o mandar de volta e depois queimar o tabuleiro. Avisou-os de que depois de queimarem o tabuleiro, podiam ouvir gritos.

Nessa tarde começaram a fazer o exorcismo. Prepararam a água benta e o sal e rezaram sobre ela. Também leram o salmo 23, enquanto Raven dava ordem ao demónio que se afastasse deles. Admitamos, não se ouviram gritos. No dia seguinte, a espessura do ar à volta do apartamento tinha desaparecido e as coisas pareceram voltar gradualmente à normalidade. Mesmo à noite, não sentia nenhuma presença em casa ou no quarto. A pergunta agora era:

Tinha-se ido embora para sempre?

A Linhagem Bronze da Fénix

PARTE VIII: Pisando Novo Terreno

Episódio XXVII: Dois Pequenos Demónios

Raven e Casey estavam tão apaixonados que era inevitável que estivessem destinados a ficar juntos. Naquela altura, já se tinham livrado do azar de mexer no tabuleiro de Ouija e tinham aprendido uma lição valiosa. Ficaram a saber, que antes de entrarem em terreno desconhecido, seria avisado fazer o trabalho de casa primeiro e fazer pesquisas antecipadamente. As coisas tinham já começado a andar depressa como se fossem preestabelecidas por um poder superior para o futuro daqueles dois.

Embora se tivessem encontrado no dia catorze de fevereiro de mil novecentos e noventa e um, em março do mesmo ano estavam a planear voos mais altos. Tomaram a decisão de se ajudarem um ao outro a livrar-se do último obstáculo: os seus anteriores casamentos. Nenhum tinha completado o processo de divórcio naquela altura e estavam apenas separados dos cônjuges. Estava na altura de completar a corrida. Raven estava a fazer horas extraordinárias, e Casey decidiu que primeiro ia ajudar Raven a retirar Wyatt da vida dela, de uma vez por todas. Afinal, Raven via Wyatt como uma barata que entra em casa e depois de lá estar, é um inferno para se livrar dela. Tal como ele.

Havia mais uma coisa que Casey precisava que Raven fizesse: enterrar o machado de guerra entre ela e o pai. Achava que fosse o que fosse que tinha acontecido entre Raven e Horatio, ela não tinha o direito de o manter afastado da vida dela. Era pai dela e ela não tinha autoridade para o julgar.

Ele sentia que o que quer que fosse que Horatio fez no passado, era só isso, passado, e que Horatio podia ser julgado um dia, mas por um poder superior, DEUS. Aos olhos de Casey, não cabia a Raven ser esse juiz, júri, nem equipa de condenação, e que precisava de reparar aquela clivagem com o pai rapidamente.

Mas primeiro, Casey disse a Raven que queria que ela telefonasse a Wyatt. Queria que falassem para que pudessem terminar efetivamente a relação. Ele era realista, e sabia que, sem uma conclusão nas suas vidas, seria difícil para todas as partes seguir em frente sem olharem para trás. Raven também queria que Wyatt soubesse que ela tinha agora uma nova vida e queria ser ela a dizer-lho. Raven telefonou a Wyatt e falaram os dois. Wyatt quis saber quando é que Raven ia parar com a loucura e voltar para casa para ele. Raven disse-lhe sem rodeios:

— Isso não vai acontecer, capitão.

Ela era agora a dona do seu próprio barco e os únicos copilotos de que precisava era de Deus e Casey, e os serviços de Wyatt já não eram precisos. Fim de história.

Wyatt disse a Raven que se ela pensava que ele ia pagar o divórcio, não ia, e se ela o quisesse, teria que ser ela a pagá-lo. Raven rapidamente respondeu que não havia problema. Pousou o telefone. Depois consideraram que Casey tinha de falar com a ex-mulher e encerrar a relação. Assim, concordaram que seria boa ideia ele ir visitá-la. Foi difícil para Raven. Não tinha a certeza se, depois de se verem outra vez, Casey não ia mudar de ideias e decidir que talvez Raven não fosse a melhor escolha para ele.

Mas independentemente do resultado, ela lembrava-se do que era deixar uma pessoa dominar e controlar os nossos processos de pensamento como todos tinham feito com ela, toda a sua vida. Não ia permitir-se fazer o mesmo a Casey, e decidiu pensar como adulta e suportar a situação. Casey foi a casa da ex-mulher e ficou algum tempo, e sim, Raven chegou a ficar preocupada, mas também ela era realista e sabia que tinha de deixar as coisas desenrolar-se da maneira que ela acreditava que DEUS tinha predestinado que fossem, mesmo que isso significasse perder Casey para sempre.

Após algumas horas, o carro de Casey parou e Raven e o seu novo amor podiam agora fazer planos legalmente para a sua vida juntos.

Em junho o divórcio de Raven tinha saído, e o de Casey estava em processo de finalização. Em outubro, estavam noivos e os planos de casamento estavam a ser feitos. Um pormenor: Horatio não sabia de nada.

Raven tinha falado a Horatio e a Megan sobre Casey. Esta ficou espantada porque o anel de noivado era — sim, o leitor adivinhou — um anel de diamantes de dois quilates. Megan não entendia esta parte. Ela e Raven lembravam-se que a senhora lhe tinha falado deste homem que ela ia conhecer. Acontece que era Casey. Usava mesmo a roupa vincada. Era militar e andar bem arranjado faz parte do uniforme. Também tinha previsto o anel, é verdade. Raven usava agora o anel de dois quilates, no entanto, tinha receio de contar a Horatio.

Uma vez que Raven já tinha sido casada, não uma mas duas vezes e nenhum tinha dado certo, ela sentia que o pai não ia aprovar o seu casamento com Casey. É verdade que contou a Horatio sobre Casey, mas não que estavam a planear casar. Megan estava feliz por Raven porque sabia todo o inferno por que ela tinha passado na vida — pelo menos a maior dele.

Quando dezembro chegou, o casamento devia ter lugar em Lake Barnes, Nevada. Os dois tinham decidido ir de carro para lá, para o casamento e lua-de-mel, e depois ir visitar uma amiga em Boehner, Florida, e daí iam finalmente ao Mississippi para ver Horatio. O casal já tinha ido a Lake Barnes no dia vinte e um de dezembro de mil novecentos e noventa e um. Oh, para que conste, Casey também não tinha contado à mãe sobre os planos de casamento. O caso dele, como o de Raven, tinha a ver com um anterior casamento falhado, e ele não sabia como dar a notícia à mãe.

Casey achou que, como estavam prestes a sair para o casamento, seria uma boa altura para telefonar à mãe e dar-lhe a notícia. Enquanto o telefone tocava com Raven noutra divisão, vestindo o vestido e véu de casamento, a mãe dele atendeu. Raven ouviu Casey a falar com a mãe, e correu para lhe gritar um «olá» de trás dele. A mãe sabia da existência de Raven mas não sabia o grau de seriedade que havia entre os dois. Ou saberia?

Quando ouviu Raven lá por trás, disse-lhes aos dois «olá» e perguntou onde estavam. Casey hesitou e depois respondeu:

— Ah, estamos em Lake Barnes, Nevada, Raven e eu.

A mãe era uma senhora rápida e sendo-o, disse:

— Bem, acho que é um bom sítio para casarem.

Raven e Casey ficaram de boca aberta. Perguntaram-lhe por que dizia aquilo, ao que ela respondeu:

— É por isso que estão aí, não é?

Ninguém disse uma palavra. Só olharam um para o outro como se tivessem roubado alguma coisa. Casey cedeu finalmente e respondeu:

— É.

Para surpresa dos dois, a mãe de Casey ficou contente e depois recebeu Raven na família de braços abertos.

Desceram para o andar de baixo e saíram para a limusine enquanto todos no hotel os observavam a descer os três longos lances de escadas. Todos os olhos estavam maravilhados e os hóspedes do hotel começaram a bater-lhes palmas ao descerem as escadas. Quando o casamento terminou, Raven e Casey voltaram para a limusine agora como o Senhor e a Senhora Reid e prepararam-se para voltar para o hotel. Quando Raven estava para entrar na limusine, aconteceu a coisa mais imprevista. O vestido de Raven era bastante farto e tufado, com uma longa cauda como a maior parte das belezas do sul usam, e quando foi para levantar o vestido atrás, foi sentar-se na parte de trás e esqueceu-se de uma coisa.

Os assentos da limusine estão muito mais afastados para trás do que os de Toyota... Ao sentar-se, Casey estava a tentar ajudá-la assim como o condutor do veículo, mas Raven, sendo Raven, sentou-se simplesmente sem olhar para trás. Bem, ia cada vez mais para trás e mais e mais até que a única coisa que se via eram as meias e sapatos brancos no ar. Quando Raven acabou de cair para trás, só se via o traseiro no chão e os dedos dos pés no teto. Poder-se-ia dizer que, quando Raven caiu pelo Casey, caiu mesmo a pique, e não havia maneira mais elegante de pôr a questão.

A sua glória tinha sido beliscada e a sua vergonha tinha sido vista por todos, e não havia maneira de o esquecer.

Três dias mais tarde, os pombinhos foram finalmente ver Horatio. Raven não o via nem à casa, desde que tinha saído para a vida militar, quase um ano antes. Ao pararem em frente da casa, as recordações inundaram a cabeça de Raven, e instalou-se o medo.

Não tinha a certeza de como o pai ia aceitar Casey, porque nunca tinha gostado de nenhum homem que Raven teve na vida o suficiente para achar que se devia casar com eles.

Então, lá estava a casa, ah, sim, aquela casa horrível e desventurada. A única coisa que Raven lá experienciou foi terror desde o dia em que lá chegou em criança, e não acreditava que fosse melhor agora. Horatio viu o carro chegar e saiu para os cumprimentar de braços abertos e um grande sorriso. Era a primeira vez que o pai parecia contente por a ver com alguém. Quando os dois se dirigiram para dentro da casa e se sentaram para conversar, Casey foi ao quarto de banho.

Horatio indicou-lhe o caminho, e quando Casey descia o corredor, Horatio sentou-se outra vez e olhou para Raven. Esta endireitou-se na cadeira como que preparada para receber uma das observações cortantes do pai, como era costume. Mas, para sua grande surpresa, Horatio olhou para ela com um brilho nos olhos e aquele velho sorriso insolente na cara, ao mesmo tempo que dizia a Raven:

— Fizeste bem.

E levantou-lhe um polegar. Seria possível? Ao fim de trinta anos, Raven tinha finalmente recebido do pai a sua bênção? Isto significaria que ela acreditava que o pai achava que ela fez finalmente alguma coisa certa pela primeira na sua vida miserável? Estava a dar a sua aprovação?

A Linhagem Bronze da Fénix

Não importava porque naquele dia, Raven Gabriella Reese Reid tinha feito o impossível: tinha recebido um sorriso há muito esperado do seu pai reacionário, Horatio Reese. Estava nas nuvens quando o seu novo marido voltou para o lugar.

Estes dois desajustados encontraram finalmente um lugar neste mundo, e estavam juntos, e nada mais importava para Raven agora porque achava que Deus tinha atendido não uma mas duas preces.

Quando a viagem terminou, Raven e Casey voltaram para casa, que ficava a mais de vinte horas de distância. Quando chegaram já tinham tomado outra decisão. Tinham decidido mudar para um apartamento maior porque precisavam de mais espaço. Afinal uma família de três ou quatro, ou até uma família de cinco nunca ficaria confortável num T1.

Casey e Raven tinham andado depressa a encontrar-se e a irem viver juntos, no noivado e no casamento, e não era altura de arrastarem os pés para começarem uma família só deles. Casey sabia que Raven não podia ter filhos, tal como sabia dos seus problemas médicos passados. Casey, por seu lado, também nunca tinha tido filhos embora já tivesse sido casado.

Ambos queriam desesperadamente partilhar um filho entre eles, mas Casey recusava-se a deixar Raven correr riscos, permitindo que ela se sujeitasse a intervenções médicas, cirurgias, ou FIV. Então, a decisão foi tomada: iam adotar.

Três meses mais tarde, começaram o processo de adoção como Horatio e Eliza fizeram em tempos, só que com uma ligeira diferença: Casey e Raven amavam-se e tinham discutido a educação dos filhos. Ambos estavam de acordo na casa de Casey, ao contrário de Horatio e Eliza, ambos queriam um filho.

Episódio XXVIII: Amigos Até Ao Fim

Após alguns meses de escrutínio intenso, envolvendo responsabilidades financeiras, verificações pessoais e profissionais, verificações junto do FBI, visitas a casa, estudos da casa, finalmente estavam habilitados a ser pais. Casey e Raven estavam agora preparados, só tinham de esperar que um recém-nascido estivesse disponível. Raven muitas vezes se questionava como seria se ela e Casey tivessem tido ao menos uma criança juntos. Quase odiava o facto de a sua vida a deixar incapaz de conceber o seu próprio bebé.

Sempre soube que ela e Casey teriam tido um lindo bebé parecido com Casey. Ela acreditava que o bebé também teria o cabelo ondulado e com os caracóis dela e ambas as suas personalidades. Embora o processo de adoção já estivesse em marcha, não correu sem incidentes. As coisas estavam quase a ficar estranhas e empolgantes ao mesmo tempo, pelo menos para Raven.

Umas horas antes de receber o telefonema surpresa ainda no trabalho, Raven começou a ter dores abdominais. Correram com ela para o gabinete de enfermagem do emprego dela, e o médico de serviço disse-lhe que não via nada de errado com ela, e que não tinha a certeza de que estivesse a ter dores abdominais. Ela ficou deitada na marquesa durante cerca de uma hora até começar a sentir-se melhor, e depois voltou para a secretária. Cerca de dez minutos depois de voltar ao trabalho, tocou o telefone. Era a agência, e tinha boas notícias. Estavam a telefonar para informar

Raven que um menino tinha acabado de nascer e que estava disponível para adoção.

Parece que Raven tinha acabado de ter falsas dores de parto, a que alguns chamariam dores simpáticas. Raven desligou o telefone e imediatamente telefonou para Casey. Ele ficou radiante também. Raven passou o resto da tarde imaginando o bebé. Os três dias seguintes foram uma agonia para ambos, enquanto esperavam o dia de ir buscar o seu novo bebé. Chegou o dia, e foram à família de acolhimento buscar o seu menino.

Chegaram à casa, dirigiram-se para a porta e tocaram a campainha para informar os pais de acolhimento que tinham chegado. A porta abriu-se e encontraram-se com uma mulher que os cumprimentou. Nos braços, estava um bebé simplesmente lindo e tudo o que Raven pensou que ela e Raven produziriam se tivessem um filho biológico. Bem, alguém lá em cima deve ter ouvido a encomenda de Raven e, naquele dia, ia receber um bebé para amar com o cabelo ondulado e caracóis, que tinha grandes parecenças com Casey e algumas caraterísticas de personalidade que imitava os dois.

Quando a mãe de acolhimento se afastou para os conduzir a uma cadeira, Raven sussurrou para Casey como o bebé era lindo e como desejava que fosse aquele que iam receber. Quando os dois chegaram aos seus lugares, Casey foi o primeiro a sentar-se e Raven seguiu-lhe o exemplo. A mãe de acolhimento veio ter com o casal e disse:

— Srª e Sr Reid, este é o vosso filho.

Sim, ouviram bem. Aquele bebé pequenino e adorável com o cabelo ondulado com caracóis nas pontas, que favorecia Casey como uma versão em miniatura dele, era o seu filho recém-nascido. Já tinham escolhido o nome, e este diabinho ia chamar-se Casey Connor Reid II.

Raven nem acreditava como a vida estava a mudar de cada vez que respirava. Estava a começar a pensar que os seus passos estavam a ser conduzidos numa nova direção, e que as coisas estavam finalmente a encaixar-se. Tinha agora trinta anos.

Tanto quanto via, estava presentemente a viver noutra dimensão. Era a primeira vez em toda a sua vida em que uma coisa lhe era dada que lhe fugiu sempre que estava perto das palmas das suas mãos, um homem que a amava e a quem ela amava, felicidade, satisfação e agora um bebé recém-nascido. Raven tinha começado a viver o seu sonho, e começou a sentir-se humana pela primeira vez.

Depois de cerca de oito meses, acharam que seria boa ideia aumentar a família. Afinal o pequeno Connor, como lhe chamavam, tinha agora quase nove meses e achavam que devia ter um companheiro para brincar. Naquela altura, Raven tinha-se tornado mãe a tempo inteiro. Casey achava que ela se devia concentrar apenas na família e não ter de ser sobrecarregada com um emprego e crianças. Raven adorou a ideia, e assim nunca teria se ouvir que o filho deu os primeiros passos naquele dia ou que lhe nasceu o primeiro dente, porque estaria lá em todos os momentos e acontecimentos que o seu filho experienciasse, e estava empolgada.

Cerca de dois meses mais tarde, foram abençoados com uma menina, Star Anansi Reid, mas depois o governo decidiu encerrar várias bases militares devido a um realinhamento e iam ter de se deslocalizar. Por acaso, a sua base foi uma delas.

Estão a ver, Casey era Instrutor, e precisavam de encontrar uma base militar onde ele pudesse continuar a sua carreira. Depois de pensar aturadamente, decidiram deslocalizar-se para Quebec, Texas. Mas vinha outra contrariedade a caminho quando descobriram que a agência de adoção onde conseguiram a sua filha não tinha preparado os documentos devidamente, por isso, não a podiam levar para fora do estado. Não mudar não era opção, uma vez que Raven e Casey continuavam a ser militares, embora Raven tivesse deixado o serviço devido a um problema médico que a havia de afligir durante anos no futuro. Os tambores de ferro que carregava e tocava quando estava ao serviço tinham provocado uma lesão na coluna devido ao peso excessivo e ao stresse causado à coluna. Ela não sabia que aquele tipo de lesão se tornaria numa inimiga que ela não podia derrotar mais tarde. A família tinha decisões sérias a tomar, e uma delas era que teria de aprender a libertar-se.

Não podiam levar Star com eles quando saíssem do estado onde estavam, e foram forçados a seguir em frente sem ela, tudo devido a um erro da assistente social. Foi devastador para todos, especialmente para o pequeno Connor.

Casey, Raven e o bebé Connor fizeram a longa mudança para Sal Quebec, Texas, que demorou dezoito horas, no entanto, esta viagem não impediu a família Reid de alargar a família mais tarde.

Horatio, o avô orgulhoso, adorava fazer parte da experiência de Raven como mãe recente e parecia gostar muito de Casey. Ele e Casey construíram uma relação próxima e forte que havia de provar a ser a melhor que Horatio teve na vida.

Raven costumava sentar-se para trás enquanto Casey e Horatio falavam ao telefone durante longos períodos, e ela sorria. Aquilo fazia bem ao coração de Raven porque estava a ver que agora sabia por que é que Horatio lhe disse que fazia bem, porque Casey era um marido maravilhoso e um pai extremoso.

Depois de se mudaram para Sal Quebec, Texas, compraram uma casa grande com quatro quartos para a família, já que a queriam alargar. Ambos se instalaram, e Casey começou o seu trabalho na nova base. Raven continuava a ser mãe a tempo inteiro e passava alguns dias por semana na conversa com Megan. Sempre tinham sido unha com carne. Durante o tempo em que Raven foi casada, Megan não era. Quando Raven deixou Wyatt, Megan casou-se. Agora Raven estava casada e Megan divorciou-se. Casey gostava muito de Megan por saber que Raven a adorava. Casey tinha o tipo de personalidade que, quando alguém o conhecia, adorava-o. Tinha uma natureza suave, transportava uma aura espiritual e tinha um coração de ouro. Então, quem podia não gostar de Casey? Ele tinha falado com Raven sobre Megan e questionava-se se haveria alguma maneira de eles a ajudarem a ultrapassar os tempos difíceis, uma vez que Megan estava a tentar recomeçar.

Casey achou que podia ser uma boa ideia estenderem a mão a Megan e ajudá-la. Depois de debaterem o assunto, Raven concordou que seria bom. Quando as duas eram miúdas e andavam na escola juntas, costumavam sonhar em viverem perto uma da outra e terem filhos de idades semelhantes um dia, até brincavam com o dia em que os filhos crescessem e se casassem uns com os outros.

Portanto, depois de bastante consideração, os dois chamaram Megan e pediram-lhe para vir para onde eles estavam para poder começar de novo. Casey ia tentar ajudar Megan a arranjar um emprego na base onde ele trabalhava, e Raven tinha conhecimentos para ajudar Megan a arranjar um bom apartamento e até conhecer pessoas maravilhosas.

Raven só queria ajudar Megan a começar uma vida inteiramente nova juntos, e esperava que um dia esta encontrasse o Sr Certo, assentasse e pudessem viver juntos os seus sonhos como melhores amigas, criando as famílias juntas. Raven até começou à procura de um apartamento ou casa para Megan.

A Linhagem Bronze da Fénix

Estava tudo previsto, e Megan concordou em vir para Sal Quebec, Texas, para começar a sua vida de novo. Horatio, por outro lado, estava a ter dificuldade com aquela decisão porque acreditava que mandar ir Megan podia não ser grande ideia. Raven e Casey não viam o que Horatio via, mas, por outro lado, quando é que Raven algum dia viu as coisas da mesma maneira que o pai? Casey também tinha um amigo que tinha sido deslocado devido ao encerramento da base. Por isso, fez a mesma coisa: ofereceu a sua casa ao seu melhor amigo. Esperava ajudá-lo a começar de novo também, uma vez que ambos trabalhavam juntos na base que tinha fechado. A ironia desta situação era que o melhor amigo de Casey, que se chamava Sandy, tinha primeiro apontado para Raven, queria-a para si e tinha comunicado as suas intenções a Raven. Isto foi antes de Raven conhecer Casey e antes de saber que Casey gostava dela, por isso, nunca resultou nada daí, e provar-se-ia que não era problema nenhum. Contudo, ia haver um problema mais significativo que ia surgir.

Quando Megan veio, Sandy apareceu uns seis dias mais tarde, e tudo corria bem, pelo menos a curto prazo.

Depois de cerca de um mês, Raven levou Megan para ajudar a preparar umas coisas para ela. Sandy já tinha conseguido um lugar na base e estava a trabalhar regularmente. Megan, por seu lado, parecia não estar interessada em procurar trabalho, e Casey era o único que ganhava para casa, para ela, para a mulher e para o filho.

O pequeno Connor tinha então dezoito meses e Sandy adorava o seu afilhado.

Passou outro mês, e Casey notou que a única coisa que Raven parecia fazer era arrumar a casa que Megan tinha desarrumado. Esta não ajudava Raven no trabalho da casa. Sandy andava a fazer a sua parte do trabalho da casa, assim como Casey, mas Megan parecia não se importar muito com cozinhar, limpar ou executar qualquer tipo de tarefa doméstica. Megan ainda nem sequer tinha saído de casa, nem uma vez para procurar trabalho, nem alojamento, nem sequer para conhecer novos amigos. Megan e Sandy tinham começado uma relação, e Megan fazia comentários acerca do anel de Raven que Casey lhe tinha dado recentemente, que era de quatro quilates e que Megan achava que era simplesmente do outro mundo.

Megan dava a entender a Sandy que andava à procura de um anel como o de Raven, e Sandy fazia-se desentendido, dizendo:

— Ainda bem. Espero que o consigas.

O facto era que estava a fazer comentários para ele na esperança de lhe arrancar uma proposta de casamento. Mas Sandy não queria ter nada a ver com o assunto. Achava que Megan tinha perdido o juízo. Na sua opinião, o único anel que Megan ia ter era um anel cervical.

Depois do terceiro mês, com Megan sem ter começado a procurar emprego, Casey convocou uma reunião de família com Megan, Sandy, Raven e ele próprio. Perguntou a Sandy e a Megan quais eram os seus planos a longo prazo. Casey queria saber o que todos planeavam fazer porque estava pronto para ficar com a sua pequena família só para si, e esperava ter oportunidade de ir visitar ambos os amigos na sua casa.

Havia outra razão para Casey convocar a reunião. Tinha começado a notar que Megan vestia calças de fato de treino em casa, mas não eram umas quaisquer. Estas estavam sem braguilha e toda a gente via tudo quando as usava. Raven não era ciumenta e nunca lhe ocorreu perguntar a Megan nada sobre as calças. Casey estava a ficar algo perturbado com a escolha de roupa desportiva na sua casa e especialmente perto do seu filho pequeno e da mulher. Sentia que Megan estava a começar a desrespeitar Raven e o filho. Sendo o tipo de homem que era, ela não ia prosseguir por aí.

Na reunião ele perguntou a Megan:

— Meg, notei que andas a chegar muito tarde à noite e uma vez que todos nós trabalhamos e o quarto do meu filho é perto da parte da frente da casa, queria pedir-te se podias chegar um pouco mais cedo quando saíres.

Estão a ver, Megan saía de casa mas não andava à procura de emprego, e entrava por volta das três da manhã.

Tanto Casey como Sandy tinham de se levantar por volta das cinco da manhã. Isto levou Casey a dizê-lo a Megan, na esperança de que tentasse ser um pouco mais compreensiva. Também disse a Megan:

— Também reparei nas tuas calças de fato de treino, e queria pedir-te para seres um pouco mais respeitadora com a minha mulher, filho e eu próprio, e vestires outra coisa quando estás connosco.

Bem, aquilo tocou na ferida de Megan. De facto, Megan tornou-se mais rebelde em relação a Casey e Raven, mas esta ignorou-a e não falou disso. Um dia, os homens estavam lá fora no pátio e decidiram fazer uma grelhada para o jantar de toda a gente. Casey achou que as mulheres iam gostar.

Raven viu Megan no corredor, e parou quando passava pelo quarto de Megan para lhe perguntar:

— Meg, o que se passa? Parece que mudaste ao longo dos anos, mas porquê? O que te aconteceu?

Esta observação deixou Megan com um humor terrível. A principal razão pela qual Raven tinha feito a pergunta era que toda a gente tinha notado que a personalidade da amiga parecia estar diferente. Falava e agia de forma atípica, e dava a ideia de que podia estar com uma medicação qualquer. Casey e Raven achavam que podia ter tomado alguma droga. Afinal, Raven e Megan tinham vivido separadas durante quase cinco anos, e Raven tinha à sua frente uma pessoa que já não conhecia.

Quando Raven fez a pergunta, Megan deu um salto, colocou-se mesmo em frente da cara de Raven, e disse:

— Vou ter de matar alguém aqui?

Raven só viu vermelho. Ela já não era aquela miúda tímida, maltratada e usada, que tinha medo de falar em sua defesa. De facto, tinha-se tornado uma rapariga que não admitia intimidações, que já não permitia que as pessoas a pisassem. Por isso, se era a Terceira Guerra Mundial que Megan queria, então era guerra que ia ter.

Sem aviso, a própria Raven saltou da cama onde estava sentada e pôs-se diretamente em frente da cara de Megan e disse-lhe:

— Não falas comigo assim na minha própria casa. Não sei com quem pensas que estás a falar, mas vou mostrar-te.

Os homens ouviram o alvoroço, e entraram em ação, correndo depressa para dentro da casa. Megan e Raven brigavam no corredor e Raven estava prestes a amassar Megan quando Casey e Sandy a agarraram e a arrastaram para fora da porta. Durante a semana seguinte, Raven tentou evitar Megan por achar que ela tinha ido longe demais. Raven não ia admiti-lo e não ia ficar a olhar de braços cruzados e permitir que uma pessoa, a quem só tentou ajudar, a ameaçasse na sua casa. Para tornar as coisas piores, Raven ouvia falar de uma coisa que Megan tinha começado a fazer. Megan andava a dizer às amigas de Raven e às vizinhas que ela era, de facto, a verdadeira Srª Reid e que o bebé Connor era filho dela e não de Raven.

Foi o fim. Porque quando Casey soube disto também, começou a perceber que se estava a tornar perigosa para a sua família. Um dia Megan disse a Casey que tinha uma arma e que ia ter de matar umas pessoas. Bem, para Casey, o jogo terminava ali.

Fim de história. Megan já não era bem-vinda na sua casa com conversas daquelas. Nessa mesma tarde, Megan saiu à noite e ninguém sabia para onde nem com quem.

Casey e Raven telefonaram para um abrigo para saber o que fazer para ajudar uma pessoa a encontrar um sítio para ficar. Estão a ver, Casey era um homem bom, e embora Megan lhe tivesse ameaçado a família, não ia pôr Megan na rua tão longe de casa.

Naquela tarde, Casey arrumou cuidadosamente as coisas de Megan e pô-las junto da porta. Raven estava tão perturbada depois da briga com Megan, que já não saía do quarto por medo de se encontrarem e voltarem ao mesmo.

Naquela noite, quando Megan entrou às três da manhã outra vez, Casey estava sentado à espera dela. Raven ouviu a conversa em que Casey dizia a Megan:

— Olá, entra e não fiques muito à vontade porque não vais ficar cá.

Continuou, dizendo-lhe que ele e Raven lhe tinham encontrar um sítio para viver. Deu-lhe o papel com a morada e número de telefone, porque sabia que ela estava a centenas de quilómetros da sua antiga casa onde vivia.

— Não preciso que vocês me encontrem nada.

Quando Megan pegou nas malas já embaladas, Casey acompanhou-a à porta e, quando se foi embora, deitou-lhe um olhar odioso e chocante. Casey sorriu levemente para Megan e disse:

— Espero e rezo para que encontres aquilo que procuras.

E assim terminou. Vinte e cinco anos de amizade foram pelo cano abaixo num abrir e fechar de olhos. Pode dizer-se que foram amigas até ao fim.

Episódio XXIX: Sombras Duplas

A seguir a uma noite escura, vem um novo dia de sol, e agora com o fim de uma era entre Raven e Megan veio um novo começo. Casey e Raven seguiram em frente, mas antes de Megan o fazer, tinha mais um truque na manga. Queria vingar-se de Raven e Casey porque achava que não tinha feito nada errado. Aos olhos de Megan, como estava errado tomar a identidade da sua melhor amiga, seduzir o seu marido ou mesmo tirar o único filho da sua melhor amiga? Não havia nada imoral nisso, pois não? Megan também achava que Horatio devia saber que Raven e Casey só a levaram para lá para ela conceber o bebé de Casey. Isso, mesmo. Megan voltou à terra natal das duas e visitou Horatio. Disse-lhe que Raven e Casey lhe tinham pedido que viesse, só para dar à luz um filho para Casey. Quando Horatio telefonou a Raven, estava furioso por Raven não lhe dar ouvidos e trazer problemas à sua casa, deixando uma mulher divorciada e ciumenta ir viver com eles.

Não era assim que Raven via as coisas, mas desta vez, concordou com o pai e disse a Horatio que tinha razão; que Megan tinha mudado muito desde que ela a conheceu. Horatio surpreendeu Raven ao dizer:

— Não, querida, estás errada. Megan não mudou. Quem mudou foste tu.

Foi bom para o coração de Raven ouvir o pai finalmente dizer-lhe que achava que ela tinha mudado. Ele disse ainda:

— Tu assentaste, arranjaste um homem, e têm um bebé e uma casa. Ela ainda pensa que estás solteira a correr as ruas, e fico contente por seres mais sensata.

Casey, por seu lado, ficou destroçado porque, tal como Raven, tinha-se acostumado a ver Megan como uma irmã mais nova. Magoava-o pensar que, depois de todos aqueles anos em que Raven e Megan foram amigas, tudo isso era coisa do passado.

À medida que o tempo foi passando e ficaram com a sua casa só para eles, estava na hora de voltar a pensar no futuro. E é aqui que as coisas ficam estranhas. Tinham decidido adotar mais crianças, e queriam outro menino. Raven sempre sonhou com seis crianças. Queria cinco rapazes e uma menina no fim. Então, este seria o segundo filho. Já tinham escolhido um nome da Bíblia para ele e deram-lhe o nome de Casey, como nome do meio. Ia chamar-se Abraham Casey Reid III. Agora só precisavam de um menino.

Um dia receberam o telefonema da agência. Queriam dar-lhe informação sobre o novo filho que ia chegar aos seus pais. Raven queria saber o nome original da criança e disse à agência que já tinham nome para ele.

Quando revelou o nome, a assistente social desatou a rir: riu-se tanto que as lágrimas lhe corriam pela cara abaixo.

Raven queria saber o que é que tinha tido tanta graça. A assistente social disse-lhe:

— Veja isto: o nome que me disse é o nome que a criança já tem.

Raven ficou siderada, pois não compreendia como podia ser. Mas Raven e Casey estavam empolgados por poderem alargar a família mais uma vez e sentir o som instável de pezinhos que aprendiam a caminhar.

Ao fim de seis meses, decidiram mais uma vez e agora estavam prestes a ficar com três pares de pezinhos a correr pela casa, ao receberem a sua única menina: Koko Kalilanu Reid.

Dando uma reviravolta nas coisas, Deus mostrou como desempenha o seu papel na nossa vida como fez com Abraham.

A assistente social e Raven rebobinaram instantaneamente aquele momento passado quando Raven revelou o nome que ela e Casey tinham escolhido para a filha. Mais uma vez, a assistente social disse que Koko já era o nome da filha. Quais são as probabilidades? Não havia ninguém que conseguisse que as coisas acontecessem daquela maneira tão estranha. Não havia?

Agora estava completa. Raven e Casey eram agora os pais babados de três filhos. Ela não podia estar mais feliz. Mas esperem. Raven começou a lembrar-se que, anos antes, o jogo de tabuleiro que tinham feito em Sawicki, Colorado, indicava que iam ter três filhos.

A Linhagem Bronze da Fénix

Raven nunca acreditou até àquele momento. Também se lembrou que a senhora idosa lhe disse que ela e o marido teriam três filhos. Raven não atribuía todas as aparentes coincidências a adivinhos, porque lá no fundo, ela achava que eram as suas preces que tinham sido atendidas. Sempre acreditou que DEUS e Casey eram o seu rochedo e sanidade e que nada ia abalar essa fé. O tempo passava e Raven e Casey e as crianças eram felizes e sempre enchiam a casa com canções, dança, música e oração.

Horatio estava contente por ser avô dos filhos de Raven. Embora a sua filha biológica, Margaret, tivesse filhos seus, ele tinha um lugar especial no seu coração só para Raven. Aos olhos de Horatio, Raven podia ter crescido mas ele ainda a via como a sua menina.

Casey tinha uma mistura de sentimentos. Não tinha consciência disso, mas estava a chegar a uma encruzilhada na vida. Raven e as crianças iam ser apanhadas no remoinho dele. Casey andava a pôr-se questões sobre a vida. Não, não era só sobre a vida, mas sobre a sua vida, e a sua finalidade na terra. Estava a ficar confuso e inseguro da direção em que devia levar a família. Tinha lido exaustivamente a Bíblia e tentado compreender os seus sentimentos naquela fase da vida. Entretanto, Raven ia numa nova direção porque agora tinha-se tornado empresária e tinha acabado de abrir a sua própria companhia.

Tinha querido trabalhar quando as crianças estavam a crescer e a começar a escola. Nunca quiseram usar *babysitters*, e

Raven teve a ideia de que, se trabalhasse por conta própria, continuava a poder ter e a criar a família, ao mesmo tempo que trazia para casa um pouco de pão extra para comer com a manteiga que Casey trazia do seu emprego.

Ela sabia que tinha os conhecimentos e as bases necessárias e que já tinha dirigido uma empresa quando tinha apenas dezoito anos. Por isso, sentia-se equipada para abrir um negócio. Começou a trabalhar a tempo inteiro. Estava com os clientes diariamente, às vezes a trabalhar desde as sete da manhã até tarde à noite. Muitas vezes, não terminava o trabalho com os clientes antes da uma da manhã, mas mesmo assim, tentava arranjar tempo para os filhos e Casey.

Este tinha-se tornado civil porque não queria ser deslocalizado e ficar longe de Raven e dos filhos. Assim, ao fim de doze anos de serviço militar, terminou a carreira. Disse a Raven que não podia servir a dois senhores, DEUS e trabalho, e que se tentasse daria mais a um do que ao outro e, para ele, isso não servia. O mais importante era que já não queria ser posto numa situação em que podia ter de tirar a vida a outra pessoa.

Dallas P. Elkheart

Episódio XXX: O Legado de Christine~

Em todo aquele tempo, Horatio tinha ficado mais velho e disse a Raven que gostava que ela encontrasse a sua mãe biológica. Tinha receio de morrer um dia e que Raven ficasse sozinha. Horatio sabia que ela tinha Casey, mas ele sentia que gostava de estar seguro de que ela tinha pelo menos um progenitor por perto para poder procurar orientação e apoio. Raven não queria encontrar a sua mãe biológica porque achava que isso era desrespeitar Eliza e Horatio. Afinal, eles ficaram com ela quando mais ninguém a queria, e ela sentia que a mãe biológica não desejava sequer vê-la agora. Tinha sobrevivido na vida muito bem sem ela e até sentia algum desprezo por ela. Achava que a tinha atirado fora como se fosse um saco de velharias.

Com o tempo, Raven quis acalmar Horatio e começou a procurar a mãe biológica. Localizou uma pessoa que se acreditava ser ela, no entanto, não havia provas para confirmar ou negar que aquela mulher que encontrou era, de facto, Christine Masson. Estabeleceu uma relação à distância com a mulher que se acreditava ser Christine, mas Raven não conseguia compreender por que não encontrava os mesmos sentimentos no seu coração que ela tinha por Eliza. Raven nunca sentiu verdadeiramente que esta nova mãe biológica merecia ser chamada MÃE. Raven ficou a saber que era a mais velha de aproximadamente quarenta crianças da família.

Também foi informada que esta mãe biológica, que acreditava ser Christine, tinha dado à luz outras três crianças.

O que não caiu bem a Raven foi que Christine ficou com todos três desses filhos, só não ficou com ela, e que ela tinha pegado no nome Bella Masson e o tinha dado à filha seguinte.

Isto deixou Raven zangada, e assim ficou difícil sentir uma ligação à mulher que não só a descartou como lixo, mas que teve a coragem de pensar tão pouco dela que, não contente com dá-la, deu também o nome dela. Para Raven este facto acrescentava insulto à injúria. Raven manteve-se em contacto com a senhora chamada Christine, é verdade, mas a relação para Raven estava morta, à semelhança de Eliza.

À medida que o tempo passou, Casey tinha começado a ter sonhos. Um sonho era com um dos filhos. Este sonho perseguia Casey, que não compreendia o significado dele. Depressa ia perceber que os dons são dados a muitos mas pouco compreendem os seus poderes. A família Reid era feliz, mas os filhos tinham de ser vigiados pelo médico com regularidade, pelo menos uma ou duas vezes por semana. Casey e Raven não adotaram apenas três crianças e se tornaram uma família típica: todos os seus filhos nasceram com problemas graves de saúde. Casey e Raven sabiam exatamente o que tinham de enfrentar juntos como família, mas nenhum dos pais se importava de o fazer. Casey era, afinal, o mais velho de cinco filhos e já era algo como uma figura paterna para os outros quando a mãe o encarregou de tomar conta dos mais novos.

Raven sempre quis ser mãe e sentia que a vida lhe tinha tirado a oportunidade de o ser em mais do que uma ocasião.

Para Raven, ser mãe era fácil. Uma vez que já tinha tido formação em enfermagem e cuidados médicos, sentia que tinha tudo o que precisava para ser uma boa mãe, e lá no fundo, sabia que Casey seria o melhor pai de sempre.

A criação dos filhos seria especialmente exigente para Casey e Raven. As crianças tinham necessidades e problemas diferentes por causa de várias complicações combinadas. Uma dessas complicações era que a mãe biológica de cada um deles tinha graves problemas de droga e álcool antes e durante a gravidez. Outra foi que as mães biológicas fizeram juízos errados e usaram promiscuidade nos seus encontros.

O terceiro problema foi que não tinham recebido cuidados pré-natais durante o período de gestação. Todas estas coisas contribuíram para que as crianças nascessem com problemas de desenvolvimento e de saúde.

Após alguns meses, Raven já se tinha habituado às necessidades e horários das crianças, mas precisava de mais desafios. Estava habituada a fazer mais do que uma coisa ao mesmo tempo, e sabia que depressa ia precisar de voltar ao trabalho. Não queria deixar os filhos num infantário.

Casey foi uma bênção para Raven uma vez que as suas competências paternais entraram em ação. Trabalhava toda a noite e vinha para casa e tirava as crianças das mãos de Raven. Durante o dia, Raven trabalhava numa área e corria entre os seus bebés e os clientes, já que tinha aberto a empresa a partir de casa. Sempre que uma das crianças precisava de ir a uma consulta ou cuidados médicos, ela trabalhava até à hora da consulta, pegava nas crianças, corria com elas para o consultório, voltava para casa e voltava para o trabalho.

Casey e Raven trabalhavam noite e dia, e a família continuava a gostar de estar uns com os outros, e adoravam o tempo que passavam com os filhos.

O mais velho, Connor, ia começar a escola pré-primária no ano seguinte. Os rapazes tinham apenas um ano e sete dias de diferença: Abraham tinha quatro anos e a menina Koko tinha apenas um ano.

~ ~ ~ ~

É possível saber o nosso destino? As premonições são reais? Bem, algumas coisas na vida podem deixar uma pessoa a questionar-se ou a responder. Uma tarde Casey, Raven, Connor, Abraham e a pequena Koko estavam a brincar todos juntos na sala onde se reunia a família. Inesperadamente, Abraham fez um comentário inusitado para os irmãos.

Abraham disse abruptamente:

— Tenho outra casa para onde vou.

Connor respondeu-lhe que estava a dizer disparates. Que aquela é que era a sua casa e que ele não ia para lado nenhum.

Abraham voltou com:

— Não, tenho uma casa grande noutro sítio, onde vou viver.

Uma pessoa pode ter de se perguntar quem leva as brincadeiras de crianças a sério. Bem, depois de ouvirem a situação de Abraham, podem ficar a perguntar se é possível saber o próprio destino antes de ele ocorrer.

Em consequência de Connor começar a escola, Raven travou conhecimento com os pais de um dos colegas dele. Pareciam todos dar-se bem, assim como as crianças. Passavam os fins-de-semana a visitar-se uns aos outros e deixavam as crianças brincar juntas enquanto os adultos viam filmes ou faziam saídas em família.

Uma tarde as famílias tinham-se reunido, e as crianças estavam todas no quarto a brincar e a ver desenhos animados na televisão. Os adultos estavam na sala ao lado, a falar e a rir ao mesmo tempo que jogavam cartas.

De repente, o pequeno Connor veio a correr para a sala e a gritar:

— Mãe, Mãe, Mãe, o Ryan bateu no Abraham na cabeça e ele está caído no chão.

Todos os adultos se puseram de pé imediatamente para ir ver os miúdos e saber o que tinha acontecido. Ryan era a criança mais nova dos amigos, que era da idade de Connor e seu colega.

Raven correu à frente dos outros para ver qual era o problema. Chegou a Abraham, levantou-o do chão e trouxe-o de volta para a sala onde estavam os adultos. Toda a gente tentou determinar que lesão Abraham tinha sofrido, mas não havia marcas físicas nem nódoas negras.

Raven tinha trabalhado na área médica e sabia que ela e Casey tinham de estar atentos a Abraham. Precisavam de ver se mostrava sinais de lesões, por isso mantiveram-no acordado toda a noite para o poderem observar. Queriam ter a certeza de que não tinha contraído uma lesão, e deixá-lo dormir podia fazê-lo entrar em coma.

Raven e Casey levaram as crianças para casa, e Abraham parecia totalmente bem. Queria brincar mais, mas Casey insistiu que ficasse sentado e quieto o resto da noite. Passaram vários dias e tudo parecia normal, até que Raven notou uma coisa em Abraham.

A Linhagem Bronze da Fénix

Tinha desenvolvido um apetite insaciável e muita sede. Falou com Casey sobre isso e ficaram preocupados. Esta apreensão vinha, não do que aconteceu várias semanas antes, mas de outros problemas. Todas as crianças precisavam de medicação numa base diária, por vezes horária. Para Abraham, tinha sido determinado que tinha duas coisas a passar-se: o corpo parecia grande demais para uma criança de quatro anos; e tinha-lhe sido diagnosticado a «Síndrome de Tourette».

A cavidade torácica era demasiado grande, e os pés tinham o dobro do tamanho de uma criança de quatro anos. Por outras palavras, era maior em estatura e tamanho do que Connor, embora este fosse o mais velho.

Estes problemas criam um transtorno de movimento estereotipado. A doença costuma ocorrer entre as idades de três e nove anos, e Abraham tinha acabado de fazer quatro. Os médicos tinha-lhe dado uma medicação pesada para o ajudar a ele e aos pais com o seu problema, por isso esta era uma preocupação para eles.

Um dia de manhã, Raven levantou-se, vestiu-se e preparou-se para levar Connor para a escola enquanto esperava que Casey chegasse de trabalhar. Estava a fazer o turno da noite e vinha por volta das sete e meia todas as manhãs.

Naquela manhã, quando Raven cumprimentou Casey ao entrar do trabalho, Casey disse a Raven:

— Vai-te embora para o trabalho que eu tomo conta dos miúdos.

Raven costumava deixar Connor na escola e depois voltava para abrir o escritório para o trabalho do dia. Casey foi para o quarto para mudar de roupa e Raven foi ver as outras crianças para ver se toda a gente estava a dormir porque Casey ia dormir uma raspa ele próprio.

Quando Raven passou pelo quarto de banho, notou que Abraham não estava no seu quarto. De facto, estava no quarto de banho de pé junto à sanita. Perguntou-lhe o que estava a fazer de pé. Mas Abraham respondeu que não se sentia muito bem.

Raven ficou preocupada e disse-lhe:

— Querido, ajoelha-te ao pé do bacio para não caíres e te magoares.

Raven pensava que Abraham podia ficar zonzo e cair contra a esquina do armário

Ou bater com a cabeça no bacio de porcelana. Imediatamente correu para o pátio para chamar Casey.

— Case, passa-se qualquer coisa com Abraham.

Deu um passo atrás e olhou para o quarto de banho, e Abraham estava já deitado no chão.

Raven pôs-se de joelhos e chamou-o:

— Abraham, querido, Abraham.

Naquela altura Abraham só olhava para cima para a mãe, estando na posição fetal. Sabia que estava na hora de chamar o 112. Pegou em Abraham nos braços e correu para o quarto, gritando:

— Querido, chama o 112, JÁ!

Casey ficou estupefacto quando Raven entrou no quarto com o filho nos braços. Puxou os cobertores para trás rapidamente e meteu Abraham na cama. Pegou em todo o equipamento médico que ainda tinha de quando estava na escola de enfermagem e começou a verificar todos os sinais vitais do filho. Casey estava ao telefone com o 112, com a voz tremente, e tentando dizer às operadoras qual era a emergência médica. Raven, por seu lado, percebeu que as pupilas do filho se tinham dilatado, e a temperatura tinha baixado para 21°C. Sabia que o filho estava mal. Gritou para a operadora para mandar alguém depressa.

Enquanto a operadora tentava manter Casey calmo ao telefone até que uma unidade médica respondesse, Casey disse a Raven que pegasse num chapéu de inverno e que o pusesse na cabeça de Abraham para o manter quente, uma vez que o calor corporal se perde a partir do cimo da cabeça. Raven achou que as coisas andavam demasiado lentamente, e que o filho estava a entrar em coma. Perdeu a paciência com a operadora e disse-lhe:

— Diga à ambulância que me encontro com eles à frente do jardim com o meu filho.

Pegou em Abraham ao colo, e Casey seguiu-a com o telefone sem fios enquanto Raven gritava:

— Socorro, ajudem-me, ajudem-me por favor.

Quando chegou à porta com o pequeno Abraham, o seu pequeno corpo ficou rígido e teso como uma tábua. Sabia que o tempo se estava a esgotar para o filho e depressa. Virou-se de lado para passar com o filho porque o seu pequeno corpo estava agora a entrar em convulsão. Assim que Raven chegou ao alpendre da frente, o grito de socorro ouvia-se na vizinhança. Um vizinho ouviu-a e veio ter com ela ao jardim. Tirou-lhe o filho dos braços e colocou-o no chão.

Abraham lutava agora pela vida, e Casey e Raven estavam impotentes como cordeiros. Raven estava ajoelhada no chão quando dois bombeiros chegaram.

Chegaram mas Abraham precisava de muito mais equipamento do que tinham. Um bombeiro disse para o outro:

— Onde diabo está aquela ambulância?

O coração de Raven caiu quando ouviu o outro bombeiro dizer que estavam a catorze minutos e cinquenta e três segundos dali. Ela sabia que não era bom.

Casey estava a tentar juntar todas as crianças para os entregar aos vizinhos para Connor ir para a escola e a pequena Koko para outra vizinha, esperando poupar as crianças àquela cena dramática.

Quando a ambulância chegou finalmente, não conseguiram estabilizar o menino nos cinco minutos seguintes. Raven entrou por trás da ambulância quando eles tentavam desesperadamente salvar a vida do filho. Casey, entretanto, foi buscar o carro da família para seguir a ambulância com a vida do seu pequeno filho presa por um fio.

A ambulância arrancou, com as sirenes a tocar, e depois Raven ouviu-os dizer uma coisa que nunca vai esquecer.

O condutor telefonou antes da chegada e disse ao hospital:

— Temos um código 3 a caminho.

Raven já não podia fingir que as coisas podiam ficar melhor, porque os seus conhecimentos médicos lhe diziam que aquilo queria dizer que o seu filho ia entrar no limiar da morte. Se tivessem dito «código 4» significava Morto à Chegada e «código 3» significava no Limiar da Morte.

Quando a ambulância chegou e descarregaram o seu filho, correndo com ele para dentro, tanto Casey como Raven tiveram de dar informações para a admissão do filho enquanto o hospital se esforçava por manter o pequeno Abraham vivo. Depois de o hospital ter toda a informação médica e sobre o seguro, disseram-lhe que podiam subir para a UCI para ver o filho. Ao chegar ao elevador, abraçaram-se para conforto mas naquele dia não havia nenhum. O elevador abriu-se e eles desceram o corredor em direção ao filho, quando Raven ouviu o intercomunicador dizer: «CÓDIGO AZUL, CÓDIGO AZUL, UCI»

Naquele momento, Raven sentiu e soube que era o filho. Naquela altura, apareceu a assistente social e disse-lhes que tinha sido chamada e precisava de falar com eles porque, sempre que uma criança com menos de doze anos é admitido com aqueles problemas, têm de falar com os pais.

Com lágrimas nos olhos, Raven disse à assistente social:

— Agora, não. A vida do meu filho está por um fio. Vai ter de fazer isso mais tarde. Agora, não. O nosso filho precisa de nós.

Desatou num trote que se tornou corrida total quando percorreu o corredor para a UCI. No momento em que Raven virou a esquina, travaram-na.

Tinham o filho deitado na cama, com uma enfermeira com o desfibrilhador na mão e uma equipa médica completa à volta do filho, tentando trazê-lo de volta à vida. Casey estava quase no fundo do corredor quando Raven voltou a correr pelo corredor e passou por ele, gritando a plenos pulmões.

Correu pelo corredor abaixo e atirou-se contra a parede, gritando:

— NÃO, NÃO, NÃO, NÃO, NÃO, DEUS NÃO.

Casey percebeu o que se estava a passar e correu para Raven.

Enquanto os dois ficaram abraçados, em lágrimas e sentindo-se absolutamente impotentes no fundo do corredor com nada senão a sua dor, perceberam que nem o seu amor podia consertar aquilo.

Conseguiram trazer Abraham de volta, e colocaram-no num ventilador. O médico veio falar com Casey e Raven para descobrir o que tinha causado aquilo. Perguntou se Abraham tinha sido atingido na cabeça. Naquela altura, as mentes de Casey e Raven estavam confusas com todo o drama que se passava à sua volta. Não se lembravam da pancada na têmpora de duas semanas antes. A única coisa que lhes ocorreu foi que, uns dias antes, Abraham tinha caído do cimo do beliche, mas nem Raven nem Casey se lembravam de ele ter dado nenhuma pancada na cabeça na sequência disso.

Depois de falar com o médico, as enfermeiras vieram buscá-los para os levar pelo corredor e dobraram a esquina. O que não sabiam era que estavam a ser conduzidos a um capelão. Geralmente, os capelães dos hospitais são chamados quando um desfecho fatal está para acontecer. Não os tinham preparado para um desenlace trágico da sua situação, e aquele dia não correu como previsto.

A família foi depois abordada outra vez pelos médicos, e o que lhes disseram selou o destino da toda a família naquela tarde.

Explicaram que o cérebro de Abraham tinha inchado para o dobro do cérebro de uma criança saudável e que os seus órgãos tinham deixado de funcionar. Disseram que na manhã seguinte iam fazer um exame final para ver se o cérebro de Abraham ainda recebia sinais e se não recebesse, iam desligar o suporte de vida.

Raven e Casey ficaram a saber que, se tivessem alguém que quisesse despedir-se de Abraham, seria uma boa altura para os contactar.

Mas esperem.

O que tinha acontecido? A mente de Raven nem sequer conseguia interiorizar como tudo tinha chegado ali, e Casey estava ainda mais confuso. Ainda tinham direito a benefícios militares, o que queria dizer que não tinham muito a dizer sobre a matéria. Em contrapartida, também queria dizer que o hospital militar teria a última palavra sobre a interrupção do suporte de vida de Abraham. Raven e Casey não conseguiam reter nem lágrimas nem perguntas. Lá no fundo, Raven pensava consigo própria: «O inferno voltou a encontrar-me».

Os pais foram para casa passar a noite, pois ainda tinham de tomar conta de Connor de cinco anos e de Koko de um ano, além dos animais da família.

Sem saber o que fazer, Raven chamou Karne, a sua chamada irmã biológica, aquela que tinha encontrado quando andava à procura da mãe biológica. Karne veio em auxílio de Raven.

Karne teve uma ideia de que Raven havia de vir a arrepender-se. Karne mandou vir a mãe biológica de Raven porque achava que precisava de uma figura materna na sua vida naquele momento.

Raven não estava preparada para aquilo e não achou que fosse boa ideia, mas Karne pôs as coisas a andar sem que Raven o soubesse. Na manhã seguinte, os médicos telefonaram aos pais muito cedo antes de o sol nascer. Precisavam de lhes falar sobre os resultados. Os pais voltaram ao hospital porque os resultados não eram bons.

Os resultados eram que o seu pequeno Abraham de quatro anos nunca voltaria a acordar porque o cérebro estava clinicamente declarado morto. Quando Casey e Raven chegaram ao hospital e se dirigiram para a UCI pediátrica, a meio da colina, uma mulher caminhou para Raven, que estava tão devastada que nem acreditava que no dia anterior de manhã tudo estava normal, e à tarde todo o seu mundo tinha mudado. Quando a mulher se aproximou de Raven, e esta levantou os olhos, ela estava cada vez mais perto, mas não estava sozinha. Podia ser? A mulher chegou junto de Raven, e quando Raven chegou junto dela, pararam as duas. Karne estava com a mulher no meio do átrio do hospital. Era ela. Christine Masson tinha finalmente aparecido. Então naquele dia, Raven não só dizia adeus ao seu filho do meio, também dizia olá à mulher que a considerou tão insignificante como recém-nascida que a atirou para o lado como lixo para o caixote.

Raven e Christine não tinham tempo para «olás» porque toda a gente tinha de estar no quarto do pequeno Abraham uma última vez para se despedirem. Casey, Raven, o pequeno Connor, Koko e Christine todos entraram no quarto de Abraham uma última vez. Os médicos tinham decidido que nenhuma função cerebral seria restaurada ao menino. Por isso, iam desligar-lhe a ficha da vida. Perguntaram aos pais se gostariam de doar os órgãos de Abraham para ajudar outras crianças, mas Raven rapidamente disse:

— NÃO. Se os seus órgãos não serviram para suportar a vida dele, não vou impor o mesmo destino a outra criança ou à sua família. Por isso, NÃO.

Raven sentou-se na cama e segurou o pequeno Abraham nos braços ao dizer em voz alta:

— Deus, por favor, permite que eu tome o seu lugar. Por favor.

Aquele milagre não ocorreu porque DEUS tinha tomado a sua decisão final. Raven disse a Abraham, com ele nos braços pela última vez:

— Vieste a este mundo sozinho, mas não vou deixar que partas da mesma maneira.

Enquanto Casey ajudava Connor a despedir-se do seu irmão mais novo e deixou Koko beijar Abraham pela última vez, Raven segurava firmemente o pequeno Abraham. O marido, estava de pé solenemente ao seu lado, segurando o que restava da sua família nos seus braços. Depois desligaram a máquina da parede. Nesse preciso momento, a vida de Abraham Casey Reid III deixou de ser. Tinham baixado a intensidade da luz e o último suspiro foi exalado pela última vez quando uma criança que mal tinha quatro anos, conheceu a cara de DEUS.

Dallas P Elkheart

PARTE IX: O Pardal Observa-me

Episódio XXXI: Memórias Assombrada

Casey, Raven e Christine Masson, acabada de encontrar e autoproclamada mãe biológica, todos estavam a chorar quando se levantaram e se prepararam para voltar para casa. Os Reid iam agora partir com quatro membros e não cinco. Raven ali estava com os olhos arrasados de lágrimas e o coração despedaçado porque sabia que o destino não ia permitir que ela escapasse às suas garras de infortúnio. A família voltou para casa, tentando compreender o que tinha acabado de acontecer numa questão de horas. Como passaram de uma família feliz e auspiciosa de cinco para uma família de quatro num abrir e fechar de olhos? Casey a Raven tinham-se tornado espirituais porque a família passava muitas horas a ler e a aprender as palavras escritas na Bíblia, ao mesmo tempo que tentavam instilar as palavras, de acordo com as quais sabiam que deviam viver, aos seus filhos. Raven tinha decidido que era mais avisado não pôr um ponto de interrogação atrás do ponto final de DEUS. Quando DEUS disse a última palavra, fim de conversa.

À medida que os dias seguintes decorriam e a família passava todo o tempo a fazer os preparativos para o funeral do filho, Christine perguntou se podia levar as outras duas crianças para passar a noite com ela, permitindo que Raven e Casey chorassem em privado. Connor, tendo apenas cinco anos e Koko só de um, não compreendiam onde estava o irmão e tiveram dificuldade em compreender que o irmão Abraham nunca mais voltaria para casa.

Dois dias antes da cerimónia fúnebre do pequeno Abraham, a escola onde Connor frequentava a pré-primária recebia relatos bizarros vindos de outros meninos.

O que se relatava era que as crianças que brincavam no recreio da escola andavam a dizer aos professores, a outros membros do pessoal e aos pais em casa que não só viam o pequeno Abraham mas que também brincavam com ele no recreio. Algumas das crianças sentiam a mesma coisa nos seus jardins em casa. Como podia ser? Como podia uma criança morta andar a brincar com alguém num recreio ou noutro sítio qualquer? O que andavam as crianças a experienciar? Estas eram algumas das perguntas sem resposta que Raven e outros tinham agora.

Na noite anterior ao funeral, houve uma cerimónia para verem o corpo do pequeno Abraham, levada a cabo pelos vizinhos, colegas de brincadeiras e pelas suas famílias. Nessa tarde, a agência funerária mandou um carro para ir buscar Raven, Casey, as crianças e o melhor amigo de Connor, Ryan. Ryan foi a criança que bateu na cabeça de Abraham na saída que a família fez e que o deitou abaixo da cama. Raven e Casey tentaram não tratar Ryan de forma diferente porque era apenas uma criança. Ele não sabia que aquilo podia ter contribuído para aquele resultado. Embora nunca tivesse sido provado que foi a pancada desferida por Ryan na cabeça de Abraham que desencadeou aquela reação em cadeia, lá no fundo, Raven sabia que foi, mas recusou-se a acusar a criança ou os pais de tal ato.

Sentiu que fazê-lo não tinha nenhuma importância porque, para ela, o filho continuava morto, e nenhuma acusação lançada contra ninguém ia fazer o tempo voltar atrás.

Quando chegou e entrou, a família subiu a coxia e ficou de pé, olhando inexpressivamente para o pequeno caixão com o pequeno corpo do filho, deitado tão quieto como a noite escura. Era um pesadelo para toda a família. Raven sentia-se como se toda a sua vida a trouxesse, a ela e a toda a sua família, para este momento no tempo, e que nada voltaria a ser o mesmo. Quando a cerimónia de despedida acabou, Casey e Raven levaram a família e voltaram para o carro, que arrancou. Raven olhava pela janela enquanto a noite escura engolia as casas por que passavam a caminho de casa. Todas as crianças couberam no banco de trás com Casey e Raven, incluindo Ryan. Ryan estava sentado junto da janela e, de repente, apontou para fora da janela.

Raven olhou para ver para que estava Ryan a apontar, mas só viu trevas porque estavam a andar numa velha estrada de campo que ia dar à parte da cidade onde viviam todos. Ryan disse:

— Olhem. Está ali o Abraham. Estão a ver? Está ali. O Abraham está ali.

Raven virou-se para ver o que Ryan via, mas desta vez, não viu nada. Quando a família entrou em casa, Raven entrou na sala principal e viu uma coisa surpreendente.

Tinha três fotografias, uma de cada filho, em cima de uma mesa de café na sala da frente. Eram fotos individuais deles quando ainda mal andavam. Tinha as fotografias dos dois rapazes ao lado da da menina que estava no meio. Quando Raven entrou, notou que as imagens estavam viradas de costas, todas menos a de Abraham. Pensou para si própria que era muito estranho. Tinha limpado a sala de estar no dia anterior mas achou que talvez estivesse desorientada e as tivesse colocado mal.

No dia seguinte, a família entrou para o carro e foi para o cemitério para se despedir de Abraham. Quando chegaram, a irmã biológica recentemente encontrada, Karne, foi ter com Raven quando esta saiu do carro. Disse a Raven que precisavam de falar. Raven não estava com disposição para conversa fiada, já que estava prestes a enterrar o filho, e a sua atitude era tudo menos de conversa naquele dia.

Karne disse-lhe:

— Não, Raven, tenho uma mensagem do Abraham para ti.

Isto prendeu a atenção de Raven porque achou que Karne ia pregar-lhe uma partida e logo no funeral do filho. Raven parou para ver o que Karne tinha para dizer porque Raven estava prestes a soltar-lhe os cães com toda a força e ia ficar a saber o que ela pensava. Karne disse a Raven:

— Abraham disse-me para te dizer que a razão por que toda a gente o vê menos tu é porque ainda não estás preparada. Ele sabe que não estás suficientemente forte para falar com ele. Disse que quando chegar o dia, e será em breve, vem ter contigo.

Raven estava sem fala porque não compreendia por que razão Karne ia usar estes truques logo agora.

Quando a cerimónia terminou, toda a gente voltou para casa de Casey e Raven para ficarem juntos enquanto eles choravam a perda do filho. Raven deitou Connor e Koko para dormirem a sesta, pois ainda não compreendiam o que tinha realmente acontecido. O resto da família e os amigos juntaram-se à volta da mesa. Raven foi para fora com Christine Masson para beberem uma chávena de café ao mesmo tempo que conversavam.

Quando Raven saiu para o alpendre da frente, Christine parecia abalada por qualquer coisa, e Raven perguntou-lhe o que se passava. Christine disse a Raven que, enquanto ali estava no alpendre, viu Abraham lá também. Disse-lhe o que trazia vestido e Raven parou e correu lá para dentro, à procura de uma fotografia antiga que estava no quarto dela na gaveta de cima da cómoda.

Tinha tirado aquela fotografia de Abraham no primeiro dia de escola de Connor cerca de três semanas antes. Na fotografia, trazia vestidas as mesmas peças exatamente que Christine descreveu. Raven mostrou-lhe a fotografia e ela ficou com a respiração presa.

— Era isso que trazia vestido. Oh, meu DEUS. Trazia as mesmas calças e camisa, na mesma pose.

Raven não sabia como interpretar aquela informação, nem o que fazer com ela. Depois de toda a gente estar reunida à volta da mesa cerca de uma hora mais tarde, Connor acordou da sesta. Saiu vacilante do quarto para a cozinha, onde todos os adultos e adolescentes estavam, e o que ele disse, mudou muitas vidas naquele dia e a maneira como todos veriam a sua vida mais tarde.

Connor foi para a mesa da cozinha, com uma expressão ansiosa mas tranquila na cara. Anunciou:

— Mãe, mãe. Acabei de ver o Abe, mãe. Um homem qualquer trouxe-o para me ver, mãe. Havia outro homem com eles. O outro homem disse que era o pai dele e que queriam deixar o Abe despedir-se de mim. Disseram que teve de se ir embora antes de eu vir da escola por isso não se despediu de mim, mãe.

Mas depois a parte mais surpreendente foi quando Connor esticou o peito para a frente e sorriu ao dizer a Raven:

— E mãe, o Abe tem asas. Mãe, o Abe tem asas.

Ora, foi o fim. Não havia um único olho seco na sala de quase quinze pessoas. Toda a gente parou e nem acreditavam no que tinham acabado de ouvir, vindo da boca de uma criança. Como é que aquele menino sabia daquilo? Afinal, mal tinha começado a aprender o ABC, quanto mais compreender algo tão complexo.

A Linhagem Bronze da Fénix

Tinha acabado de ver o irmão? Tinha de facto, havido dois homens que trouxeram Abraham para o ver? Estava a sonhar ou como é que ele viu aquilo? Abraham tinha mesmo asas? Se tinha, onde as arranjou e quem lhas deu?

Os dois homens eram da criação da vida? Foi, de facto, Jesus e o Seu Pai que acompanharam Abraham para ir ver o irmão pela última vez, uma vez que morreu quando o irmão estava na escola? Estas perguntas iam permanecer na mente de toda a gente para o resto das suas vidas. Quer dizer, toda a gente menos Raven e Casey.

Os dois eram pessoas espirituais e compreendiam o que tinha acontecido, e, com tudo o resto que se tinha passado, desde a escola a outras coisas, sabiam que o que Connor tinha visto era, de facto, Jesus, Deus e o seu irmão mais novo. Ponto final.

Não seria aquele o último incidente, envolvendo coisas miraculosas que haviam de ocorrer, já que o ano seguinte estaria cheio de acontecimentos controversos.

Karne, a irmã biológica de Raven, tinha razão. Estava a chegar a hora de Raven. Não estava preparada antes mas agora Abraham achava que sim.

Uma noite, cerca de um mês depois da morte dele, e ao dormir, Raven começou a ter um sonho. Era diferente de todos os que tinha tido algum dia. Era o mais real possível. Abraham estava no seu sonho como um menino de quatro anos e falou com Raven. Disse-lhe:

— Mãe, não fiques triste. Estou bem.

Ela tentou dizer ao filho como se sentia desconsolada e que não devia ter esperado pela ambulância para chegar ao hospital, que devia ter pegado no carro para o levar. Queria dizer-lhe que fez tudo o que pôde para remediar o mal que ele tinha mas não teve simplesmente tempo suficiente para o fazer.

Abraham disse-lhe:

— Não, Mãe, não era para tu remediares. Era assim que DEUS queria que fosse.

As lágrimas corriam pela cara de Raven, e sentia o coração a despedaçar-se-lhe no sonho, quando estendeu a mão para o filho e ele lhe disse:

— Não, Mãe. Tenho de ir embora.

Raven começou a implorar-lhe que ficasse e que se não fosse embora, mas ele começou a desvanecer-se enquanto dizia constantemente:

— Agora tenho de ir embora, Mãe. Amo-te, amo-te.

Raven acordou e sentou-se na cama enquanto olhava para o lado, porque foi lá que a conversa teve lugar. Acreditava agora que a casa de que o filho falava três meses antes, era aquela onde estava agora.

Em sonhos, ela estava deitada na cama e ele estava de pé ao lado dela falando com ela. O mais bizarro foi que ainda sentia o cheiro das flores frescas do seu funeral quando acordou e se sentou na cama. Mas a pergunta ia permanecer: Foi um sonho ou ele esteve ali? Esta havia de ser a pergunta que havia de perseguir Raven nos anos que se iam seguir, mas que nunca teve resposta.

Muitos fenómenos estranhos tiveram lugar depois daquela noite. Eram quase diários, o suficiente para fazer Raven querer mudar de casa. As fotografias viravam-se misteriosamente e a de Abraham era a única que ficava direita. As portas abriam-se e fechavam-se sozinhas, deixando a família de boca aberta e assustada com aquilo tudo. Por vezes, esqueciam-se e deixavam o ferro ligado, e mesmo à frente dos olhos deles, o ferro desligava-se misteriosamente.

As portas que deviam estar fechadas à chave à noite, mas eram involuntariamente deixadas só no trinco, fechavam-se, mesmo em frente da família. Houve uma altura em que Raven e Casey levaram os filhos a comprar um teclado. Raven sentia a falta de tocar piano como fazia em criança. Trouxeram o teclado para casa dentro de uma caixa e colocaram-no no chão.

O teclado continuava na caixa, e os pais acharam que talvez alguém tivesse ligado as pilhas da consola, o que o fez tocar acidentalmente. Quando Raven abriu a caixa e tirou o teclado, para surpresa de todos, não havia pilhas porque não funcionava a pilhas. De facto, era eletrónico, e precisava de ser ligado à tomada para criar som. Nessa noite, a família estava sentada na sala onde estava toda a gente, e o teclado começou a tocar. Tocou uma música de cinco notas… Reparem que antes de Abraham morrer, a família tinha precisamente cinco elementos.

~ ~ ~ ~

Raven tinha começado a ter visões não só enquanto dormia mas também quando estava acordada. Tinha desenvolvido mais do que um dom. Descobriu que tinha Conhecimento Intrínseco, leitura de Aura – detetar campos energéticos à volta das pessoas, lugares e coisas, Clarividência — ver pessoas, objetos, locais e eventos físicos, e Precognição — capacidade de ver ou prever eventos futuros.

Raven acreditava que todos estes dons lhe tinham sido dados por DEUS como fez com José na Bíblia.

Os seus dons estavam agora a ter lugar mesmo na empresa que possuía. Conseguia entrar na vida dos seus clientes e amigos e prever episódios que lhes ameaçavam a vida: problemas de saúde, problemas familiares e até os que tinham forças invisíveis à sua volta. Adorava o dom mas, por vezes, sentia que era uma maldição porque era tão poderoso que já raramente dormia uma noite completa, e a mente nunca estava em repouso. Detetava coisas sobre os filhos, e Casey, e até da família de Casey. Uma vez descreveu-o como uma televisão que nunca se desliga e o canal está a dar vinte e quatro horas por dia. Para Raven, dava a impressão que era um filme completo, outras vezes eram anúncios em todos os canais. Até estava a detetar acontecimentos da vida de Karnes, a sua meia-irmã, e da sua família. Raven tinha-se tornado uma antena humana ambulante e um aparelho de televisão que apanhava o canal de toda a gente.

Houve um incidente quando Casey e Raven foram convidados para um encontro promovido por um colega. Um colega de Casey ia ter uma grelhada e convidou-o para ir e levar a mulher.

Na noite antes do encontro, ocorreu o mais inesperado. Quando Raven adormeceu naquela noite, o corpo fez uma coisa que nunca tinha feito. Pareceu que o espírito de Raven deixou o corpo e viajou. Deu por si na casa do amigo de Casey porque via pessoas que nunca tinha visto. Encontrava-se dentro da casa, e percorria cada divisão. Também ouvia as conversas e via coisas que não devia estar a ver. E nunca tinha estado naquela casa.

No dia seguinte, ao irem para a grelhada, Raven não queria que ninguém soubesse do seu dom. Não queria seguramente que soubessem que já tinha estado na casa deles, bem, especialmente pela maneira como entrou. Ao entrarem na casa, viu as mesmas pessoas que estavam lá quando o seu espírito viajou para lá. Casey e Raven sentaram-se, e a tarde corria bem até que a campainha da porta tocou. Raven já sabia quem era porque já tinha acontecido na noite da sua viagem. Cometeu o erro de dizer quem estava à porta. Felizmente para ela, ninguém percebeu, quando ela disse o nome da pessoa.

Passou uma hora e Raven precisou de ir ao quarto de banho, e foi aí que começou o problema. Pediu à dona da casa se podia usar o quarto de banho. A senhora disse que sim. Levantou-se e acompanhou-a até lá, mas ela não queria que ninguém soubesse das suas capacidades. Esqueceu-se de fingir que nunca tinha lá estado, e disse à senhora.

— Não, não é preciso. Sei o caminho. O seu quarto de banho é ao fundo do corredor do lado esquerdo, antes de se chegar ao último quarto.

A senhora foi apanhada de surpresa. Ela disse a Raven:

— É verdade, como sabia isso?

Raven tinha acabado de arranjar um bom sarilho, porque não ia dizer a esta estranha como conhecia a disposição da sua casa. A mulher disse então:

— Se precisar de mais…

Antes que a mulher conseguisse acabar a frase, Raven disse sem pensar:

— Sim, eu sei. O papel higiénico está no armário debaixo do lavatório do lado esquerdo atrás do sabonete.

A senhora ficou de boca aberta ao mesmo tempo que Raven dava conta que tinha falado demais. Apressou-se a compor as coisas, dizendo:

— Ah-ha, adivinhei.

E rapidamente saiu pelo corredor abaixo para o quarto de banho antes que a senhora começasse a suspeitar.

Depois de voltar do quarto de banho, Raven foi à cozinha. Todos os homens estavam a ver um vídeo musical, e as senhoras estavam juntas na cozinha à volta do lava-louças. Uma senhora disse para outra:

— A filha dela está grávida.

Mas Raven não sabia ficar com a boca calada e disse:

— Está de quatro meses, de Steven.

Ups, Raven tinha acabado de meter o pé na argola, e a senhora que tinha a filha grávida disse:

— Ah, você também ouviu falar disso.

Raven sorriu ironicamente e entrou na farsa como se tivesse ouvida alguma coisa. O facto era que Raven tinha ouvido toda a conversa na noite anterior quando o espírito saiu do seu corpo e viajou.

Quando a festa acabou, Raven ficou curiosa como podia viajar durante o sono. Não sabia nada de como podia ser, nem nunca o quis fazer. Mas queria agora saber mais sobre o fenómeno, como se fosse perigoso fazê-lo. Ao pesquisar, descobriu informações perturbadoras. Descobriu que se se fizesse, havia grandes probabilidades de, quando o espírito regressasse para reentrar no corpo, alguma coisa podia já ter tomado o seu lugar vazio. Havia a possibilidade de nunca poder voltar ao seu próprio corpo.

Raven ficou muito assustada. Todas as noites depois disso, preparava-se psicologicamente, dizendo-se antes de se deitar: «Não vou deixar o meu corpo; não vou deixar o meu corpo». Dizia-o vezes sem conta antes de adormecer na esperança de enganar a mente para que nunca voltasse a acontecer.

Episódio XXXII: Lágrimas Congeladas No Tempo

Horatio teve grande dificuldade em aceitar a morte do neto. Sempre que falava com Raven, dizia:

— Senhor, quem me dera saber o que aconteceu ao meu neto. Ele é que me devia enterrar a mim, não devia ser eu a enterrá-lo a ele.

O que era facto era que Horatio nunca ultrapassou a morte de Abraham. Parecia que uma parte dele tinha morrido quando o neto morreu, e era como se não conseguisse seguir em frente depois daquele incidente. Pouco depois, a saúde de Horatio começou a deteriorar-se e a idade não ajudava, e já não podia viver sozinho.

Raven e Casey tinham uma bela casa com quatro quartos e tinham dito a Horatio para se mudar para o Texas e viver com eles, mas Horatio tinha sempre uma piada para dizer e declarou:

— Não. Têm miúdos demais para o meu gosto.

E riu-se. Casey e Raven pensavam seriamente que estava na hora de o trazer para viver o resto da vida com a família que podia cuidar dele. Além disso, Raven e Horatio tinham finalmente criado uma relação próxima depois de tudo o que tinha acontecido. Talvez fosse porque Horatio tinha amolecido um pouco com a idade. Ou talvez fosse o facto de Raven ter amadurecido e aprendido a simplesmente concordar com o pai em tudo. Ou talvez tivesse só a ver com o facto de que tinham diagnosticado a Horatio a doença de Alzheimer e Demência Senil. Ambas as doenças são devastadoras para uma família, não tanto para a pessoa que as tem, mas para a família que tem de ficar a ver uma pessoa que amam esquecer-se de quanto são amados. A única coisa boa que vem disto quando alguém tem a doença de Alzheimer é que tendem a esquecer-se da razão por que e com quem estavam zangados. Esta doença é como um gravador: quando está cheio, alguém tem de o desbobinar e ele rebobina-se para trás até que um dia, fica tudo apagado e vazio. Seja como for que se veja, Casey e Horatio eram tão próximos quanto um pai e um filho o podem ser, e Raven estava feliz por isso.

Horatio mudou-se para um lar de veteranos, contra a vontade de Raven, mas ela acedeu. Achou que a vida era do pai, e que tinha o direito de escolher onde queria ficar. Raven e Casey levavam muitas vezes os miúdos a visitá-lo e faziam a longa viagem de avião para o sul para o visitar sempre que podiam. Era difícil para o casal porque os dois tinham empregos a tempo inteiro e, com a escola dos miúdos a funcionar de novo, era difícil, mas encontravam sempre uma solução.

Horatio e Raven falavam-se frequentemente. Ele telefonava a Raven mas queria sempre falar com Casey primeiro. Isto deixava Raven feliz porque acreditava que os seus dois homens grandes eram próximos e contribuiu para melhorar a relação de

Raven com Horatio. Casey tinha sido o único homem que Raven teve que Horatio aprovou e de quem pensava maravilhas.

Um dia, Raven recebeu um telefonema do lar onde Horatio vivia. Disseram a Raven que o pai tinha um problema que lhe ameaçava a vida. Ela quis saber o que tinha acontecido.

Eles disseram-lhe:

— O seu pai pediu a uma enfermeira para lhe cortar as unhas dos pés, e ela cortou uma unha demais, que depois infetou.

Normalmente, isto não teria sido um problema, mas Horatio era diabético e aquilo era agora uma complicação.

Disseram-lhe que a infeção estava a alastrar depressa e que ela devia ir vê-lo.

Muitas bandeiras vermelhas se ergueram. Afinal Raven ainda se lembrava da sua formação médica e sabia que aquilo não ia acabar bem, especialmente para o pai.

Imediatamente pousou o auscultador e telefonou a Casey que lhe disse:

— Arranja-me dois bilhetes de avião. Eu vou lá abaixo e trago Papa Horatio para aqui, para o Texas connosco.

Foi o que Raven fez.

Casey saiu do trabalho e disse aos supervisores que o sogro estava mal e que ia sair porque tinha de o ir buscar e trazer para lá para ficar com ele e Raven. Casey apanhou o primeiro voo e foi em socorro de Horatio. Quando chegou ao Mississippi, pegou em Horatio, meteu-o no avião e voltou para casa. Mas havia um problema grave: o pé tinha gangrenado numa questão de horas antes de Casey chegar. Este telefonou a Raven antes de partir do Mississippi e disse-lhe o que tinha encontrado. Raven disse a Casey:

— Trá-lo para casa. Vou fazer uns telefonemas e preparar as coisas para uma equipa médica o receber e tratar assim que chegares.

Quando Casey chegou ao Texas, a memória de Horatio desaparecia e voltava a aparecer, e Casey e Raven perceberam que as doenças estavam a manifestar-se a quase sessenta por cento por causa da lesão que tinha sofrido. Raven foi ter com eles ao aeroporto e já tinha uma equipa médica à espera no hospital. Quando Raven viu como o pai estava mal, acelerou para o fazer chegar o mais depressa possível. Quando lá chegaram, o médico examinou Horatio e descobriu que a gangrena tinha subido do dedos do pé para todo o pé, e, para salvar a vida de Horatio, tinha de lho amputar. Destroçou Raven e Casey, contudo, sabiam que não podia deixar de ser para lhe salvar a vida. Portanto, deram autorização para o fazer.

Na manhã seguinte, o médico falou com Casey e Raven mais uma vez e revelou-lhes outra descoberta: que a infeção continuava a alastrar, e precisavam de o operar de urgência para lhe amputar a perna até meio da coxa.

Cá estava Horatio bem acima dos oitenta anos e naquele dia várias coisas mudaram. Devido à ocorrência traumática de gangrena, à remoção do pé e de parte da perna, e depois, no dia seguinte, outra cirurgia traumática, Horatio era agora um amputado, e as suas doenças tinham aumentado para oitenta por cento.

Raven, Casey e os dois filhos tomavam conta de Horatio diariamente. Ele precisava deles, e eles estavam lá para ele.

Casey gostava muito de Horatio e todos os dias costumavam passar horas sem fim a jogar um dos jogos preferidos de Horatio: damas. Horatio costumava fazer batota com Casey, que lho permitia, e depois dizia:

— Papa Horatio, eu era capaz de pensar que você fez batota.

E Horatio respondia:

— Claro que fiz.

Casey adorava ouvir Horatio dizer-lhe que estava na hora de abrir o tabuleiro das damas. Dizia isso e com as mãos sobrepostas e os dedos entrelaçados, com os polegares descrevia círculos à volta um do outro, enquanto tinha Casey debaixo de olho e sorria ironicamente como se estivesse a armar um esquema.

Todos os dias depois do trabalho e da escola, a família encontrava-se em casa, comia rapidamente e ia ver Horatio. Todos os dias Raven e Casey e as crianças ficavam a ver Horatio perder um pouco mais da sua memória. Raven temia que um dia ele se não lembrasse mais dela nem da família dela. Casey e Raven divertiam-se a pôr Papa Horatio na cadeira de rodas e a levá-lo a dar uma volta ao hospital. Casey punha-o na cadeira, e Horatio inclinava-se e fazia o gesto de puxar a manivela de um cortador de relva. Casey perguntava-lhe sempre o que estava a fazer e ele respondia:

— Estou a tentar puxar esta manivela.

Todos desatavam a rir do Papa Horatio. Um dia o médico falou com Casey e Raven e disse-lhe que o corpo de Horatio estava cansado e o mais estranho era que não lhe encontravam o pulso, nem batida cardíaca, nem respiração, e que não compreendiam como ainda estava vivo. Normalmente seria considerado clinicamente morto, mas qualquer coisa estranha estava a acontecer com Horatio. Disse que achava que Raven era a razão por que Horatio se agarrava à vida, e achava que ele precisava de ouvir Casey e Raven dizer-lhe que podia ir embora e descansar.

Raven e Casey ficaram a olhar um para o outro, e depois Raven disse a Casey:

— Não pode ser. Não se pode viver sem pulsações, pressão arterial nem respiração que se possam sentir. Pode?

No dia seguinte, Raven trouxe o seu próprio equipamento médico e fez ela própria as mesmas medições. Quando acabou, olhou para Casey e disse:

— Casey, preciso de falar contigo em privado por instantes.

Foi para fora do quarto com Casey e disse:

— Nem vais acreditar nisto. Eles têm razão. Não tinha tensão arterial que eu detetasse em nenhum dos braços, não encontrei batida cardíaca, e vi-o ali sentado mas não se via a respiração. O peito não subia nem descia. O que se passa?

Será que os médicos tinham razão? É possível um corpo estar fisicamente morto, no entanto, por um milagre qualquer, ainda funcionar? Mais uma vez, estas perguntas só tinham resposta baseada no sistema de crenças de cada um, mas Casey e Raven acreditavam genuinamente em Deus. Sentiam o contrário da maior parte dos sistemas de crenças: o homem não tem controlo sobre os seus próprios passos, nem sobre a sua respiração.

Assim, não pode fazer o impossível, mas os poderes de Deus estavam acima de todos os outros, e eles sabiam que ele PODIA fazer o impossível. Para eles, nada mais se entendia.

Por isso, Casey e Raven tomaram uma decisão difícil que foi a de libertar Horatio. Para o libertar, sentiam que tinham de fechar o ciclo, por ele e por si próprios. Casey entrou no quarto do hospital e sentou-se na cama de Horatio.

Naquela altura já Horatio tinha entrado no estado de olhar vazio porque as recordações de todos os seus ontens se tinham completamente desvanecido, e já não conseguia falar, nem sequer pestanejar.

Segurando a mão de Horatio, Casey disse-lhe:

— Papa Horatio, nunca vai ter de se preocupar com Raven nem com os seus netos enquanto houver um sopro de vida dentro de mim. Farei com que sejam amados e cuidados. Isto prometo-lhe. Sei que está cansado e precisa de descansar. Saiba que pode descansar em paz.

Embora Horatio tivesse estado com um olhar vazio preso num ponto fixo na parede durante dois dias, quando Casey lhe disse aquilo, foi como se tivesse ouvido e compreendido cada palavra. Pela primeira vez, desviou o olhar vazio da parede e lentamente olhou para Casey, embora nunca pestanejasse. Foi como se Horatio quisesse que Casey soubesse que lhe estava agradecido por lhe ter dito aquilo. Depois virou os olhos para o ponto que tinha deixado na parede e voltou a perder-se no seu mundo.

Raven telefonou à sua meia-irmã, Margie, e disse-lhe que os médicos tinham dito que ela devia apanhar um avião e vir para lá o mais depressa possível porque o pai estava a passar para o outro lado.

A resposta de Margaret foi menos do que brilhante:

— Telefona-me quando tiver acabado.

Raven limitou-se a pousar o telefone, sem resposta porque não acreditava no que aquela mulher lhe tinha dito sobre o próprio pai.

Se alguém devia ter dito aquilo, devia ter sido Raven já que foi ela que sofreu todos os insultos, maus tratos físicos e ira, não Margaret. Para Raven, nada daquilo importava porque tinha encontrado uma ligação forte com o pai nos últimos anos, e estava agradecida por isso.

Raven ficou parada e olhou para o pai e lembrou-se de uma coisa que tinha acontecido poucos dias antes de ele deixar de falar.

Os médicos queriam ver qual era a extensão da sua memória. Um médico apontou para Raven e perguntou:

— Sr. Reese, sabe quem ela é?

Embora Horatio já não tivesse memória, algures e de alguma maneira a memória despertou e ele olhou para Raven e disse isto:

— Claro que sim. Não trocava nada no mundo por aquela malcheirosa ali.

Horatio costumava chamar um nome a Raven, e sempre se referiu a ela como «Malcheirosa».

Os olhos de Raven arrasaram-se-lhe de lágrimas porque ele sabia quem ela era e que ela tinha significado alguma coisa para ele, embora já não se lembrasse de quem era Eliza, a sua mulher que já tinha falecido, nem Margaret, a sua filha biológica. Lembrava-se de Raven.

Surpreendentemente lembrava-se de outras duas coisas: Casey, o seu genro de que se tinha aproximado tanto e dos seus netos, todos três. Raven tentou fazê-lo encontrar paz, dizendo ao pai que sabia que ele estava cansado e que precisava de se ir embora. Disse-lhe quanto o amava, mas foi difícil. Não foi difícil dizer-lhe que o amava, mas foi difícil não ser egoísta e não lhe pedir para ficar.

Nessa noite, saíram do hospital pela última vez e, à mesma hora e na mesma data em que o neto faleceu, apenas um ano depois, Horatio «Big Fellow» Reese deu o seu suspiro final. O telefone tocou e Raven não queria simplesmente atender, mas atendeu. O hospital informou-a de que o pai, Horatio, tinha partido. Raven agradeceu e desligou.

O coração dela morreu outra vez por um homem que, em tempos foi cruel e desumano para ela, no entanto, pelos anos fora tinha-lhe roubado mais uma vez o coração, como o fez quando era pequena, e agora chorava-o profundamente. Raven perguntou a Casey se deviam ir até ao hospital e Casey perguntou-lhe:

— Querida, ir lá para quê? Tu e o teu pai despediram-se e agora ele está em paz.

Raven Gabriella Reese tinha aprendido que já não era a menina de ninguém.

No dia antes da cerimónia funerária de Horatio, Margaret e o marido vieram de avião para assistir ao funeral. O marido de Casey e o de Margaret foram à casa funerária para ver Horatio porque a cerimónia seria com o caixão fechado. Quando Casey chegou junto do caixão, ficou de pé a olhar para ele e disse-lhe quanto ia sentir a falta dele, mas depois aconteceu uma coisa estranha.

Enquanto Casey lá estava a prestar a sua homenagem sobriamente a Horatio, viu uma coisa que o fez repensar a morte e a possibilidade de haver alguma coisa depois da morte. Estando ali, disse que parecia que Horatio fez um movimento. Casey sempre tinha sido cético, mesmo depois de tudo o que tinha experienciado, mas naquele dia, as coisas mudaram. Veio para casa e disse a Raven:

— Preciso de falar contigo em privado.

Margaret e o marido ainda lá estavam e iam ficar mais três dias. Precisavam de privacidade para aquela conversa.

Raven levou Casey para o quarto e perguntou o que se passava porque ele parecia ter visto um fantasma. Casey disse-lhe que não tinha a certeza do que tinha acabado de ver.

Começou a explicar a Raven o que tinha acontecido na casa funerária. Disse-lhe que parecia que «Papa Horatio fez aquela coisa de meter as argolas quando estava no caixão.»

Casey disse a Raven que lhe pareceu que viu as mãos sobrepostas com os dedos numa posição presa, mexer os polegares em círculos, como que a dizer: «Mete as Argolas». Raven já tinha experiências ela própria e sabia que Casey nunca inventaria uma coisa daquelas proporções, por isso afastou-se e fez um telefonema.

Foi para a casa funerária porque era a mesma que tinha tratado do funeral do filho, um ano antes, na mesma data. Perguntou ao diretor se podia permitir ao marido ver o pai dela antes de o embalsamarem. Raven pensou que talvez Casey tivesse visto um movimento muscular involuntário pós-morte chamado «*Rigor Mortis*», que é considerada a terceira fase da morte. O diretor disse-lhe que não o tinham autorizado a vê-lo antes de já o terem embalsamado, e que não sabiam explicar o que ele tinha experienciado. Fosse como fosse, Casey tinha ficado profundamente abalado e continuava a não haver outra explicação senão talvez que «Papa Horatio» tinha de ter afinal a última palavra.

Mas houve uma reviravolta posterior em tudo aquilo. Horatio tinha uma canção espiritual preferida que era «Olho no Pardal». Quando era pequena, ele costumava dizer a Raven que quando uma pessoa morre, durante três dias, não sobem.

Esses três dias são usados para voltar à terra e apanhar coisas como as unhas e o cabelo que se deixaram na terra para não deixarmos vestígios de nós pelo caminho, na nossa viagem. Logo depois da morte de Horatio, os três dias seguintes iam fazer Raven questionar tudo aquilo...

No primeiro dia, Raven estava a limpar a casa e alguém bateu à porta. Atendeu mas não era ninguém. Pensou que talvez tivesse chegado tarde e a pessoa já não estivesse lá. Voltou para as limpezas. No segundo dia, voltaram a bater, mas com mais dureza e mais força, porém, desta vez estava pronta. Ficou junto da porta e esperou que a batida voltasse a ouvir-se várias vezes para ter a certeza de que estava lá alguém. Tencionava abrir a porta rapidamente para não perder a pessoa que estava a bater. Mas, quando abriu a porta de repente, não estava ninguém, outra vez. Foi lá fora ao alpendre e procurou alguém, qualquer pessoa que estivesse na zona, mas não viu ninguém, nem sequer um carro estacionado perto da casa dela.

Ficou assustada porque de ambas as vezes estava em casa sozinha. No terceiro dia, estava um belo dia soalheiro e ela estava no quarto de trás com as costas para a janela a limpar o quarto de banho com a janela aberta.

Enquanto trabalhava, começou a ouvir uma batida, mas desta vez não era na porta. Desta vez era na janela. Tinha medo até de se virar porque ainda estava assustada dos últimos dois dias. Mas decidiu virar-se enquanto a batida continuava. Levantou-se e, embora tivesse medo de se virar e tivesse ainda mais medo do que podia ver, virou-se. Para sua surpresa, havia um pequeno pardal a voar e a olhar para ela. Raven sempre gostou de aves de todos os tipos e muitas vezes ouviu tanto Eliza como Horatio falar dos pardais e da sua ligação com DEUS. Raven foi para a janela quando o pequeno pardal estava no ar, como um colibri, mas mais lento. Raven olhou atentamente para o passarinho porque os olhos lhe pareciam estranhos.

Pareciam humanos e como se já tivesse visto aqueles olhos nalgum lado. Raven e o pequeno pardal ficaram com os olhos presos um no outro durante alguns segundos. Depois, tão depressa como aconteceu e sem aviso, o pequeno pardal deitou um último olhar a Raven, como se quisesse dizer-lhe alguma coisa e simplesmente foi-se embora. As batidas nunca mais aconteceram, e nunca voltou a ver o pequeno pardal. Talvez Horatio tivesse razão uma vez que o pardal apareceu durante exatamente três dias completos e no terceiro dia foi como se subisse novamente ao céu.

Episódio XXXIII: Ninguém Ouviu

As coisas mudaram depois de perderem Papa Horatio. A família sentia a falta de poder cuidar dele. Gostavam de lhe dar abraços e beijos de que tanto precisava e merecia como homem idoso. Raven sabia que durante a infância, Horatio não recebeu muitos abraços e beijos. Por isso, foi tão difícil para ele dá-los durante a infância de Raven. Toda a família Reid tentou compensá-lo antes de partir deste mundo e era visível que Horatio «Big Fellow» Reese tinha deixado a sua marca na família para sempre.

À medida que o tempo ia andando, Raven, Casey e as crianças, tentaram juntar os pedaços das suas vidas e seguir em frente, enchendo cada dia com muitos risos, tempo em família e jogos juntos. Casey e Raven viajavam e tentavam mostrar diferentes culturas e tradições noutras partes do mundo às crianças. Entretanto, a empresa de Raven crescia e ela parecia gostar da sua nova carreira. Casey e as crianças terminavam o dia, subindo para o escritório com Raven e trabalhando juntos à noite para a ajudar. A empresa de Raven já se tinha tornado tão grande que tiveram de mudar para fora de casa, para um grande edifício de escritórios a menos de cinco minutos da casa. Toda a gente estava sempre ansiosa por a ajudar a fechar o escritório à noite. Isto permitia à família ter o seu tempo juntos depois do expediente. Raven geria o seu tempo de trabalho com precisão científica e conseguia alocar o trabalho dentro e fora do escritório. Também tinha pessoal a trabalhar para ela, o que lhe aliviava o fardo.

Embora Raven tivesse uma rotina no escritório, continuava a ter visões que a estavam a angustiar. Tinha-as várias vezes ao dia e todos os dias. Houve uma visão estranha que deixou Raven, a sua família e os seus clientes num rodopio.

Uma noite por volta do dia um de outubro de dois mil e dois, Raven começou a ver imagens pavorosas. Tinha-as todas a noites e eram sobre um pistoleiro. Ainda se não tinha ouvido falar dele, nem os media nem o público sabiam das coisas abomináveis que ele fazia, mas Raven sabia. Começou a ver uma morgue.

Naquela noite, viu-a mas não viu onde ficava nem um nome da parte de fora do edifício porque só conseguia ver as portas. Entrou e viu oito corpos deitados em oito mesas diferentes. Andou pela sala, puxando os lençóis brancos para trás e eram homens, mulheres e uma criança. Não lhe parecia que conhecesse nenhum deles, mas viu que tinham sido abatidos a tiro de forma violenta. Viu um carro mortuário parado, e uma porta aberta na parte de trás da morgue. Foi para lá e entrou no carro mortuário onde havia um caixão. Lá dentro viu um homem. Inicialmente pensou que o homem era Casey porque tinha algumas das feições de Casey, mas olhando mais atentamente, percebeu que não era, mas de facto, o pistoleiro que viria a ser identificado uns vinte e quatro dias mais tarde em outubro de dois mil e dois como John Allen Muhammad, o atirador de D.C.

Durante mais de vinte noites, Raven foi torturada com sonhos assombrosos e todos os dias ela, Casey, os seus filhos, pessoal e clientes ligavam a televisão e viam o sonho que ela tinha tido na noite anterior tornar-se a realidade e o pesadelo público de todas as outras pessoas.

Raven via todos os detalhes do assassino. Via o tipo de arma que ia usar, o tamanho e tipo de balas usadas na arma e os locais onde cada vítima seria abatida. Tornou-se de tal maneira real que os clientes de Raven lhe diziam que tinha de contactar o FBI, mas a família achava que seria uma ideia muito má. Porquê? Uma pessoa podia interrogar-se se ela sabia aquelas coisas antecipadamente e sabia que o FBI não conseguia encontrar o assassino e ela sabia, por que não os contactava?

Bem, a resposta é muito mais fácil do que se possa pensar. A razão por que achavam que não era boa ideia era esta:

Quem ia acreditar nela? Quantas pessoas pensariam que uma jovem que ninguém conhecia conseguia ver alguma coisa daquilo, quanto mais tudo?

Alguns dos clientes de Raven conheciam-na havia anos, e sabiam como era rigoroso o seu dom. A secretária de Raven, Rene, achava que ela devia contactar o FBI e falar-lhe do seu dom e informá-los da localização seguinte antes que ele matasse mais uma pessoa. Casey e os filhos, por outro lado, achavam que o FBI ia pensar que ela tinha alguma coisa a ver com o assassino e que era assim que ela sabia de tudo, e que nunca iam acreditar que ela conseguia prevê-lo. Ela já não dormia nem comia enquanto pensava na ideia de contactar alguém, mas quem?

À medida que cada vez mais homicídios aconteciam num horizonte temporal de vinte e quatro dias, a polícia e o FBI andavam à procura de um veículo, e agora tinham a descrição do pistoleiro, ou pensavam que tinham. Estavam errados, e Raven já tinha visto o pistoleiro, e conhecia o veículo que usava, e não era o que a polícia e o FBI procuravam. Pensavam que o pistoleiro era de determinada raça, mas Raven sabia mais. Afinal, tinha-o visto e tinha estado a quarenta centímetros da cara dele, e sabia todos os detalhes do homem. O carro que procuravam era uma carrinha branca, mas Raven sabia que também isso era incorreto. Tinha visto a verdadeira cor do carro na sua premonição. Até viu como ele usava a parte de trás do buraco da fechadura e um fuzil de precisão para abater as suas vítimas.

Raven ficou mental e fisicamente tão afetada que estava a ficar fraca. Era como se a visão estivesse a esgotar-lhe a energia. Uma coisa que começou a aprender era que, se tivesse ainda que fosse só uma ligação a um local onde um desastre acontecesse, então era-lhe dado o dom de uma visão precognitiva dele.

A sua ligação a este incidente era clara. A família de Casey ainda vivia naquela área, e criaram-no no sítio onde tudo aquilo ocorria. Raven começou a rever todas as coisas que tinha visto precognitivamente na sua vida, e sim, parecia haver um padrão. Havia sempre aquela ligação e não importava como a ligação aparecia. Podia ser porque conhecia alguém daquele local, ou tinha-se cruzado com essa pessoa pelo menos uma vez, ou estavam relacionados com alguém à volta do local, ou tinha parado ou meramente passado pelo próprio local.

Na noite em que a polícia e o FBI apanharam o assassino, Raven soube-o antes deles. Enquanto dormia, Casey estava a ver as notícias sobre o assassino, e ela acordou, bem, mais ou menos, e disse a Casey que naquela noite eles iam apanhar o criminoso e depois tudo aquilo acabava. Depois voltou a adormecer num sono profundo. Raven Reid tinha razão porque, dentro do espaço de uma hora, passou uma notícia de última hora no ecrã, dizendo que, de facto, o atirador de DC tinha sido apanhado e descreveram tudo o que Raven tinha visto.

É isso mesmo, Raven Gabriella Reese Reid tinha acabado de pré-testemunhar, em primeira mão durante mais de vinte noites, o caminho monstruoso de destruição percorrido pelo criminoso e os métodos que usou. A parte triste foi que só pôde contar às pessoas que a rodeavam no dia antes de ocorrer. Depois de acabar, haviam de passar quase três anos para lhe acontecer, a ela e à família, uma coisa tão atroz. Contudo, não pensem que os dons de Raven Reid iam ficar por aqui, e Deus também não.

Nos meses seguintes, voltou à sua terra natal. Naquela viagem, Raven e Casey ficaram a saber que as visões que ela tinha em criança tinham finalmente acontecido. As visões que tinha tido anos antes sobre a sua cidade, aconteceram mesmo porque a cidade foi, de facto, arrasada. Os novos edifícios arquitetónicos que viu em sonhos, tinham já sido construídos.

Aconteceu outro incidente algum tempo mais tarde dentro do espaço de um ano, em que ela tinha uma cliente de quem se tinha tornado muito próxima. Raven contratou aquela cliente um dia como trabalhadora em parte-time. O nome era Candy. Nos dias em que Rene precisava de sair, Candy fazia os turnos dela, e às vezes, trabalhavam juntas.

Um dia de trabalho normal para Raven era desde as sete da manhã até às oito da noite. Tinha-se tornado boa no que fazia. Andava a atender cerca de vinte a trinta clientes por dia. Quando Candy não trabalhava para Raven, tinha um trabalho normal noutro sítio. Passava pelo escritório de Raven, tocava a buzina, acenava a Raven e Rene a caminho do outro emprego. Um dia durante a pausa para almoço, teve uma visão perturbadora quando estava à porta do escritório com Rene. Raven olhou para um carro no parque de estacionamento e viu uma coisa na parte de trás de um veículo estacionado. Ela sabia que o carro estava desocupado porque estava no parque quando ela veio trabalhar naquela manhã. Tinha estacionado o seu próprio veículo na diagonal à frente dele. Ao olhar para o carro, não distinguia o que era, por isso aproximou-se um pouco para ver melhor.

O que viu deixou-a de aterrada. Quando espreitou para o assento de trás, viu uma coisa que parecia vestir um robe comprido preto com capuz, sem cara visível, e tinha um objeto na mão que parecia uma foice. O objeto é conhecido em muitas mitologias como a ferramenta usada por O *Anjo da Morte*.

Raven nunca tinha visto aquilo, e chegou-se mais um pouco e, ao fazê-lo, aquela coisa que estava no assento de trás, levantou a cabeça, de supetão, como se a tivesse visto. Raven deu um salto para trás e, tão depressa como a viu, assim a viu desvanecer-se, e não ficou nada nem ninguém no assento de trás do carro vazio.

Raven disse a Rene o que tinha visto. Rene disse-lhe que, na cultura dela, aquilo era um sinal de que a morte vinha em direção a quem a via.

Raven pensou que era mesmo isso que significava, mas era a primeira vez que a via. Estava a ter uma visão precognitiva de algo outra vez, se sim, o quê? Devia preocupar-se com a sua família ou mesmo consigo própria? Depressa ia ficar a saber que a sua ligação às pessoas podia permitir-lhe ver coisas que não queria ver nem experienciar.

No dia seguinte, Raven e Rene foram trabalhar e depois de abrirem o escritório e de estarem preparadas para começar, o telefone do escritório tocou. Era outra cliente que era a melhor amiga de Candy. Esta tinha passado por um processo de divórcio, e parece que tinha sido complicado porque naquela chamada a cliente queria falar com Raven. Rene passou a chamada para o telefone de Raven e o que ouviu pregou as duas mulheres ao chão.

A cliente estava a telefonar para dizer a Raven e Rene que Candy tinha sido assassinada a caminho do trabalho naquela manhã. Quando Candy saía do acesso a casa, alguém a estava a observar.

Havia um portão de entrada que tinha de usar para sair do acesso da casa, e ao sair do portão, tinha de sair do carro para o voltar a trancar. Estando fora do carro, alguém a surpreendeu por trás, forçou-a a pôr-se de joelhos, encostou-lhe uma arma à cabeça e disparou. Encontraram a porta do carro trancada, o motor a trabalhar e a mala no banco da frente.

Raven tinha visto a pré-morte de uma amiga próxima e empregada que deixou Raven e Rene lavadas em lágrimas e milhares de perguntas sem resposta. A polícia nunca descobriu quem o fez.

~ ~ ~ ~

As visões de Raven estavam a provocar inúmeros problemas. Ao ver-se ao espelho via a sua vida e provações na cara. Via o tempo a passar, ao mesmo tempo que o cabelo começava a branquear, mas tinha decidido que, por muito branco que estivesse, ou por muito velho que o corpo ficasse, tinha sido Deus que lhe tinha dado tudo aquilo e ia usá-lo orgulhosamente. Casey ainda estava a passar por mudanças espirituais que ficavam cada vez mais profundas. Achava que não tinha a certeza da direção em que devia ir. Raven sempre lhe disse para não lutar contra isso e para permitir que Deus fizesse o seu trabalho. Sempre tinha sentido que um dia Casey ia tornar-se pastor ou um homem de Deus. E cada dia Casey conduzia a sua família para cada vez mais perto disso, pois lia e tentava adquirir uma compreensão mais clara da Bíblia.

Raven adorava computadores e já trabalhava com eles havia mais de vinte anos. Usou os seus conhecimentos nesse campo para ajudar Casey a ter uma perceção melhor do que liam. Tinha comprado um *software* que achava que podia ser interessante. Chamava-se Códigos Bíblicos. Aparentemente a colaboração entre líderes religiosos e não-religiosos desenvolveu aquele *software*. Queriam refutar a Bíblia, por isso, desenvolveram um *software* que literalmente a descodificasse. Parecia interessante e Raven comprou-o para ela e Casey investigarem

Num sábado à tarde, começaram a usá-lo e, as coisas que encontraram provocaram o interesse de Connor e Koko. As coisas que a família descobriu fazia-os fortalecer a sua fé, ao mesmo tempo que também os fazia questionar todas as coisas que pensavam que sabiam. Os pais de Raven, Eliza e Horatio, costumavam falar-lhe do livro da vida, mas nunca lhe explicaram o que achavam que queria dizer.

Diz-se que no dia do Juízo Final, toda a gente quer que Deus encontre o seu nome no livro da vida, e eles rezavam para que o deles estivesse lá. Bem, naquele dia, toda a família ia ficar mais perto de saber o que queria dizer. Raven estava no Velho Testamento quando usaram o *software*, e estava a experimentá-lo de acordo com as instruções. Encontrou inúmeras coisas que estavam codificadas nas palavras e páginas. Encontrou a Princesa Diana, o Presidente John Kennedy, Napoleão e outros, com a descrição da maneira como morreram e, na maior parte dos casos, o ano em que morreram. Os resultados são recolhidos e recuperados usando sequências de letras que ficam à mesma distância.

Quanto mais Raven encontrava aquelas coisas, mais o interesse da família aumentava e ela decidiu experimentar o nome dela para ver o que estava lá. Não estava preparada para o que encontrou.

O nome apareceu no Génesis e não só o nome dela mas o nome completo. Depois experimentou com o nome de Casey e apareceu. Estava cruzado com o de Raven. Depois acrescentou os nomes dos três filhos e os nomes deles estavam cruzados com os de Raven e Casey. Isto assustou-os todos porque pensaram que algo podia não estar certo. Como podia aquilo ser? Raven então experimentou os nomes dos pais, e o nome de Eliza cruzava-se com o de Horatio, mas extravagantemente, o nome de Raven cruzava-se com os dos pais. Foi esmagador para todos.

Souberam naquele dia que parecia que as coisas nas suas vidas tinham sido escritas antecipadamente para acontecerem, por um poder superior. Nós é que não o sabemos antecipadamente.

Casey e a sua família ficaram a saber que, mesmo a morada em que viviam, já estava escrita. Coincidia com os nomes deles. Os números associados com eles também estavam meticulosamente colocados à volta dos seus nomes, como números de telefone, números da segurança social e outros. Tudo começava a fazer sentido e foi por isso que nenhuma das relações ou casamentos anteriores funcionou. E por isso os seus filhos já tinham os seus nomes escolhidos. Aquele dia deu à família Reid uma lição que nenhuma escola nem universidade podia dar. A família Reid teve uma aula particular dada por Deus sobre as suas vidas. Depois daquele dia, Casey e Raven decidiram não usar a Bíblia para descobrir mais coisas. O seu objetivo, a partir daquele momento, era tentar viver corretamente e fazer o que estava certo. Assim, os seus nomes ficavam no «Livro da Vida» que parece ser a Bíblia.

Muitas outras coisas inexplicadas estavam para se cruzar com os Reid. Iam deixar toda a família pregada ao chão.

Dallas P Elkheart

PARTE X: Cada Um, Ensina Um

Episódio XXXIV: Aquela Luz

Em dois mil e cinco aconteceram muitas coisas estranhas à família Reid, que muitos nunca experimentaram nem experimentarão numa vida inteira. Raven não foi a única que nasceu com um dom e bênçãos. Estava para ver coisas que deviam ser impossíveis de experimentar, mas o homem com quem casou, chamado Casey, havia de provocar novas visões que alguns considerariam impossíveis.

Raven e Casey eram como uma mão dentro de uma luva. Casey era a mão e Raven, era a luva. A cumplicidade entre os dois era simplesmente inegável. Eram tão unidos que quando Casey batia com o joelho no trabalho, a perna de Raven inchava e fazia uma nódoa exatamente no mesmo sítio da lesão dele. Casey, por seu lado, sentia a doença de Raven ou as suas dores resultantes de procedimentos médicos que teve. Os médicos também notaram que os dois tinham a mesma visão, o que de acordo com os padrões médicos, seria impossível, no entanto, era esse o caso. Por vezes, os médicos colocavam os quadros lado a lado e, acreditando que tinham cometido um erro, voltavam a examiná-los para terem a certeza de que estavam certos. Raven e Casey divertiam-se a desafiar as teorias dos médicos.

Estes dois pombinhos depressa viriam a saber por que razão tinham tanto em comum, incluindo dons de Deus. Sempre usaram a linguagem gestual como forma de comunicação, especialmente desde que Casey tinham ficado com falta de ouvido por ter sido militar. Raven tinha feito amizade com algumas pessoas da sua cidade natal que eram surdas e mudas, por isso, a linguagem gestual tinha-se tornado uma segunda língua, por assim dizer.

Ela e Casey costumavam usar o sinal «Amo-te» a maior parte das vezes. O sinal era levantar o polegar e depois o dedo indicador, ao mesmo tempo que se põe o dedo mindinho no ar. Depois, mantendo o dedo anelar e o do meio em baixo, estende-se a mão com a costa virada para nós e move-se para trás e para a frente.

Um dia, Raven estava com Connor na sala e Casey estava a lavar a louça. Entre a cozinha e a sala havia uma janela enorme que dava de um lado para o outro, por isso, enquanto estavam na cozinha toda a gente estava de alguma maneira junta e era visível.

Naquele dia, enquanto Casey lavava a loiça, Raven e Connor estavam a ver televisão, com Connor sentado aos pés da mãe no chão. Raven e Casey tinham acabado de fazer o sinal «Amo-te» um ao outro e sorriram ao mesmo tempo que Casey baixou a cabeça para acabar de lavar a loiça. Raven olhou para baixo para Connor, mas, ao levantar os olhos para Casey, notou uma coisa estranha. Uma pequena área luminosa estava a formar-se por cima da cabeça de Casey. Raven ficou sentada, pensando que era apenas a luz da cozinha a brilhar-lhe sobre a cabeça. Ao continuar a observá-la, a luz aumentou e tornou-se mais intensa e começou a ganhar forma.

A Linhagem Bronze da Fénix

Estava a tomar a forma de uma cruz, mesmo ao centro da cabeça de Casey. Raven estava chocada, e com a mão começou a picar Connor, sussurrando-lhe o nome para não alertar Casey. Connor levantou os olhos e Raven disse:

— Connor, olha para o teu pai. Diz-me se vês alguma coisa.

Achava que era o seu dom a mostrar-lhe uma coisa, mas para sua surpresa, o pequeno Connor disse:

— Ena, mãe, olha! O pai tem uma cruz em cima da cabeça.

Raven disse a Connor que fosse buscar a máquina fotográfica, devagarinho e em silêncio. Queria tirar uma fotografia daquele fenómeno porque sabia que ninguém ia acreditar.

Connor fez o que a mãe lhe disse, e Casey não mexeu a cabeça da posição em que estava uma vez que ainda estava a lavar a loiça. Connor voltou e entregou a máquina à mãe, mas no momento em que focou a máquina na cruz da cabeça de Casey, ela começou a desvanecer-se, e antes de poder tirar uma fotografia, tinha desaparecido completamente. Casey levantou a cabeça, e com uma expressão surpreendida na cara, sorriu e disse:

— Ei, por que é que toda a gente está a olhar? O que é que eu fiz? Alguém apanhou uma chávena gordurosa que acabei de lavar ou quê?

Raven tentou explicar-lhe o que tinham acabado de ver, mas Casey não acreditava, atribuindo-a à luz que estava acesa na cozinha. Connor tentou dizer ao pai que tinham visto a cruz e que tanto ele como a mãe a tinham visto. Raven disse-lhe que estava a tentar tirar uma fotografia para mostrar às pessoas e foi quando Connor disse:

— Mãe, não era suposto tirares a fotografia; era só para a nossa família ver.

Raven limitou-se a recostar-se enquanto passava a mão pelas costas de Connor e dizia:

— É verdade, filho. Acho que tens razão

Raven nunca o disse mas acreditava que aquela tinha sido a resposta à viagem de busca por respostas que Casey andava a fazer na Bíblia, e à sua perplexidade com a finalidade da sua vida, porque sentiu que naquele dia Deus tinha ungido Casey.

Koko tinha perdido tudo aquilo. Estava a chegar do seu quarto. Mas Raven e Connor sabiam o que tinham visto e compreenderam-no bem. A vida nunca ia passar pelos Reid sem que toda a família fosse testemunha de muitas coisas místicas e milagres prodigiosos.

~ ~ ~ ~

A Linhagem Bronze da Fénix

Em agosto de dois mil e cinco, aconteceu um dos desastres mais catastróficos que algum dia atingiu os Estados Unidos. Foi por causa de um furacão chamado *Katrina*. A coisa que a família mais gostava de fazer era juntar-se na sala. O Dia do Trabalhador[1] estava a chegar e a escola estava de férias. Casey e Raven estavam de folga naquele dia. Quando o Katrina ocorreu, no dia vinte e nove de agosto, toda a gente nos Estados Unidos ficou junto da televisão a ver as notícias para ver se alguém conseguia sair da esteira da ira do furacão ao investir para terra.

Raven estava um pouco preocupada porque a sua meia-irmã, Margaret, tinha uma filha que tinha recentemente casado e tinha acabado de construir uma casa na área que ficava no caminho que o furacão levava. Raven tinha telefonado à amiga da irmã, Anna, para saber se a sobrinha tinha sido evacuada em segurança antes de o furacão atingir terra. Enquanto estavam a falar ao telefone, Casey estava a ler a Bíblia e a estudá-la.

Connor brincava com os seus brinquedos, e Koko estava a pintar um livro junto da janela do grande pátio de vidro, que tinha cerca de um metro e meio. O sol brilhava e estava um dia maravilhoso no sítio onde viviam, por isso tinham a porta do pátio e todas as janelas da sala abertas para disfrutar do ar fresco.

Ao telefone com Anna, Raven estava a conversar e a tomar conta das crianças quando, de repente, lhe pareceu que uma coisa estava a acontecer. Enquanto falava, começou a ver uma figura a formar-se na porta do anteparo do pátio.

Via uma coisa quase como uma névoa a juntar-se num ponto no anteparo. Raven e Anna continuaram a conversa, mas Raven parecia espaçá-la cada vez mais. Anna perguntou a Raven se estava bem já que lhe tinha sido diagnosticada a diabetes, que a fazia espaçar a conversa periodicamente. Anna pensava que talvez os níveis de Raven estivessem altos. Esta respondeu a Anna e disse-lhe que estava bem mas que parecia que alguém estava à janela do pátio.

Anna disse a Raven que fosse ver quem era, mas ela respondeu que já estava na sala e a olhar diretamente para o anteparo do pátio. À medida que a imagem começava a formar-se, Raven também começou a ver um contorno que agora se criava na forma de uma pessoa. Pelo menos, era o que ela pensava que estava a ver. Anna perguntou-lhe quem era. Raven não disse nada e permaneceu em silêncio. Via uma cara a formar-se, com cabelo, e ao tomar forma, começou a ver a configuração dos olhos, lábios e nariz também.

Raven disse a Anna:

— Menina, penso mesmo que alguém está à porta do meu pátio.

Anna voltou a perguntar quem era. Raven começou a descrever a Anna o que estava a ver. Descreveu o cabelo. Era quase como se fosse de lã, dava-lhe pelos ombros e tinha alguns caracóis. Os olhos, disse ela, tinham praticamente a forma de uma amêndoa com um nariz algo arredondado na ponta e lábios finos. Mas depois começou a aparecer uma coisa na cabeça, e Raven deixou de falar completamente.

Anna disse a Raven que fosse lá, mas Raven respondeu:

— Oh, meu Deus.

Estava agora a ver uma coisa a formar-se em cima da cabeça que pareciam espinhos. Começou a dizer a Anna o que estava a ver, mas antes de poder acabar a frase, Anna disse:

— Meu Deus, já sei quem é. Senhor, tende piedade.

Naquele momento, Raven também via quem era e com a boca totalmente aberta, começou a bater na perna de Casey para lhe chamar a atenção. Depois, com a boca quase fechada sussurrou, mas eles não conseguiram ouvir:

— Connor, Koko, Case, olhem para cima.

A imagem que agora via de pé junto da porta do pátio parecia ter cerca de um metro e oitenta e oito de altura. A imagem tinha dois itens distintos: um era uma túnica de serapilheira, e o outro eram espinhos à volta da cabeça.

Anna gritou pelo telefone:

— Menina, é Jesus.

Sim, quando toda a família levantou os olhos, foi quem eles acreditaram que estava ali à porta do anteparo do pátio de trás, espreitando para dentro da sala onde estava a família de Raven. Tal como apareceu, no momento em que todos viram a figura e reconheceram quem era, a imagem começou a dissipar-se na mesma ordem em que começou a aparecer e numa questão de segundos, e figura já lá não estava.

Raven e a sua família tinham acabado de ser testemunhas de uma visão que muitos nunca verão. Tinham sido testemunhas da imagem de Jesus porque Casey andava a estudar a Bíblia e a passar por uma transição na sua vida.

Nos dias seguintes, Raven notou que ninguém na família mencionava o que tinha visto uns dias antes, o que a incomodava tremendamente. Sabia que não tinha sido uma alucinação porque todas o viram. Assim, para ela, todos estavam a agir como se nada tivesse acontecido. Finalmente um dia, à mesa de jantar, Raven levantou a questão.

— Por que estão todos a agir como se nada tivesse acontecido a esta família no outro dia? Vimos Jesus junto da nossa porta de trás, e TODOS o vimos. Por isso, o que se passa?

O jovem Connor, agora com a idade de doze anos, mas bastante sensato, levantou os olhos do prato, pausou para acabar de mastigar a comida, e disse:

— Mãe, quando se tem a oportunidade de ver Jesus no nosso alpendre, não há muito mais a dizer.

Raven recostou-se na cadeira e olhou em volta para a família. Depois olhou para Connor e disse:

— Tens razão. O que há para dizer?

A partir daquele dia, ninguém falou da visão transformadora que todos tinham testemunhado, porque sabiam que, por qualquer razão, Jesus tinha feito saber da sua presença. Iam todos preservar aquela imagem enquanto vivessem. Conheceram o homem que muitos diziam que era um conto de fadas, alguns dizem que nunca existiu e outros dizem que não foi real. A família Reid tem outra versão. Sabem o que viram e sabem agora que ele é real. Além disso, Raven e a sua família pensavam que prefeririam viver as suas vidas acreditando que há DEUS, e morrer e descobrir que não há, do que viver acreditando que não há DEUS e morrer e descobrir que há. Por isso, para eles, não havia mais nada para dizer.

Episódio XXXV: Tomando Uma Estrada Mais Alta

A vida parecia acalmar um pouco para Raven e a sua família. As crianças estavam agora no ensino secundário e a empresa estava sólida e vibrante. Mas havia uma coisa: Raven precisava de um desafio ainda mais significativo na vida. Não podia deixar de pensar na sua formação e em como gostava de ter podido acabá-la. Queria acabar o curso universitário e acreditava que era aquele o momento em que as coisas podiam ser diferentes. Era agora muito mais velha e estava com a vida estabilizada. O drama da sua vida estava, por assim dizer, para trás e Casey tinha-lhe dado mais estabilidade do que algum dia tinha tido. Bem, mais ou menos. Koko continuava a ser bastante difícil e dava problemas a toda a gente, incluindo na escola. Mas sem ser isso, a vida era boa e Casey e Raven estavam tão próximos quanto era possível. Connor também estava no ensino secundário e tinha um emprego em parte-time aos fins-de-semana. Raven achou bem, uma vez que Connor era uma criança que precisava de desafios na vida e, afinal, era filho da sua mãe.

Raven e Casey falaram sobre isso e decidiram que Raven voltava para a universidade e acabava o que, em tempos, tinha começado. Raven precisava do certificado de habilitações da sua antiga *Alma Mater*, da universidade, para poder recomeçar onde tinha interrompido. Mas foi aí que percebeu uma coisa. Tinha-se acumulado uma dívida elevada quando ela e Wyatt se casaram e saíram da universidade. O problema era que ela não sabia que tinha de ter anulado a matrícula, por isso as propinas continuaram a acumular-se. Casey e Raven decidiram que tinham de sofrer as consequências se a intenção era acabar o curso.

Raven contactou-os e pediu o montante da sua dívida, que lhe foi dado e era de perto de três mil dólares. Raven disse à escola que não era problema. Depois de tratar do velho fantasma que a perseguia, recebeu o certificado. Mas havia uma última coisa: Raven queria que Casey fosse com ela e que o fizessem em equipa. Casey estava relutante em o fazer porque achava que a formação como instrutor lhe chegava. Casey nunca conseguiu negar nada a Raven e este caso não seria diferente. Não tardou que Casey cedesse e concordasse, e ambos começaram os seus novos cursos em Direito das Empresas. Em dois mil e sete, Raven e Casey começaram com o horário completo na universidade para cumprir o curso de quatro anos em menos de três. Faziam-no ao mesmo tempo que Casey trabalhava a tempo inteiro e Raven dirigia uma empresa. Já para não mencionar que ambos tomavam conta da casa que era composta de dois filhos cheios de hormonas e os animais domésticos da família. Raven tinha transferido o seu gosto pelo *multitasking* para a família, mas no fim ia ser uma coisa boa para todas as partes.

Entretanto, outras coisas também estavam a acontecer à volta de Raven. A antiga secretária de Raven reformou-se, e Raven sentia a falta dela. Rene tinha uma neta, e Raven tinha Koko. Tinham-nas criado a brincar juntas no escritório desde muito pequenas. Raven e Koko decidiram visitar Rene e a neta um dia.

Quando Raven e Koko chegaram a casa de Rene, esta começou a contar a Raven sobre um problema que tinha em casa. Raven mandou as meninas para outra divisão para ter privacidade para falar com Rene sobre o problema.

Ao ouvir Rene, Raven começou a compreender que Rene tinha qualquer coisa indesejada em casa, que não tinha sido convidada. Rene queria que Raven visse se conseguia perceber o que era.

Raven precisava de passar por toda a casa de Rene para ver se encontrava alguma coisa. Enquanto caminhava pela casa, o filho mais velho de Rene, que estava lá, pediu a Raven que visse no quarto dele. Quando chegou ao quarto de banho que tinha no seu quarto, ela perguntou-lhe:

— Que homem morreu aqui?

O filho de Rene ficou admirado e disse:

— Uau! Detetou isso? Sim, um tipo qualquer morreu aí antes de comprarmos a casa. Não o conhecemos mas falaram sobre ele à minha mãe.

Rene disse ao filho de Rene para ir buscar uma Bíblia, e assim que voltou com ela, Raven abriu-a e disse-lhe em que página a devia manter aberta. Continuou:

— Tem de a manter aberta, e leia todos dias uma passagem daí em voz alta. Nunca a feche. Deixe-a aberta aqui, junto ao quarto de banho. Posso dizer-lhe que esta pessoa não é um espírito bom e pode ser perigosa.

Rene veio pelo corredor abaixo nessa altura com o cão ao colo. Vinha ver como as coisas estavam. Rene também tinha nascido com um dom, só que o seu dom fazia as coisas impuras segui-la para casa, vindas dos sítios onde ela ia. Rene disse que tinha uma coisa parecida com o Anjo da Morte a segui-la, que tinha decidido que gostava da casa dela, e que não tinha intenção de sair. Rene tinha tentado tudo o que podia para o afastar, mas ele recusava-se a sair. Às vezes, dava-se a perceber negativamente, a ela ou à sua família, deslocando ou deitando coisas abaixo, e às vezes, tornava-se numa sombra.

Quando Rene entrou na área onde Raven e o filho de Rene estavam, aconteceu uma coisa bizarra. Rene entrou na porta do quarto. Estava a falar com todos quando, sem avisar, uma força invisível empurrou a cabeça de Rene contra a porta do guarda-roupa e parecia tê-la aí presa, enquanto ela continuava com o cão ao colo. No momento em que tudo isto aconteceu, Raven e o filho de Rene gritaram, o que alertou as miúdas, que correram para a porta e a única coisa que viram foi Rene contra a porta do guarda-roupa com a cabeça a bater nela com toda a força. Naquela altura, já os olhos de Rene se tinham revirado para cima e só se lhe via o branco dos olhos.

Sem saber o que fazer, Raven entrou em ação, agarrando a cabeça de Rene com a mão e tentando suavizar os golpes. Raven estava horrorizada porque nunca tinha passado por nada daquilo em toda a vida, mas sabia que uma coisa má se tinha apoderado de Rene e lhe possuía o corpo.

Raven gritou para a neta de Rene:

— Tira a minha filha daqui. Leva-a para fora em segurança.

Virou-se para o filho de Rene e disse-lhe para trazer a Bíblia. Não sabia o que fazer, por isso, agiu como achou que devia. Começou a rezar em voz alta ao mesmo tempo que fazia o sinal da cruz sobre Rene. À medida que Raven rezava mais alto, a cabeça de Rene começou a bater com mais força contra a porta. O filho de Rene estava estupefacto, e tinha-se metido num canto do outro lado do quarto, com medo de se mexer ou dizer uma palavra. Raven ficou tão insegura do que estava a fazer que pediu a ajuda de Jesus Cristo.

Em voz alta, disse:

— Jesus, preciso de ti aqui. Não consigo fazer isto sozinha. Não sei o que tenho de dizer. Preciso de ti mais do que nunca. Jesus, ajuda-me a ajudá-la.

Foi como se ele tivesse ouvido a sua prece, porque ela fez o inexplicável a seguir. De repente, Raven começou a falar como se o próprio Cristo estivesse a expressar-se através dela e a falar para a força demoníaca pela boca dela. Raven pareceu tomar o comando da coisa que estava dentro Rene. Sempre que Raven dizia certas palavras em voz alta, fazia o sinal da cruz na testa de Rene, na garganta, no peito e em ambos os braços:

— Em nome do Pai, do Filho e do Espírito Santo. Demónio, ordeno-te que voltes a passar pelos portões do inferno porque não tens poder aqui.

Raven continuou a fazer isto durante pelo menos vinte minutos.

Quanto mais Raven rezava e ordenava ao demónio que partisse, menos ele batia com a cabeça de Rene. Enquanto o corpo de Rene começava a reduzir o número de batidas, ela continuava com o cão ao colo. De repente, parou e o corpo deixou de se mexer. Raven ainda segurava a cabeça de Rene com as mãos. Os olhos de Rene começaram a virar-se para baixo e a voltar ao normal. Rene estava encharcada em suor e água benta. O suor resultou da experiência monstruosa por que tinha passado. A água veio de Raven porque tinha pedido ao filho de Rene água e criou água benta como parte do ritual. Raven não entendeu inicialmente que tinha feito um exorcismo.

Os olhos de Rene viraram-se para baixo, e olhou para Raven e depois para o filho, perguntando a ambos o que tinha acontecido. Rene não fazia ideia do motivo por que estavam a olhar para ela, nem por que motivo Raven ainda lhe segurava a cabeça.

Raven não tinha a certeza se era Rene que estava a falar, por isso fez-lhe uma pergunta que sabia que o demónio não acertaria. Raven e Casey tinham dado a Rene uma bela Bíblia de presente algum tempo antes, para a ajudar a compreender algumas coisas sobre as quais tinha questionado os dois.

Então, Raven perguntou a Rene:

— Rene, és tu que estás aí?

— Sou.

Raven perguntou:

— Estás bem?

— Acho que sim.

Raven perguntou, então:

— O que é que está escrito na Bíblia para ti?

Rene hesitou e depois disse:

— Deus esteja contigo.

Naquele momento, Raven soube que Rene tinha sido libertada das garras da força demoníaca que lhe tinha tomado o corpo, por causa do que Casey tinha escrito na Bíblia antes de lha dar.

Raven continuava em choque porque nunca acreditou que ficaria numa situação que lhe exigisse força, fé e conhecimento de Deus para fazer uma tal ação.

Quando Raven se preparava para deixar a casa naquele dia com Koko, virou-se para trás, à porta da casa de Rene e pegou na filha. Raven fez-lhe o sinal da cruz e rezou em voz alta. Não queria que o que quer que aquilo fosse seguisse ou se agarrasse à filha. Rene abraçou e agradeceu a Raven.

Via-se imediatamente que agora havia uma pessoa diferente em casa de Rene. O ar parecia mais leve e já não era sombrio. Era como se o sol brilhasse sobre a casa de Rene.

~ ~ ~ ~

Casey e Raven estavam perto do fim do curso na universidade, e Connor estava quase a acabar o ensino secundário. Os pais tinham passado os últimos três anos a fazer o trabalho de casa juntos à tarde e faziam os trabalhos da escola com os miúdos todos os dias depois do trabalho. Estava tudo prestes a dar frutos.

Em setembro de dois mil e dez, três anos depois de começarem a universidade, foram de avião para a cerimónia de entrega de diplomas a mil cento e vinte e cinco quilómetros de casa, e pisaram o palco com seiscentos outros estudantes universitários. A parte mais significativa foi que ambos subiram ao palco como marido e mulher, ultrapassando mais um desafio nas suas vidas. Fizeram-no em família.

Connor também terminou o ensino secundário e acabou como recruta das Forças Armadas dos Estados Unidos. Tinha-o conseguido contra todos os desafios que tinha enfrentado enquanto era pequeno. Ia agora para a tropa de que a sua mãe, pai, avô, avó e bisavô tinham feito parte.

PARTE XI: Linhagem Imprecisa, Destino Seguro

Episódio XXXVI: Sem Necessidade de Sala de Aula

Koko era outro tipo de pessoa à qual as pessoas se referiam constantemente. Metia-se em problemas quase todos os dias com os pais e na escola. Chegou a casa um dia quando veio da escola e disse a Raven e Casey que nada do que eles lhe dissessem era mais importante do que o que ela tinha para dizer.

Koko tinha causado inúmeros problemas a roubar o dinheiro dos pais, carteiras, cartões de crédito e roupa. Tinha arranjado um trabalho em parte-time. Já tinha perdido muitos empregos antes porque roubava os empregadores. Casey e Raven tinham passado os últimos dezassete anos a correr com Koko para médicos e tribunais, e a família estava exausta com ela e os problemas que causava. Um dia Koko saiu de casa cerca de seis semanas antes de acabar a escola e não voltou. Já antes tinha dito aos pais que eles não tinham nada mais para lhe oferecer. Alguns anos iam passar até saberem dela. Ouviam rumores do seu paradeiro, mas nada substancial. A polícia recusava-se a procurá-la porque já a tinha avisado uns dez anos antes de que iam deixar de usar os seus recursos para continuar à procura dela, para a recuperar, levá-la para casa e depois ela voltar a fugir com pessoas diferentes.

Havia uma história com Koko que tornou os dezassete anos anteriores um inferno vivo para toda a gente da família Reid, incluindo Connor. Raven e Casey tinham notado que faltavam coisas em casa, e não entendiam porquê. Tinham sempre tentado dar aos seus filhos tudo o que precisavam e muito do que não precisavam, mas, para Koko, nunca chegava. Sempre parecia querer e precisar de mais. Koko disse a Raven e Casey que gostava que fossem pobres porque sempre tinha querido ser pobre e viver como se o fosse. Devemos sempre ter cuidado com o que desejamos porque podemos recebê-lo. Bem, Raven e Casey não eram exatamente da mesma opinião que Koko a esse respeito, mas, por outro lado, pode ter-se a certeza de que uma pessoa com muito pouco também teria uma opinião diferente quanto a isso.

As escolas também começaram a ter problemas com Koko. Tinha-se tornado uma ladra e mentirosa compulsiva, o que era um grande problema para eles. O problema maior que se tinha com Koko era a sua atitude porque era muito arrogante. Ah, sim e aquele sua boca. Tinha-se tornado uma questão tal que um dia Raven recebeu uma chamada da escola, o que depois obrigou Raven a telefonar a Casey que estava no trabalho. A situação exigia que os dois deixassem o trabalho e fossem à escola. A confusão toda era que Koko tinha decidido que não voltava a dar ouvidos a adultos e tinha ofendido um dos professores. Raven e Casey ficaram furiosos porque já tinham, eles próprios, experienciado uma pesada dose dos insultos dela em casa e continuavam a ter de lidar com eles ali.

Acabou por ser tão mau que a escola a mandou prender. Perguntaram a Casey e Raven se queriam pagar-lhe a fiança e levá-la para casa. Ambos responderam logo:

— NÃO. É toda vossa.

Porque toda a sua vida ela tinha sido problemática. Fugia constantemente de casa, e a polícia ia encontrá-la muitas vezes em zonas conhecidas por serem frequentadas por pedófilos e presidiários acabados de sair da cadeia. Traziam-na para casa, e dentro de três semanas, assim que os pais não concordassem com o estilo de vida que ela queria levar, fugia outra vez.

Finalmente, a última vez, três polícias devolveram-na a casa mas avisaram Koko seriamente. Disseram-lhe que não voltavam a tirar toda a esquadra das ruas para a ir procurar depois de armar confusões com os pais.

Uma vez, Koko despiu toda a roupa e ficou apenas com uma pequena bandolete e os sapatos. Aconteceu à porta da casa de Casey e Raven, quando ela estava no jardim-de-infância. Um vizinho encontrou-a na esquina da rua. Até àquela altura, ninguém sabia o que se passava. Um vizinho viu-a e agarrou-a antes que um pedófilo o fizesse e trouxe-a nua para casa. Quando Casey e Raven adotaram Koko, ela costumava ficar deitada no berço e rugir ao mesmo tempo que mordia a almofada, mas os médicos não sabiam a razão por trás daquele comportamento.

À medida que Koko cresceu, ficou pior. Torturava o irmão mais velho e chamava-lhe estúpido e burro, o que magoava Connor significativamente. Por isso um dia, decidiu que já não queria viver com a família Reid e foi-se embora. Raven e Casey sabiam que ela era maior e que não podiam impor-lhe o seu amor. Deixaram as coisas seguir o seu curso. Os médicos tinham tentado resolver os problemas de Koko nos dezassete anos anteriores. Os pais tinham passado anos nos psiquiatras, a tentar arranjar ajuda para Koko, mas o diagnóstico era sombrio.

Casey e Raven encontraram o ninho vazio e não se importaram porque Raven foi à procura de mais estudos e voltou para a universidade para poder ser professora. Casey tinha conseguido uma promoção significativa no emprego. Os dois estavam livres para poderem concentrar-se em si próprios, porque os filhos eram agora adultos e seguiam o seu caminho.

Ao longo da sua vida, Raven sempre soube que era diferente, mas o que mais a punha a pensar era quando se via ao espelho. Nunca via uma só cultura nas suas feições. Via tantas e não percebia quem era e o que a movia. Sabia que gostava de coisas de que algumas culturas não gostavam, e estava interessada em coisas em que os outros não estavam envolvidos, por isso a pergunta continuava a importuná-la: «Quem sou eu?»

Raven lembrava-se de um filme que em tempos tinha visto, chamado *Alex Haley's Queen*. O filme derivou da série *Raízes* e, vendo que a avó original era de ascendência mista, lembrava-se que se sentia exatamente como aquela avó, que no filme dizia: «Não me encaixo em lado nenhum.» Era assim com Raven, e só se encaixou no mundo de Casey, em nenhum outro sítio. Raven não ia descansar até saber quem era.

Episódio XXXVII: Quem Pensas Que És?

Depois de completar a sua certificação para o ensino, Raven foi dar aulas. Começou na escola primária, depois foi para a preparatória, mas tentou o mais possível não ir para o ensino secundário. A filha Koko tinha-lhe deixado um sabor amargo quanto a adolescentes. Assim, Raven nunca se via a ensinar nada acima do oitavo ano. Bem, até que abriu uma vaga que lhe assentava como uma luva. Com o curso que Raven tinha, tinha habilitação para ensinar vinte e oito disciplinas diferentes. Abriu uma vaga onde ela podia ser criativa, usar os conhecimentos ao máximo e ensinar tudo o que tinha feito ao longo da sua carreira como empresária. Relutantemente, Raven candidatou-se e ficou com o lugar, mas depois todo o seu mundo mudou.

Raven pôde criar aulas de acordo com a maneira como os alunos aprendem, e era disto que ela gostava. Ensinava tecnologia computacional, direito, contabilidade, debate e todas as coisas bonitas de que gostava, incluindo poesia. O mais engraçado era que Raven estava a ensinar do nono ao décimo-segundo anos e acabou por ser aquilo de que ela precisava. Tornou-se muito próxima dos seus alunos. Todos os dias, Raven vinha para casa e falava das aulas e dos alunos a maior parte da noite enquanto Casey lhe dizia:

— Uau, tenho inveja. Pareces tão feliz com os teus alunos. Nunca te vi assim tão feliz.

É verdade. Os alunos de Raven tornaram-se a sua vida juntamente com Casey. Este também veio a gostar dos alunos de Raven. Para ela, era como se fosse a mãe de mais de cento e vinte filhos.

Entretanto, Raven andava com problemas de saúde e os médicos fizeram-lhe várias análises ao sangue. Um dia o telefone tocou e era o médico. Precisava de falar com ela porque tinha recebido o resultado das análises que mostravam qualquer coisa. Inicialmente, Raven entrou em pânico porque os médicos começaram por lhe dizer que tinha uma desordem do sangue chamada «Thalassemia», que faz o corpo produzir uma quantidade anormal de hemoglobina que resulta em anemia. O médico disse-lhe que aquela doença não vem dos Estados Unidos e que um ou ambos os pais teriam de a ter para a terem passado para ela. Também lhe disse que esta doença vem da zona do Mediterrâneo e que era hereditária, significando que todos os do seu sangue a teriam e a passariam de geração em geração.

Naquela altura prestaram muita atenção ao que o médico disse porque mais do que nunca, Raven precisava de saber quem era e de onde vinha. Assim, Raven estava prestes a descobrir as partículas que flutuavam no seu sangue. Ia pedir um teste de ADN para finalmente determinar quem era exatamente.

Fez o teste de ADN com um esfregaço e lá foi para o laboratório. Ela sabia o que via no espelho todos os dias. Mas o que se vê é mesmo o que se é? Estas respostas iam destruir a teoria dos homens de classificar o outro baseado na cor da pele. Raven esperou quase três meses.

Um dia Raven recebeu um *email,* dizendo-lhe que os resultados do teste estavam prontos para apreciação. Ao abrir o resultado, ficou de boca aberta. Nos últimos cinquenta anos, Raven Gabriella Reese Reid nunca soube muito sobre si própria, só o que os pais lhe diziam. Também só ouvia o que as pessoas opinavam como «Pareces Nativa Americana», «Pareces egípcia», «Pareces do Médio Oriente», «Parece que és da Índia». Bem, naquele dia ia deixar de haver especulações. Naquele dia Raven ia ter os seus resultados e tudo ia ficar claro.

Raven ficou a saber que a linhagem do pai era europeia. O seu ADN mostrava que o seu sangue era da Grã-Bretanha, Irlanda, Portugal, Espanha e dos Balcãs. O da sua mãe era do Egito, Etiópia, Marrocos, Filipinas, Índia, Ásia e Nativo Americano. O que era interessante era que tinha uma boa porção de sangue Neandertal. Muitos, como ela, pensavam que aquela cultura estava extinta, mas não está. O homem de Neandertal era da Eurásia. Descobriu que estava relacionada com algumas pessoas famosas de quem tinha ouvido falar mas que nunca tinha conhecido. A sua linha de sangue estava impregnada em alguns milionários, um autor e um músico de renome, todos do lado do pai. Mas o lado da mãe era uma história totalmente diferente, porque soube que era descendente do Faraó Ramsés III do Egito.

A Linhagem Bronze da Fénix

Esta foi uma das revelações mais chocantes de sempre para Raven. Agora compreendia de onde vinha a sua coragem para lutar e sobreviver. Soube por que é que não era como os outros, porque a sua linha de sangue não era só uma linha de sangue. Era como o bronze. Expande quando endurece, dobra-se mas não quebra, não produz chispas quando é golpeado e tem um baixo grau de fricção quando colocado com outros metais. Raven Reid era como o bronze: um metal misto que era comummente usado mas muito flexível na vida. Por isso, tinha vivido uma vida a que outros podiam ter sucumbido devido ao peso que carregava nos ombros, mas lutou para a reconstruir e permitiu que Deus lhe guiasse os passos.

Os resultados foram tão chocantes que Casey também quis saber quem era, e os seus resultados foram igualmente surpreendentes. Tinha traços de sangue semelhantes aos de Raven só que tinha mais preponderância da Austrália e dos povos indígenas de uma tribo da Oceania. Também ele era descendente de Ramsés III do Egito. Estranhamente, os testes de ADN nunca estabeleceram uma relação entre Casey e Raven como parentes de sangue.

Os resultados foram surpreendentes e agora ambos compreendiam mais sobre si próprios e um do outro. Pouco depois descobriram que ambos tinham doenças do sangue.

Casey tinha a doença do sangue G6PD, que também vinha do Mediterrâneo. Depressa perceberam por que tinham tido de adotar: porque, se tivessem tido filhos biológicos, tinha sido um desastre para o casal. Ambos sabiam que Deus não se tinha enganado e que tudo o que aconteceu foi porque estava pré-determinado.

~ ~ ~ ~

Depois de saber da sua linhagem, ambos tinham uma nova perspetiva sobre a vida e já tinham considerado um caminho diferente. Raven fechou a empresa após dezasseis anos para se concentrar rigorosamente no ensino, e Casey estava a pensar o que fazer depois da reforma, que estava a chegar. Tinha pensado em voltar ao ensino pois via como Raven adorava o que fazia. Mas seria mesmo isso que ele queria?

Um dia Casey disse a Raven que queria passar o dia no parque para discutirem para onde ir a partir dali. Raven achou a ideia fantástica já que as únicas responsabilidades que tinham, para além dos empregos, eram os animais domésticos da família. Partiram os dois para passar o dia no parque.

Embora os dois frequentassem habitualmente aquele lugar, estacionaram num parque de estacionamento diferente. Saíram do carro e começaram a caminhar. Viram um trilho com muitas sombras de árvores e acharam que daria uma caminhada esplêndida de sete quilómetros. Quando começaram a falar, estavam com uma conversa muito espiritual sobre Deus e Satanás.

Viram uma mulher sentada debaixo de uma árvore numa espreguiçadeira. Quase parecia deslocada porque mais ninguém estava debaixo de uma árvore, nem perto. Parecia estar em paz e relaxada, toda estendida. Mas quando passaram por ela, tinham dado seis passos e ambos voltaram a olhar. Nem a mulher nem a cadeira estavam lá. Olharam em volta para ver para onde tinha ido, mas não havia ninguém na zona, e não havia sinais de a mulher ter estado sentada nem deitada numa espreguiçadeira. Ambos ficaram espantados porque tinham passado por ela apenas uns passos antes quando voltaram a olhar.

Continuaram a andar e agora é que era a conversa. Estava a ir mais no sentido de o que tinha acontecido à mulher. Foi então que Raven fez a pergunta a Casey:

— Acreditas que Deus avisa se o mal estiver à nossa volta, e se assim for, como o saberias?

Ao fazerem a curva do trilho, Raven viu um homem que pareceu surgir de nenhures. Estava do outro lado do trilho e também ele estava à sombra de uma árvore e parecia estar a observá-los ao passarem. Estava ao lado de uma mesa de piquenique, de pé.

Era alto e usava uma camisola às riscas que não seria estranha se não estivessem quase trinta e oito graus e em pleno verão. Raven perguntou a Casey se via o homem, e comentou que tinha um ar estranho.

Parecia um personagem do filme *Pesadelo em Elm Street*, e a camisola era parecida com a do personagem Freddie Kruger.

Casey disse que o via.

Deram a volta ao trilho e, na segunda volta, o homem continuava lá mas era diferente desta vez.

Agora o homem viu Raven e Casey aproximarem-se da zona onde ele estava, e quando se preparavam para passar por ele, Raven disse a Casey

— Vamos fingir que não o vemos e passamos depressa.

Bem, o casal pensou que tinham passado depressa pelo homem, quando ele chegou da árvore até eles numa questão de um nano segundo. Foi como se se tivesse teleportado do ponto A para o ponto B. Quando apareceu, Raven e Casey pararam, e com uma voz estranha, ao mesmo tempo que a cabeça se virava para o lado num ângulo de quase noventa graus, perguntou abruptamente numa voz que parecia amplificada por um barril, dizendo:

— Acreditam em Jesus?

Estendeu a mão com dois itens parecidos com cartões-de-visita como se esperasse que eles pegassem neles, sem fazer perguntas.

Casey respondeu rapidamente:

A Linhagem Bronze da Fénix

— O Cristo? Acredito.

Não era esta a resposta que o homem parecia querer ouvir e meteu o cartão na mão de Raven e depois na de Casey, e desapareceu tão depressa como tinha chegado.

Não foi o que o homem disse, mas como o disse. Era uma voz que arrepiava. Parecia quase demoníaco mesmo no seu aspeto. Enquanto Raven e Casey se afastavam, os cartões que tinham na mão pareciam provocar uma sensação escaldante. Acharam que qualquer coisa não estava bem e sentiram-se inquietos com aquilo tudo. Foram rapidamente para o caixote do lixo mais próximo e deitaram-nos fora. Interessante, assim que chegaram ao caixote do lixo, a sensação ardente parou. O casal ficou assustado, sem compreenderem os dois incidentes e por que tinham acontecido dentro do espaço de trinta minutos um do outro. Era como se um fosse um anjo e o outro um demónio. Mas o que tinham visto? Quem tinham visto? Qual era o significado daquele encontro?

Decidiram que já chegava para um só dia e voltaram para casa. Já tinham estado no parque inúmeras vezes e nunca tinham tido uma experiência daquelas. Depois de chegarem a casa, fizeram uma chávena de café e foram para o alpendre de trás para discutir os eventos daquele dia e tentar entender aquilo tudo. Estavam sentados a falar, porém a tarde ia trazer mais um fenómeno. Viram um homem a passar no passeio ao lado da casa. O homem tinha o mesmo tipo de camisola que o sujeito do parque.

A diferença era que ao passar pela casa deles, e virar a cabeça no mesmo ângulo de noventa graus enquanto caminhava, este olhou-os diretamente nos olhos desde longe. Como se pode andar a direito, virar a cabeça num ângulo de noventa graus e não tropeçar e cair? Este homem manteve a cabeça virada para a direita enquanto passava por eles.

Raven tinha curiosidade de saber quem era uma vez que sabiam que não vivia na vizinhança. Por isso, levantou-se da cadeira para ver para onde ia. Tinha acabado de passar pela casa e ficou tapado por um arbusto durante um segundo. Quando devia aparecer do outro lado do arbusto, ela viu que ninguém estava lá, nem ninguém tinha parado.

De facto, não havia ninguém. Ora, a questão era: O que viram eles? Como podia ter desaparecido sem deixar rasto? Nenhuma das questões teria nunca resposta, e nem eles voltariam a ter a mesma experiência depois daquele dia.

Passou um ano e Casey ia reformar-se dentro de alguns meses, mas havia decisões que teriam de ser tomadas. O ano escolar aproximava-se do fim e Raven também precisava de decidir. Um dia, Casey fez-lhe uma declaração:

— Querida, sabes que não tenho a certeza de quanto tempo terei neste mundo por causa do meu problema de pulmões, mas tenho a certeza disto: seja quanto tempo for, gostaria de passar cada minuto contigo.

Tinha sido feito um diagnóstico a Casey alguns anos antes de «Asma e Doença Pulmonar Obstrutiva Crónica». A ADPO é uma doença progressiva e irreversível dos pulmões. Raven quase tinha perdido Casey em algumas ocasiões, por isso, esta era sempre uma questão subjacente porque Casey nunca sabia quando os pulmões o iam deixar ficar mal e ela ia perdê-lo para sempre.

Adorava Casey, como ele a ela, e concordaram em passar o tempo que tivessem na terra, juntos, cada momento dele. Mas como podiam fazê-lo? Mais uma vez, o casal ia enfrentar uma decisão que podia separá-los, como quando se conheceram mais de vinte e sete anos antes. Ainda conseguiam fazer o que era preciso para se não separarem, ou não teriam escolha naquela fase das suas vidas?

Episódio XXXVIII: Desprendendo-se

As decisões tinham de ser feitas e depressa. Casey gostava de viajar quando era novo e estava nas forças armadas. Raven sempre tinha querido ir para o estrangeiro. Embora os dois entrassem e saíssem do seu país frequentemente, ela queria ver mais. Raven já não tinha pais vivos porque tinham partido havia anos.

Não havia irmãos nem irmãs de que tivesse conhecimento uma vez que não tinha sido feito nenhum teste a Christine Masson. Por isso, nenhum teste de ADN tinha fornecido nenhuma prova da existência de família. Os dois filhos de Casey e Raven eram a única família que tinham. Alguns dos parentes de Eliza e Horatio estavam vivos mas viviam em partes diferentes do mundo. Casey ainda tinha a sua família mas viviam a milhares de quilómetros.

Raven voltou para casa do trabalho um dia e repensou a sua vida e todas as dificuldades que tinha tido. Sentiu-se abençoada por lhe ter sido dado um homem como Casey e até os filhos. Pensou na velhice deles e em como só teriam um ao outro de quem depender, mas, por outro lado, verdadeiramente tinha sido o que sempre tinham tido: um ao outro.

A saúde de Casey e Raven tinha piorado com a idade. Raven ainda tinha as suas visões, mas menos fortes do que antes. Sempre achou que tinha ambos os dons que Deus lhe tinha dado. Tinha as suas visões, e tinha o seu Casey, então estas eram as duas coisas com que era feliz.

Casey e Raven começaram a pensar para onde podiam ir viver o resto dos seus dias em paz. Ambos tinham decidido que Raven se despedia do ensino quando Casey se reformasse. Raven estava preocupada que pudessem não poder sobreviver sem rendimentos porque em todo o tempo de casamento tinham gozado de um certo estilo de vida.

Mas já tinham decidido que não iam deixar que o dinheiro fosse o fator que os guiava, nem deixá-lo interferir com a sua vida juntos. Então, Raven despediu-se e Casey pediu a reforma depois de trinta e três anos ao serviço do governo, e agora as coisas estavam em movimento. Nos meses seguintes, exploraram todas as partes do mundo à procura do lugar perfeito para viver. Usaram uma folha de cálculo e, como tinham estado os dois ligados ao direito, usaram a estatística para determinar onde iam acabar de viver as suas vidas juntos. Depois de analisarem meticulosamente todas as opções na folha de cálculo, decidiram.

Ele tinha uma decisão difícil para fazer, mas sabia que ele e Raven precisavam de paz nas suas vidas, e decidiram mudar para a Europa. Isto significava deixar todos os amigos e família para trás, incluindo Connor e a sua nova família, e Koko. Raven e Casey começaram o processo, para eles e para os animais de estimação.

À medida que o tempo se aproximava, sabiam que a parte difícil seria desligarem-se da casa, da família e dos amigos com quem tinham passado tantos anos felizes, e teriam de começar de novo.

Em outubro de dois mil e dezoito, Casey e Raven deram o salto. Tinham-se mudado para um país onde nunca tinham estado, que nunca tinham visitado, onde não conheciam ninguém, de que não sabiam falar a língua e para onde nunca sonharam ir. Tinham comprado uma casa lá pela internet e estavam ansiosos pela transição. Era um tempo assustador para ambos porque sabiam que, depois de o avião levantar voo, iam deixar a terra onde ambos tinham sido criados, brincado, casado, criado os filhos e começado a envelhecer.

Depois de chegarem e de irem para a sua nova casa na Europa, Casey estava a tentar tirar a bagagem do carro por volta das duas da manhã, e Raven pegou nas suas chaves novas e foi abrir a porta.

Nunca tinham visto a casa fisicamente, pessoalmente, mas o agente imobiliário tinha feito um vídeo ao vivo, andando pela casa para terem uma ideia. Quando Raven viu a casa inicialmente ainda nos Estados Unidos, disse a Casey que a casa tinha qualquer coisa, que sentia uma coisa lá. Pela primeira vez na vida, Raven descartou o que sentia, dizendo que eram os nervos, e talvez não o devesse ter feito. A casa estava completamente mobilada , com os mesmos quartos que eles também tinham mas tinha outra surpresa para eles.

Raven abriu a porta e ficou de boca aberta. A casa parecia que tinha saído de um filme de terror da viragem do século. Era húmida, cheirava mal e era pouco convidativa. Casey entrou na nova casa. Olharam um para o outro e pensaram: «O que é isto?»

A Linhagem Bronze da Fénix

Era tarde demais agora que a tinham pago a pronto, mas era menos do que eles esperavam. Porém tinham aprendido uma lição valiosa: nunca comprar uma coisa, como uma casa, sem a ver pessoalmente primeiro.

Bem, tarde demais. Era aquele o seu lar a partir de agora. A única coisa que Raven pensava para si própria era: «O que estávamos nós a pensar?» Os nervos estavam à flor da pele e as suas dúvidas rejeitadas e a sua sanidade tinham chegado tarde demais. Por isso, ali estavam. Os dois estavam tão cansados que não se deram ao trabalho de dar uma volta à casa. Só conseguiram chegar à cozinha, e depois de uma chávena de café e dois pontapés no traseiro por terem feito a compra, adormeceram à mesa da cozinha.

No dia seguinte, chegaram os animais domésticos, e era de dia. Puderam finalmente ver o que tinham comprado. Mortificou-os porque a casa não era nada do que esperavam, mas era o tipo de casa que se encontrava tipicamente e que ninguém esperava ver, vivendo na Europa. A casa era mais para alguém que tivesse gosto por edifícios arquitetonicamente antigos do século onze. Todas as partes do mundo têm estilos diferentes de casa e de vida. Raven e Casey decidiram que talvez pudessem fazer obras na casa e torná-la num belo lar. Bem, isso foi antes de descobrirem que não estavam sozinhos.

Raven tinha reservas quanto à casa antes de a comprarem mas ignorou as dúvidas. A sensação tornou-se pior depois de chegarem. Sempre disse a Casey que sentia que alguém mais estava lá. Um dia de manhã, Raven estava no quarto de banho no andar de baixo a escovar o cabelo. Ouviu um som baixo mas achou que era Casey a ver televisão na cozinha. Voltou para o que estava a fazer, quando, de repente, começou a ouvir uma coisa que parecia um gemido. Isto pôs a mente de Raven a pensar, então saiu do quarto de banho e perguntou a Casey se tinha dito alguma coisa. Ele disse que não. Raven disse a Casey que achou que o tinha ouvido. Ele disse-lhe que talvez fosse a televisão uma vez que ele estava a ver banda desenhada naquele sábado de manhã. Voltou para o quarto de banho, e quando pegou na escova, o som voltou, só que desta vez parecia mais próximo do que antes e mais alto. Era um gemido profundo como se alguém ou alguma coisa estivesse a ser torturado. Raven correu para fora do quarto de banho e trouxe Casey consigo desta vez. Sussurrou a Casey se ouvia, ao mesmo tempo que apontava para a porta de trás.

— Ouves aquilo, não ouves?

Casey ficou quieto e tentou ouvir e quando pensava que Raven talvez se tivesse assustado, ouviu-o. Casey era um homem lógico e embora tivesse experienciado algumas coisas estranhas com Raven, ainda não tinha a certeza do que ouvia. Enquanto ouviam os dois, o som tornou-se mais alto. Parecia que vinha de umas divisões desabitadas na parte de trás da casa. Era um som que imitava um humano e um animal combinados, em grande sofrimento havia muito tempo.

A Linhagem Bronze da Fénix

A partir dali, Casey deixou de duvidar de Raven. Tinha ouvido o mesmo que ela. Casey sabia agora que a casa tinha vindo com mais do que a mobília. Tinha mais alguma coisa lá dentro. Nas semanas seguintes, foi difícil dormir lá já que todas as manhãs à mesma hora, os gemidos começavam e duravam cerca de quinze minutos. Mesmo quando dormiam lá, passavam a maior parte da noite com um olho aberto, só por precaução. Raven e Casey já se não sentiam seguros ali. Todas as noites dormiam sentados à mesa da cozinha, preparados para fugirem rapidamente se fosse necessário.

Um dia Raven e Casey começaram a fazer perguntas e descobriram que a aldeia em que tinham comprado a casa era muito antiga do século onze. A própria casa que compraram tinha mais de cem anos. Já tinham decidido. Iam vender a casa e mudar-se para uma mais moderna com menos história.

A nova casa que encontraram tinha menos história e era mais próxima daquilo de que precisavam naquela fase. Ao irem ver a casa, Raven continuava cética porque sabia que se lá houvesse espíritos, ou à volta, ela ia detetá-los. Quando pararam na nova casa, o agente abriu os portões e foi como se lhes tivessem aberto os portões do céu. Ali estava uma casa linda com todos os acrescentos de que se podia precisar. Mas seria aquela a casa para eles? Raven ia entrar e detetar um espírito como no passado? Aquela casa faria Casey e Raven felizes?

Episódio XXXIX: A Reanimação de uma Alma

Depois de Raven e Casey se inclinarem para a nova casa, conheceram alguns novos vizinhos e ao conhecerem-nos, souberam que era aquela. Mas estava no alto de uma montanha e Raven não tinha muita certeza de conseguir conquistar os seus medos das alturas o suficiente para conduzir nas montanhas, para ir e vir diariamente para casa.

Raven começou a ultrapassar o medo do cimo da montanha cada vez mais, e depressa começou a vê-lo não apenas como uma maneira de conquistar as suas preocupações abundantes, mas de conquistar todos os obstáculos com que se tinha defrontado na vida. Raven Reid tinha finalmente aprendido a tornar-se como a «Fénix».

Por mais vezes que a vida tivesse tentado eliminá-la, ela sobreviveu. Tinha aprendido a erguer-se das cinzas da sua existência dolorosa e enganada. Tinha ganho amor por si própria e desenvolvido a resistência e flexibilidade do bronze. Raven tinha usado a sua tenacidade, que retirou de todas as misturas de sangues, para prosperar e sobreviver. Com as suas asas agora bem preparadas, conseguia elevar-se para o cimo das montanhas para viver a sua vida com uma pessoa que a amava tanto como ela o amava a ele. Casey Reid e Deus estavam ao seu lado, e este facto permitia a Raven reinventar-se como ser humano. Era uma alma reanimada. Haviam de passar muitos dias e Raven e Casey gozavam a casa que agora tinham. Era uma casa grande com quatro quartos, com um pátio no rés-do-chão e um terraço enorme no andar de cima. O terraço superior era magnífico e aberto. Casey e Raven costumavam sentar-se no seu baloiço, de mãos dadas enquanto olhavam para a crista da montanha onde viviam. Passavam horas sem fim a olhar para baixo, para o vale, dando conta de como Deus lhes tinha dado aquela casa para viverem juntos.

Sentiam-se abençoados por se terem conhecido, por terem passado a sua vida juntos e por terem tido a experiência da paternidade, embora tivessem perdido um filho pelo caminho. Raven pensava muitas vezes em Eliza e Horatio, ao sentar-se à tarde a ver o sol a pôr-se por cima das montanhas, com pena de não poder partilhar uma vista tão gloriosa com eles. A vida de Casey e Raven ainda está a ser escrita uma vez que se aproximam dos sessenta anos. Disfrutam sempre do pôr-do-sol por cima das montanhas, e procuram estar lá em cima e no pátio a ver o sol quando nasce nas suas muitas cores do arco-íris. Muitas vezes relembram a sua vida e questionam-se sobre o que amanhã lhes trará.

Quanto às pessoas do passado de Raven, bem, Raven soube que Wyatt Adams tinha morrido uns anos antes num acidente de automóvel.

Noah Evans morreu de repente durante o sono em dois mil e dezanove.

Flynt Barnes morreu há alguns anos com um ataque cardíaco, ainda novo.

Eric Anderfal casou-se e tinha uma criança pequena.

Toby Johnston, ah sim, o Sr Johnston. Bem, diz-se que há alguns anos se mudou para a antiga cidade de Raven, no Texas.

Koko tinha uma empresa sua.

Connor casou-se e estava na universidade.

Margaret ainda estava viva e de boa saúde.

Jasmine Graham e Raven continuavam a ser grandes amigas e falavam-se muitas vezes, embora não se vissem há mais de trinta anos.

Quanto a Megan, bem, seguiu em frente na vida e tem um filho já adulto. Diz-se que a sua saúde teve alguns problemas, mas estava bem.

Souberam de Sandy durante anos depois do evento, mas desde então, os Reid não voltaram a saber mais nada.

Christine Masson morreu há alguns anos, mas não sem que Raven o soubesse. Tinha-lhe sido diagnosticado um cancro e já não queria fazer terapia. Raven tinha experienciado a morte de Christine.

A Linhagem Bronze da Fénix

Estava a dormir, e durante o sono, viu-se debaixo de uma grande árvore. Raven levantou-se e começou a afastar-se da árvore mas parou para olhar para trás. Viu-se deitada no chão exatamente no mesmo sítio debaixo da grande árvore. Tentou perceber como era possível estar ali de pé e ver-se deitada ao mesmo tempo. Começou a caminhar em frente. Sentia uma coisa a acontecer dentro de si. Dava-lhe paz, mais paz do que alguma coisa que já tivesse vivenciado. Estava à frente dela um homem, e Raven pensou que aquele homem era alguém que ela conhecia bem. Continuou a andar para ele. Uma parte da sua alma queria ficar onde estava, e a outra sentia tanta paz que continuou a andar para ele. Este estava vestido com uma túnica branca e tinha cerca de um metro e oitenta e oito de altura. A cabeça estava coberta de um cabelo farto e encaracolado e ele abriu-lhe os braços.

Quando Raven chegou junto dele, ouviu-o dizer:

— Volta para trás. Não é a tua hora. Tens de voltar para trás.

Ela não queria voltar porque sentia tanto amor e paz com aquele homem, mas virou-se e voltou para o sítio de onde veio. Quando chegou ao seu corpo imóvel mas frio, deitado no chão, deu um passo atrás para dentro de si própria. No momento em que engoliu uma grande golfada de ar, o telefone tocou. Era Karne, a filha do meio de Christine a dizer que a mãe tinha dado o seu último suspiro. Raven disse:

— Sim, eu sei. Tomei-o com ela.

Karne sabia que Raven tinha o dom e que Raven queria dizer que tinha vivenciado a morte de Christine com o seu próprio corpo.

O jovem com quem Christine tinha concebido Raven, Kevin, também tinha morrido uns anos antes. O facto é que quase toda a gente que tinha feito mal a Raven tinha já ido conhecer o seu Criador. A mensagem de Raven é simples. Quer que o mundo saiba que, não importa quem se é, se a magoaram emocional ou fisicamente, estão perdoados. Também deseja que todas as pessoas do mundo, que possam ter sido negativamente impactadas pelas decisões dela na sua vida, a perdoem.

Muitas pessoas podem nunca saber quem são ou o que as impele. Outras podem nunca encontrar uma alma gémea com quem se sintam unidas, mas há uma coisa que é certa: toda a gente toma decisões na vida que vão impactar a vida de outra pessoa, quer tenham consciência disso, ou não. Devemos sempre questionar-nos se a nossa decisão vai afetar positiva ou negativamente a vida de alguém. Podemos descobrir que as nossas escolhas deixaram cicatrizes na alma de outra pessoa, que podem ou não sarar.

Raven e Casey acreditam sinceramente, com todo o coração, que bastava que um elemento da vida de um dos dois tivesse sido diferente, incluindo as pessoas que conheceram nas suas vidas, eles nunca se teriam conhecido, e esta história teria um fim diferente.

Em dois mil e onze Casey e Raven renovaram os seus votos e escolheram a Gata Borralheira como tema da sua festa de casamento. Afinal, foi assim que se conheceram. Estavam casados havia mais de vinte e oito anos, e embora ninguém saiba o que amanhã vai trazer, Casey e Raven Reid sabem que vão viver cada momento juntos como se fosse o último. Muitas vezes, ficam abraçados no seu terraço. Com a cabeça dela no peito dele, escutando-lhe a batida do coração, olham para cima para as majestosas montanhas e para baixo para os exuberantes vales verdes. A única coisa que podem dizer nesta altura é:

— UAU! Que vida maravilhosa nos foi dada.

«Toda a gente tem uma história embora possa ainda não estar contada».

Citação de D.P.Elkheart
« A Autora Americana de Bendada, Quinta do Monteiro, Portugal »

Sobre A Autora

Dallas P. Elkheart é autora, ex-empresária e ex-professora. Trabalhou mais de quarenta anos no setor público. Tem uma Bacharelato em Ciências, que terminou *Cum Laude* na Universidade de Franklin, Columbus, Ohio.

Foi-lhe atribuído um prémio académico pela sua escrita e tem experiência em discurso público e académico. Durante a sua carreira empresarial e no ensino, criou um ambiente educativo para transmitir aos outros como ter a mente aberta, e preparar-se para vitórias e fracassos, e para as consequências de tomar decisões erradas. Mais importante, conseguiu mostrar aos outros como funcionar com dignidade, contenção e profissionalismo.

O seu trabalho foi exibido em televisão e nos jornais pela sua experiência e estilo de ensino.

Quando este livro foi escrito, tinha 57 anos. É dos Estados Unidos e está reformada. Reside na Europa, Portugal, Bendada, Quinta do Monteiro, com o seu marido, com quem é casada há vinte e oito anos. Escreveu este livro baseada nas suas próprias experiências de vida na esperança de partilhar alguns dos seus fracassos, provações e vitórias. O seu objetivo é ajudar outros a compreender que qualquer um pode ser vítima, mas que é precisa a determinação de uma Fénix, que se ergue das cinzas dos seus inimigos e retira força da genealogia dos seus antepassados para se tornar vitoriosa.

www.ingramcontent.com/pod-product-compliance
Lightning Source LLC
Chambersburg PA
CBHW020349080526
44584CB00014B/949